内海愛子

鮮人BC級
犯の記録

岩波書店

はじめに

朝鮮人が日本の戦争責任を問われて戦争犯罪人になっている。この事実を知ったのは一〇年以上も前のことである。戦犯といえば、東条英機や岸信介という名前しか思い浮かばなかった私は、〝朝鮮人戦犯が存在する〟その事実に、衝撃を受けた。日本人が植民地支配の責任を問われるのなら、話は理解できる。しかし、事実はまったく逆である。日本軍に徴用された朝鮮人の軍人と軍属が、戦争中の行為を問われて戦争犯罪人となったのである。

しかも、いわゆるA級戦犯として絞首刑になった日本人が七人なのに二三人もの朝鮮人がBC級戦犯として、絞首刑・銃殺刑に処せられている。台湾人の場合は、二一人が処刑された。なぜ、旧植民地の人々が、日本の戦争責任を問われたのか。朝鮮人戦犯の存在が、しだいに、私の心に重くのしかかってきた。

A級戦犯が「特定の地理的制限をせず、かつ連合国諸政府の共同決定により処罰されるべき重大犯罪人」であるとされたのに対し、BC級戦犯は、日本が占領したかつての「大東亜共栄圏」各地で開かれた「通例の戦争犯罪」を裁く軍事法廷で刑を受けた人々である。特定の地域で「通例の戦争犯罪」を行ない、各国の軍事裁判に付されて、有罪判決となった人をさしている。ニュルンベルク裁判の場合と違って、特にB級とC級とが区別されているわけではない(法務大臣官房司法法制調査部『戦争犯罪裁判概史要』)。

法廷は日本を含め、アジア各地で開かれ、その数は四九カ所を数えている。容疑者として逮捕された人は二万五〇〇〇人以上におよぶといわれているが、その正確な数はつかめていない。起訴された人は五七〇〇人、そのうち九八四人が死刑の判決を受けたのである。

日本の戦争犯罪を裁いたこれらの法廷で、朝鮮人一四八人、台湾人一七三人が、戦犯となっている。全有罪者四四〇三人(死刑・無期・有期)に占める朝鮮人・台湾人戦犯は、七・三%にものぼる。

朝鮮人戦犯一四八人のうち軍人は二人のみ、この二人はフィリピンの俘虜収容所長だった洪思翊《ホンサイク》中将(死刑)とフィリピン山中でゲリラ戦を戦った崔元溶《チェウオンヨン》伍長(有期刑)である。のこる一四六人のうち、中国大陸で通訳として徴用されていた一六人(死刑八人、有期刑八人)と朝鮮龍山警察署の宋甲進《ソンガプシン》巡査部長を除くと、のこる一二九人全員が、俘虜収容所の監視員として集められた軍属である。

軍属傭人——二等兵以下、時には軍馬、軍犬にも劣ると侮られたこの人たちが、なぜ戦犯になったのか。しかも、監視員として集められた朝鮮人青年は三二二四人、そのうち南方に送られたのは三〇一六人である。その中から一二九人が戦犯となっている。一〇〇人に四・三人の割合である。

元憲兵のあつまりである全国憲友会がつくった『日本憲兵正史』という部厚い本がある。この資料によると、憲兵で戦犯になった人は一五三四人、敗戦時の憲兵総数は三万六〇三七人だった。憲兵の戦犯比率は四・三％。日本がかつて占領したアジアで人々に「ケンペイ」と恐れられ、今も、その言葉が残っている憲兵と、朝鮮人の監視員は、同じ割合で戦犯を出したことになる。

朝鮮人監視員のこの高い戦犯比率は、どこに起因するのだろうか。

俘虜収容所の監視員は、軍属傭人であり、軍に徴用された民間人という扱いである。通訳や従軍看護婦などと同じ身分だったことになる。監視員とは、文字通り、日本軍の俘虜になった連合国の将兵を監視し、食糧、医療、衣料、通信物の管理など、俘虜が生存していくのに必要な日常のこまごまとした面倒をみる仕事である。

言葉の通じない連合国の俘虜の面倒をみることは、思ったより難しい。まして、文化が違い風俗が違う。生活水準が違う。上背があり、堂々たる体軀《たいく》の何千人もの白人の将兵を、少数の日本人、朝鮮人で統率しなければならない。「鬼畜米英」のスローガンをたたきこまれたとはいえ、現実にその「鬼畜」米英蘭豪の兵隊を見た時、威圧されたのではないだろうか。

日本軍のなかでは最下級でも、俘虜に命令を伝え、実行するのが監視員の仕事だった。もちろん、命令は「朕」の命令として上官から伝達される。命令に従わない俘虜を「この野郎」と思い、殴ったこともあったろう。日本の軍隊で殴ることは日常茶飯事であった。何かミスがあれば「適正」といってビンタを二、三回して公けにしないで処理する、それは、日本軍独特の温情のあらわれだという。だが、この「温情」は日本軍のなかでは通用しても、連合国の将兵にはそのまま通じるものではない。

日々、俘虜と接して暮らす朝鮮人軍属は、日本軍の力を背景に、「敵」と踵《きびす》を接する地点に立っていた。それは、日本と欧米の文化や価値観がぶつかりあい、せめぎあう場でもあった。「俘虜」に対する考え方の相違は、その典型的な例であろう。

「戦陣訓」をたたきこんだ日本軍のなかでは、「生きて虜囚の辱《はずかしめ》を受け」ることは最大の恥辱と教えられていた。しかし、連合国軍では、敵の手におちた俘虜は、全力を尽くして闘った名誉ある存在だった。この考え方の相違が、俘虜を管理する現場では大きな摩擦を生むことになった。

俘虜を軽蔑する日本軍の将兵、俘虜になっても堂々と胸を張る連合国軍将兵、収容所ではこの違った価値観をもつ将兵が、対峙していたことになる。しかも、権力は日本軍の手にある。力で日本軍のやり方を強要していく。その最大のものは「ジュネーブ条約」を無視し、泰緬《タイメン》鉄道の建設や飛行場の設営に俘虜を使役したことである。戦争中に米英俘虜の二七%が死亡したことが、極東国際軍事裁判(東京裁判と略)の判決でも言及されている。

また、当時の日本と連合国との生産力の差も見逃すことはできない。船倉に二段、三段のカイコ棚をつくって兵を輸送することは、日本軍の場合、珍しいことではなかった。しかし、体格のよい「名誉ある俘虜」にとっては、こうしたことも耐えがたいものだった。また、食糧事情も極端に悪く、日本の兵すら飢えていた時であり、当然、俘虜にその矛盾のしわ寄せがいった。多くの俘虜たちが、栄養失調とそれによる疾病で死亡した。末端で、彼らの監視にあたっていた朝鮮人軍属たちが、悲惨な俘虜の死を目にしている。俘虜の惨状に最も心を痛めていたのは、日常生活の世話をしていた俘虜収容所の人々ではないだろうか。なかでも、日々、彼らと接する朝鮮人軍属ではなかったのか。

しかし、心を痛めても食糧や医薬品が届かなければどうすることもできない。不足する食糧、労働だけは、容赦なく課せられる。そのなかで死亡が相つぐ俘虜たち。

俘虜の死亡は、ひとり俘虜収容所だけで責任がとれる問題ではなかったはずだが、責任は現場に集中した。そして、その末端にいた朝鮮人(地域によっては台湾人、国内では日本人の傷夷軍人・軍属など)に戦争責任が集中していったのである。

一九六〇年代後半、日本に在住する朝鮮人女性の聞き書きのグループに参加していた私は、彼女たちの話のなかから、加害者である私たちに見えなかった日本の歴史と現実を教えられた。過去そして現在もなお日常的な差別の現実のなかに生きている彼女たちのしたたかな生きざまに触れ、穏やかなそして時には激しい語りを聞くなかで、加害の側に身をおく自分自身の生き方を問いはじめていた。

植民地支配、関東大震災時の朝鮮人虐殺、強制連行、在日朝鮮人への根深い差別、こうした重い事実をつきつけられた私は、戦争犯罪人とされた人たちの話を聞く心の準備ができていなかった。日本の戦争に加担させられ、さらにその戦争中の責任まで問われた人たちである。会うまえにやらなければならないことがある。それは、日本が過去そして現在、朝鮮に、そして在日朝鮮人に何をしてきたのか、それを具体的に知ること、そして在日朝鮮人に対して幾重にも差別の厚い壁をめぐらしている日本社会の状況を少しでも変える努力をしていくことから始めなければならないと思った。

同時に、朝鮮人戦犯に関して活字になっているものを探しはじめた。しかし、資料はきわめて限られていた。先述の洪思翊中将については例外として、階級の下の人たちについては、彼らの遺言や手記のなかから断片的な状況をつかむ以外に方法はなかった。日本人戦犯の書いた手記に、朝鮮人が登場することはほとんどなかった。戦後、米軍管理のスガモプリズンに収容されていた人ですら、朝鮮人戦犯の存在を知らない人もいた。一九五二(昭二七)年四月、日本に移管された後は巣鴨刑務所と改称。

だが、『極東国際軍事裁判速記録』には、朝鮮人が登場する。創氏改名の日本名で出てくることもある。時には朝鮮人とか、監視兵という描かれ方でも登場する。裁判の証拠、証言という性格上、その描かれ方は、コーリアン・ガードが、いかに連合国俘虜を虐待したかの証言が中心になっている。また、戦争中、俘虜だったイギリス人、オランダ人、オーストラリア人などが多くの体験記を発表しているが、そのなかでも朝鮮人は加害者、残虐な人間として登場している。

証言や手記に登場する朝鮮人像は、「虐待する朝鮮人」である。もちろん、日本兵が残虐だったことも描かれているが、朝鮮人に対する彼らの感情が、時には日本人に対する以上に悪いことも見逃すことはできない。

「市民生活に於てまた軍隊生活に於て、圧迫を移譲すべき場所を持たない大衆が、一たび優越的地位に立つとき、己れにのしかかっていた全重圧から一挙に解放されんとする爆発的な衝動に駆り立てられたのは怪しむに足りない。」

丸山眞男は、中国やフィリピンでの日本軍の暴虐な振舞いが、一般兵隊によって行なわれた事実をこう受けとめていた(『現代政治の思想と行動』)。

植民地朝鮮から徴用された軍属もまた、圧迫を移譲すべき場をもたなかった人々だったかもしれない。その上、日本の軍隊のなかで侮られ圧迫される。唯一、俘虜が自分の下に位置する人間である。そこに彼らの抑圧が移譲されていったことが考えられる。俘虜が描く「虐待する朝鮮人」像は、差別され、抑圧された軍属が、俘虜＝自分より弱い立場の者に、より攻撃的になったことを物語っているようにも思われる。しかし、戦犯になった理由がそれだけでないことはもちろんである。

私が、朝鮮人戦犯でつくっている「韓国出身戦犯者同進会」を訪ねたのは一九七八年二月。ジャワでインドネシア独立軍に参加し、オランダ軍に銃殺された梁七星《ヤンチルソン》が、もと俘虜収容所の監視員だった事実を知ったからである。梁七星の家族や同僚の消息を求めて「同進会」の事務所を訪ね、もと戦犯だった人たちにお会いした。頭に白髪をいただく年齢に達した彼らは、梁七星のこと、そして自分たちがなぜ戦犯になったのか、淡々とした口調で話してくれた。それは、何も知らずに日本軍に協力させられた自分たちの過去への重い苦渋に満ちた口調だった。「私たちが馬鹿だったんですよ」「俘虜を殴ったことは事実です」と語る言葉には、「日本人」として侵略戦争へ加担させられた過去への悔恨の念が込められていた。

それだけに自分たちのかつての仲間が、インドネシアの独立英雄として、ジャワに蘇ったことを彼らは心から喜んでくれた。なかでも同進会の会長をつとめる李大興《イデフン》氏は、オランダ軍に銃殺される直前の梁七星の姿を目にしていた。

スポーツ選手のような黒いランニングを着た梁七星が、二人の日本人と鎖につながれて、連行されていった。日本人の一人が、かつての李さんの上官だったので、彼はこの時のことをよく覚えていた。インドネシア人の監視員が、「あの三人はこれだよ」と首に手をやったことが、その記憶をさらに鮮明にさせたのかもしれない。

同進会の人々と話していると「虐待する朝鮮人」の姿は見えてこない。謙虚な物腰の彼らの話を聞いているうちに、なぜ、この人たちが戦犯になったのか、改めて疑問を抱かざるをえなかった。四〇年という歳月が、戦場の「狂気」をぬぐい去ったのか、一市井の民としての日常が、平凡な市民の顔をつくりあげたのか、それとも俘虜収容所の機構や戦争犯罪裁判のあり方に問題があったのか。

戦友会が華々しく開かれ、戦記ものの出版が盛んな昨今、自分たちが捕虜になった証言や記録は出版されているが、「敵国」の将兵を収容していた俘虜収容所の話は、ほとんど目にすることがない。戦史にのるような派手な仕事でなかった上に、敗戦後は、多くの戦犯者を出したことが、俘虜収容所について語ることを拒ませているのか、その実態さえほとんど解明されていないのが現状である。

全BC級戦犯者のうち、有期刑の二七％、刑死の一一％が、日本人、朝鮮人、台湾人を含めた俘虜収容所関係者である。日本のみならず、「大東亜共栄圏」全域に設置されていた俘虜収容所の全体像とその実情を明らかにすることなしには、あの戦争の実態も見えてこないのではないのか、そして、戦争犯罪裁判が何を裁いたのか、裁判の審理だけでなく、その記録の底流に流れていた感情も理解できないのではないのか。

自分の被った被害や差別に対しては敏感で、その記憶がいつまでも消えることがないのは、人間に共通した感情のようだ。日本人が、敗戦後の捕虜収容所における体験を刻明に記しているように、イギリス、オーストラリア、オランダ、アメリカでも、かつて俘虜として辛酸をなめつくした人々が、その体験を発表している。今でも時々、テレビや新聞で、こうした事実がとりあげられている。会田雄次の『アーロン収容所』を読む時、これらかつて日本軍の俘虜だった人々の手記をもあわせ読むことが必要ではないか。そこには、カッコイイ戦記にはあらわれない戦争の悲惨な現実が、イヤというほど描かれている。戦争とは、人を殺し貶《おとし》めることだという事実も見えてくる。

日本の降伏で戦争が終わったと思ったのもつかの間、俘虜の死の責任を問う戦争犯罪裁判が始まった。

BC級戦犯裁判――それは世上よくいわれるように、勝者の敗者に対する一方的な報復裁判だったのだろうか。たとえ、そうした側面をもっていたとしても、連合国の俘虜の四人に一人が死亡し、一八〇〇万人とも言われるアジアの民衆を殺した日本の戦争犯罪の責任は消えるはずもない。

にもかかわらずその戦争犯罪を裁いた法廷では、朝鮮・台湾に対する植民地支配だけでなく、かつて日本が占領した地域の民衆が被った被害が十分にはとりあげられなかった。中華民国、中華人民共和国は裁判を行なったが、フィリピンを除くアジアの国が参加していないことの意味がもっと論議されてしかるべきだろう。オランダのように、インドネシアの独立を否認して、武力による再侵略のなかで戦争裁判を実施した国もある。また、BC級戦犯裁判は、日本の植民地だった朝鮮・台湾出身の将兵や軍属たちを、「日本人」として裁いたことも大きな問題だった。

「朕」の戦争責任が不問に付されたことと、旧植民地の人々に戦争責任が科せられたことは、共に戦争犯罪裁判のあり方に大きな疑問を残している。あの裁判で裁かれた戦争犯罪とは何だったのだろうか。戦後、私たちは自らの手で、どこまで戦争指導者を裁き、それに加担した自分たちを問い直してきたのだろうか。

朝鮮人戦犯の戦後の孤独な闘いは、戦争責任に無関心な日本人への告発でもあった。朝鮮人がなぜ戦犯になったのか、その事実関係を明らかにしたいと思い本書を書いた。本書は、俘虜収容所監視員として徴用された朝鮮人三二二四人のうち、戦犯となった人々に焦点をあてて記述したものである。日帝下の朝鮮で徴用され、インドネシア独立戦争に殉じた梁七星、ジャワで抗日運動を組織した「高麗独立青年党」については、さきに刊行した『赤道下の朝鮮人叛乱』（勁草書房、一九八〇年刊）で触れた。本書はその続編ともいうべきものである。

「南方」へ送られた朝鮮人軍属は、タイとジャワとマレーの俘虜収容所に配属された。したがって、本書もそれぞれの収容所に配属された軍属を中心に、タイ、シンガポール、スマトラ、ジャワ、マルク諸島へと話が広がっていく。「大東亜共栄圏」のなかを、朝鮮人軍属は、俘虜と一緒に移動していたので、舞台が広がらざるをえなかった。

朝鮮人戦犯の問題は、戦後の国家補償の問題が解決されていないこともあって、今なお、当事者による運動が続けられている。戦後四〇年近くも経過した今、これらの問題に対して、日本人や他のアジアの人々の広汎な理解を得るのはむずかしい。戦後生まれが過半数を占めるに至った今日、「戦犯」といっても知らない人も多い。

韓国出身戦犯者同進会の人たちと一緒に、国会請願にまわっている時、「なぜ自分たちが戦犯になったのか」、説明に苦しむ彼らの姿をいく度も目にした。多くの人々に、その〈なぜ〉を理解してもらいたいと思ったことも本書をまとめる契機になっている。

本書によって、多くの人が、朝鮮人戦犯の苦悩を理解し、その運動を支援して下されば、これほどうれしいことはない。そして、あの戦争が何だったのか、その責任がどうとられていったのかを考える契機になることを心から願っている。

いま、ふたたび戦争と戦争責任を問わねばならないほどに、時勢は暗い坂道をころがり始めていると私は思うからである。

（一九八二年五月三日）

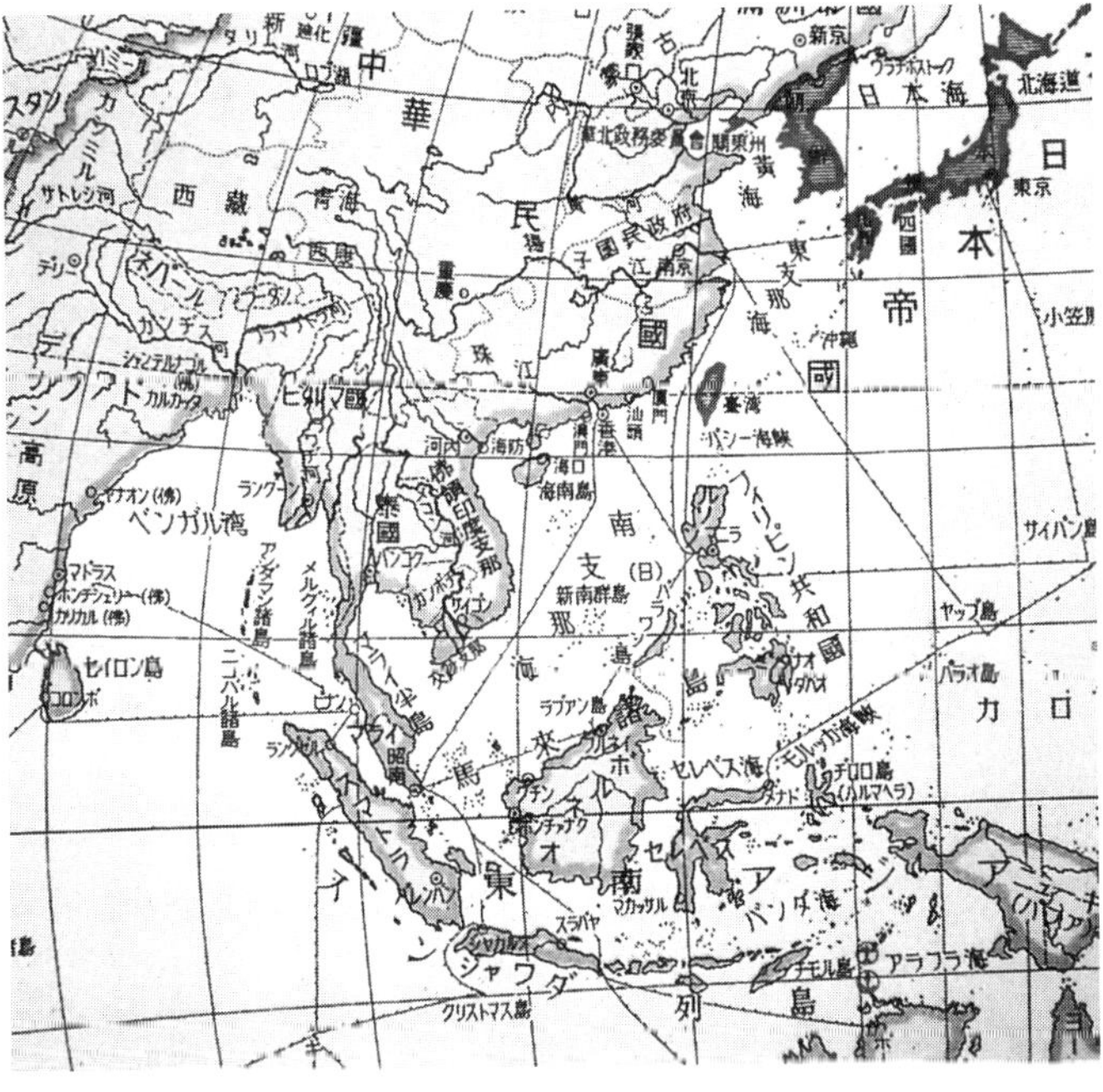

地図 0-1　大東亜共栄圏総図(『大東亜南方圏地図帳』より)

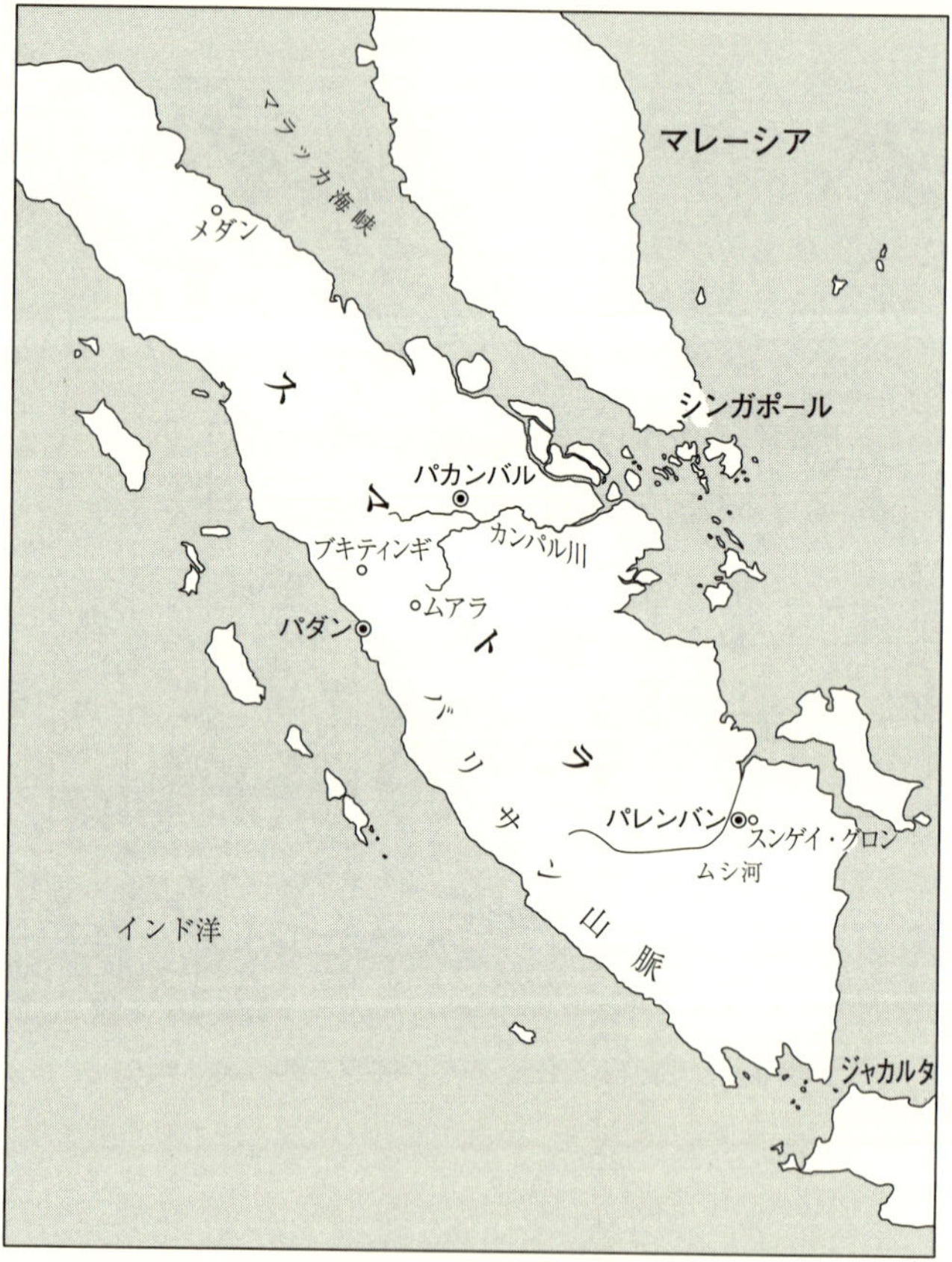
マレーシア
マラッカ海峡
メダン
シンガポール
ス
マ
ト
ラ
パカンバル
カンパル川
ブキティンギ
ムアラ
パダン
ブリサン山脈
パレンバン
スンゲイ・グロン
ムシ河
インド洋
ジャカルタ

地図 0-2　スマトラ島

凡　例

一、朝鮮人の人名は、初出の人名についてのみ、カタカナで朝鮮語読みに近いふりがなを付した。

二、文中の表記は原則として、朝鮮および朝鮮人で統一した。但し、特に現在の大韓民国を指す場合は、韓国と記した。京城、満州、支那などの用語は歴史用語として「　」をつけずに記載した。

三、文中の引用、参考文献は、書名または著編者名と書名のみを（　）内に示した。詳しくは巻末リストを参照されたい。

四、『極東国際軍事裁判速記録』については、『速記録』と略。文中の日本語は意味不明な箇所は修正した。漢字、ひらがな表記、句読点の修正も一部おこなった。

五、引用文については原則として新字・新かな遣いとした。

六、文中、「俘虜」と「捕虜」を併用している。戦前は「俘虜」が使用されてきたが、現在は「捕虜」が一般に用いられている。

七、軍人の階級は在職時のものを記した。

目　次

I　俘虜収容所の監視員として

1　タイ俘虜収容所——死の泰緬鉄道

初めて見る白人

「日本はさすがに強い！」。サイゴン（現在のホー・チ・ミン市）に上陸した李鶴来《イハンネ》さんの、偽わらざる印象であった。町のいたるところに日の丸が掲揚されていた。そのなかをタイ俘虜収容所に勤務する朝鮮人軍属八〇〇名は、兵舎に向かって行軍した。雹《ひょう》のような大粒の雨が、たたきつけるように降るなかの行軍だった。どこを通ったのか、初めてサイゴンを見る李さんには、さっぱり分からなかったが、かつてのフランスの植民地サイゴンは、白い館と緑陰濃い熱帯の美しい町だった。そこかしこに日の丸が氾濫していた。生まれて初めてバナナを食べた。パイナップルを初めて食べた友だちは、よく皮をむかなかったのだろう、口唇がはれあがってしまった。一九四二（昭和一七）年九月のことである。

俘虜収容所の監視員として集められた三二二四人、うち三〇一六人が、釜山《プサン》を出発したのは、同年八月一七日から一九日にかけて。台風と敵の潜水艦による攻撃のなかを、朝鮮人軍属たちの乗った「ぶりすべん丸」「クニタマ丸」ら九隻の船団は、出航一一日後の八月三〇日、サイゴン港の沖合サンジャクに停泊した。

サイゴンで、タイ俘虜収容所に勤務する八〇〇名が、仲間とわかれて上陸、他の軍属を乗せた船団は、再び南下していった。

サイゴンには、一週間か一〇日もいただろうか、その間は特に仕事もなく、また、釜山での初年兵教育にも匹敵するような厳しい訓練もなかった。久しぶりにのんびりすることができ、つかの間の休息といった気分だった。

九月九日頃だったと思う。李さんたちは、行先も分からないまま汽車に乗せられた。汽車は西へ向かって走っている。何時間ぐらい走っただろうか、ノンブラドックという駅で、下車した。ここは、タイ―ビルマ間四一四・九一六キロを走る泰緬《タイメン》連接鉄道のタイ側の起点となる駅である。

ノンブラドックで李さんたちが乗り換えた汽車は、さらに、西へ向かって走った。カンチャナブリで、今度は船に乗り、川を溯る。この河が、映画『戦場にかける橋』で有名になったクワイ河(タイ名・ケオノイ河)だと分かったのは、あとのことだ。この時は、行先も分からず、ただただ、命じられるままに行動していたのである。

ワンヤイに上陸した。タイ俘虜収容所第四分所の本所がここにあった。李さんは、この第四分所の第三分遣所に配属された。分遣所長は臼杵喜司穂中尉、二四歳の若い中尉は軍人精神の旺盛な人だったが、一七歳の李さんを弟のように可愛がってくれた。

李さんたち朝鮮人軍属の仕事は、連合軍俘虜の監視である。監視といっても、ただ見張っているだけではない。俘虜は、一九四二(昭一七)年六月に決定した泰緬鉄道の建設に、労働力として動員されていた。鉄道隊はこの俘虜を使って、路盤構築、レール敷設の工事を進めていく。俘虜収容所は、この俘虜の管理をし、鉄道隊が要求する作業人員を集めて、ひき渡す。作業についての直接の指揮は鉄道隊がするが、作業中の逃亡やサボタージュを見張るのは、収容所側の仕事である。

いってみれば、俘虜の衣食住等、一切の面倒をみながら、鉄道隊の作業の進捗状況にあわせて、必要な数の俘虜を、必要な時に提供する、それが任務だった。この仕事を末端で担ったのが、八〇〇人(のちに増員)の朝鮮人軍属だった。

大体、俘虜という言葉自体、あまり耳慣れない言葉だが、実態はともかく、俘虜は「帝国の権内に入りたる敵国交戦者及条約又は慣例によって俘虜の取扱を受くべき者」をさしている。日本は、条約にのっとって俘虜を管理するために、一九四一(昭一六)年一二月二七日に陸軍省に俘虜情報局を設けている。そこには、マレーやシンガポールやジャワで降伏して、日本軍の俘虜となったイギリス、オランダ、オーストラリア人などの銘々票が管理されている。銘々票は、B5サイズの大きさで、収容所の名前、番号、

本　所　所在地：バンコク

所　長：佐々　誠少将　(1942.8〜1943.7)
中村鎮雄大佐 (1943.7〜1944.7)
菅沢亥重大佐 (1944.7〜1945.8)

俘虜数：タイ俘虜収容所　4万5000人
マレー俘虜収容所　1万人
合　計　5万5000人
(うち死亡1万3000人)

アジア人労働者：7万人〜10万人
(うち死亡約3万人と推定されている)
朝鮮人軍属：800人（のち増員）

	分　所	分所長	俘虜数(人)	朝鮮人軍属数(人)	泰緬鉄道工事区間
タイ側	第1分所	知田外末少佐 石井民恵中佐 (43.10.1より)	7200	130	起点〜55 km
タイ側	第2分所	柳田正一中佐	9600	130	55〜100 km 202〜265 km
タイ側	第4分所	石井中佐 知田少佐 (43.10.1より)	1万1000	130	100〜175 km
タイ側	第6分所	姥子由太郎少佐 (43.5ジャワより移動)	6000	130	175〜202 km
タイ側	蜂須賀分所	蜂須賀邦彦少佐 (43.4マレー第5分所が移動)	3000	130	100〜175 km
ビルマ側	第3分所	永友吉忠中佐	9000	130	ビルマ側鉄道第5連隊に協力
ビルマ側	第5分所	水谷藤五郎大尉 (43.11.23ジャワ第3分所が移動)	2000	100余	
ビルマ側	板野分所	板野博暉中佐 (43.4マレー第4分所が移動)	7000	130	

出典）柳田正一『泰緬鉄道建設の実相と戦争裁判』私家版謄写刷，1954年，広池俊雄『泰緬鉄道』読売新聞社，1971年，永井均編・解説『戦争犯罪調査資料——俘虜関係調査中央委員会調査報告書綴』東出版，1995年より作成

図Ⅰ-1　タイ俘虜収容所機構図(1942年8月15日編成)

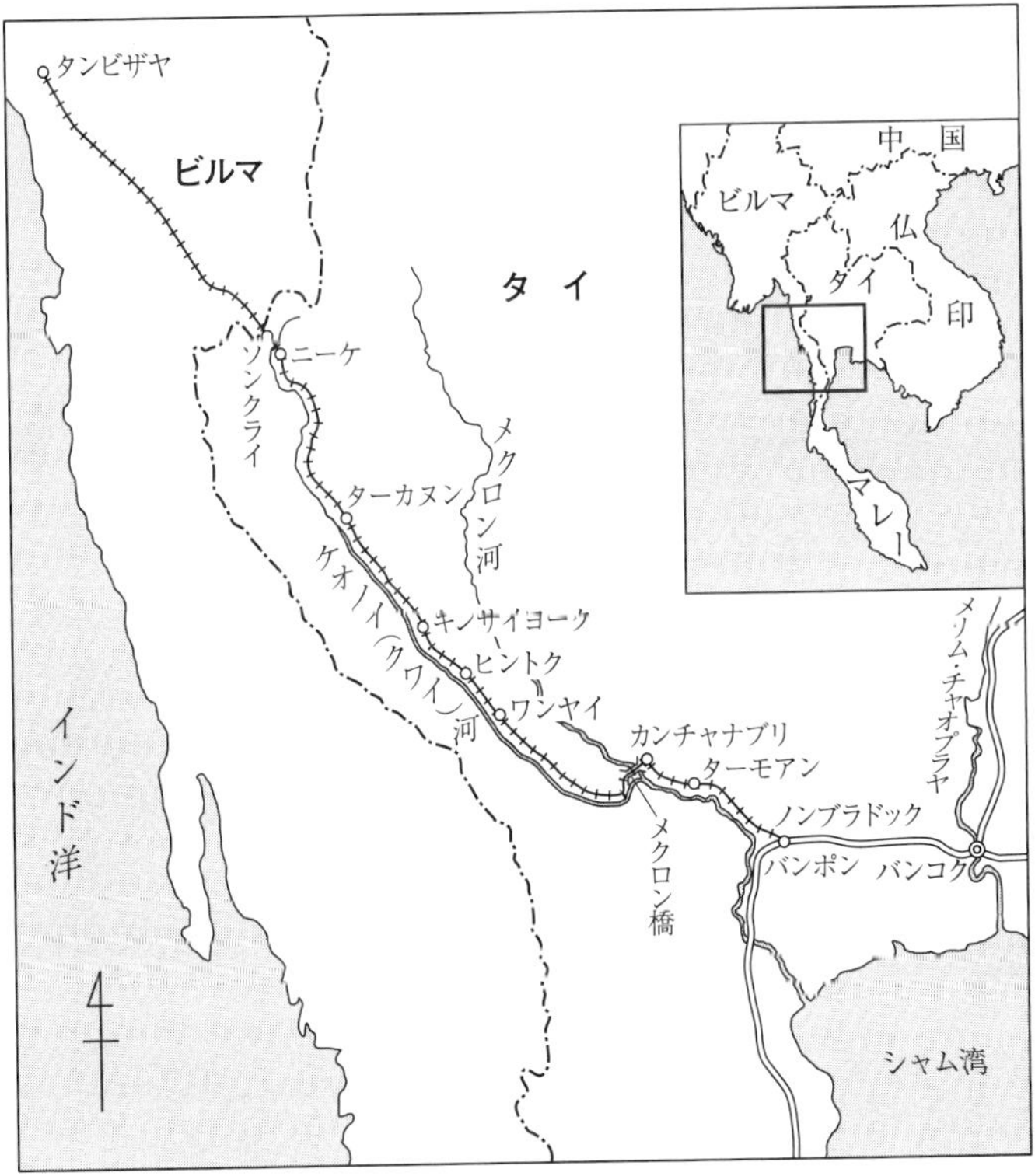

地図 I-1　泰緬連接鉄道路線図(全長 414.916 km)

生年月日、国籍、階級身分、所属部隊、捕獲場所、捕獲年月日、父の名、母の名、本籍地、職業、通報先、特記事項が記入されるようになっている。

こうして、登録され、軍政が管理する俘虜は、食糧、衣料品、労賃、郵便の扱いなど、あらゆることが日本の法律に従って、処遇されることになる。俘虜が移動すれば、この銘々票も移動していく。この一枚のカードで、俘虜が管理された。

李さんの所属した第四分所には、一万一〇〇〇人の俘虜がいた。これを日本人の下士官一七人、一三〇人の朝鮮人軍属で管理するというのだから、大仕事である。

初めて、俘虜を見た時、李さんは「こわい」と思ったという。数に圧倒されただけではない。一九四二年の一〇月頃のことだった。つかまって間もない彼らは、まだ、体格がよく、堂々たる体軀で李さんたちを圧倒したのだ。一七〇センチの上背がある同僚の目線が、彼らの首筋にしか届かない。言葉の通じない大男の群れが、陽気に口笛などを吹くのを見て、日本人下士官や李さんたちは度胆を抜かれたようだ。

「卑しくも相手は捕虜だ。それなのに、この堂々たる態度はどういうことだ。」

捕虜になることを厳しくいましめた日本の軍隊では考えられない連合国の俘虜の態度に、朝鮮人軍属のみならず、日本人下士官も、いささかショックを受けた。日本人下士官は、李さんたちの手前、威厳を見せなければと思っていたようだし、李さんたちも、相手の視線に「このチンピラ」と見下すものを感じ、馬鹿にされていると感じた。何千人もの碧眼紅毛の白人は、よく似ていてみんな同じように見えたという。

結局、通訳とか、責任者とか、日常接触する俘虜を除くと、最後まで名前と顔が一致することがなかった。おそらく、俘虜の側も同じだったのではないだろうか。彼らもまた日常接するごく一部の者を除いては、日本人も朝鮮人も同じように、「黄色いチビたち」と映っていただろう。だが、この名前と顔を覚えられる立場にあったことが、のちにBC級戦犯裁判にひっかかる一因になったのだが、その時の李さんには、そんなことは想像もつかなかった。白人俘虜の監視業務に邁進したのである。

ジャングルの奥地へ

泰緬鉄道の起点から一五五キロのヒントクは熱帯ジャングルの真っ只中にある。直径一五センチ以上もある竹が数十本も、ひとかたまりになって、行く手をさえぎる。天をつく大木にツタやカズラのようなものがからまり、木々を結びあわせ、空を覆う。うっそうとしたジャングルのなかの道は倒木と枯葉の腐葉土で覆われ、ブヨブヨとして、足許が心もとない。

李さんが、イギリス人、オランダ人、オーストラリア人の俘虜五〇〇人を連れて、ヒントクへ分駐するよう命令を受けたのは一九四三(昭一八)年二月。日本人の上官は誰もいなかった。五〇〇人に同行するのは、李さんと同じ朝鮮人軍属六名のみ。ヒントクは、鉄道第九連隊第四大隊がうけもつ七五キロの工事区間のなかで、最大の難所だった。

李さんたちは、ヒントクへたどりつくと、まず、自分たちの住む宿舎をつくることから始めた。それまでは天幕生活である。宿舎といっても、ニッパ椰子《やし》の葉で屋根をふき、竹で床を張る簡単なものである。しかし、こんな宿舎でも、五〇〇人を収容する宿舎をつくるのには、手間がかかる。だいいち周囲は熱帯のジャングルである。宿舎を建てる場所を、まず確保しなければならない。

タイのジャングルには竹が多い。数十本で一株となっている竹藪は、根もとを切ったぐらいでは、簡単に倒れない。ロープをかけて、五、六人で引っ張る。伐採した竹は宿舎の材料に使うが、この竹にはトゲがあった。その根もまた、焼いても爆破してもなお頑強に残り、鉄道隊を悩ませた代物だった。

六棟の宿舎と日本軍の宿舎、炊事場、病院ができあがった。病院といえば聞こえはよいが、薬はマラリアの予防薬キニーネが少量あるだけだったというから、病人の隔離宿舎といった方が正確かもしれない。もちろん、日本人の医者などいない。衛生兵すらいなかった。俘虜のなかの軍医が治療にあたったが、薬も医療器具も何もなく、手のほどこしようがなかったのが実情だった。

ヒントクへやってきた二月は、まだ乾期だったので、作業は比較的はかどった。山の湧き水を飲水に使い、食糧も量は十分でなかったが、砕米があり、塩干魚にカボチャ、トウガン、ザボンなどがポンポン船で運ばれてきた。乾期のケオノイ河は、水量も少なく、ゆるやかに流れ、小さなポンポン船でも、かなり上流まで溯ることができたのである。

初めの数カ月の間、一七歳の李さんが、ジャングルのなかの分駐所の事実上の責任者だった。分遣所との業務連絡、命令の伝達、作業割出表による人員の配当、糧秣の支給、時には不寝番もあった。向学心に燃えていた李さんは、勉強する時間があると思って、監視員の募集に応じたのだが、現実には本を読むゆとりも余裕もなかった。

五〇〇人もの俘虜は、軍隊の階級を生かした自治が行なわれているとはいえ、けんかや盗難がたびたびおこった。特に盗みが多かった。食物や食物と交換できそうな品物、例えば時計、万年筆、ライターなどの盗みが横行した。食糧不足が原因である。俘虜は自分たちで営倉をつくって、秩序を乱す者を入れたりしていたが、時には手に負えないから何とかしてくれと申し出る場合もあった。オランダ人の俘虜が、特に多かった。規律違反の報告を受けて、無視することはできない。呼びつけて、二、三回ビンタをしたこともあった。

ビンタといえば、四〇年近くたった今日でも、李さんにとって忘れられない思い出がある。

天幕生活を続けていた俘虜たちが、ニッパ椰子の宿舎へ移動した時のことである。天幕は、再び、ジャングルの奥地へ移動する時に使用しなければならない大事な品である。

撤去しに行ったところ、これが影も形もない。宿舎に調べに行ったら、オランダ人の俘虜が竹の床に敷いているではないか。怒った李さんが、何名かを殴った。この時のことは、いまだに鮮明に覚えている。

若くて、軍人精神をたたきこまれていた李さんは、忠実に上官の命令を守り、天皇のために頑張った。実直な性格の彼には、軍隊のなかで「要領」よく、「適当にやる」ことができなかったのだろう、真面目に勤務した。「大東亜戦争」が敗《ま》けることなど夢にも思わず、忠誠をつくし、「国」のために任務にはげむことだけを考えていた。軍馬や軍用鳩以下といわれる軍属傭人だっただけに、馬鹿にされたくないという気持も強かった。

日本人上官との間も、何となく上手くいかなかった。特に、下士官は、何かにつけて「お前たちは……」という態度を見せた。あからさまに「お前なんか一人ぐらいたたき斬っても、金鵄《きんし》勲章をかえせばすむんだ」と言われたこともあった。日本人上官に、文句を言わせないためには、任務をキチンとはたすことだ、李さんはそう考えていた。

「皇国臣民の誓い」をくり返し唱和し、村に戻った志願兵が、名士として遇されるのを見て、李さんは育った。村の小高い丘で、志願兵がラッパを吹く姿は、子供心にカッコよく思い、ひそかに憧れたりもした。そんな彼が、「聖戦」完遂に、疑いを抱かなかったとしても不思議ではないだろう。世の中に異なったものの見方、考え方があるのを知ったのは、敗戦後、しかも戦犯となって、米軍管理下のスガモプリズンに収容されてからである。生まれて初めて、ゆっくり本を読み、考えることができたのは刑務所のなかだった。

ジャングルのなかの分駐所には、何の娯楽もなく、酒すらあまり口にすることもなかった。しかし、山あいの寒村に生まれ育った李さんには、そんな生活も大して苦ではなかった。戦争とはそんなもんだと思い込んでいたせいもある。また、若さゆえの気負いがあったかもしれない。

悲惨な俘虜たち

人跡未踏の熱帯ジャングルを切り開き、タイからビルマへ鉄道を通そうと計画した大本営陸軍部は、熱帯の厳しい自然条件をどれだけ勘案していたのだろうか。

補給の側道はない。ジャングルの奥地へ、奥地へと鉄路を敷設する工事が、難工事であることは容易に想像できる。雨期には濁流がさかまくケオノイ河、大岩石地帯が行く手をはばむ山岳地帯、ここをツルハシ、ノミ、シャベルなどの道具を中心にした人海戦術で、工事を完了させようというのである。工期はインパール作戦のため、一九四三年一〇月までに完成と、おしりが切られている。これも、途中一カ月の繰りあげ完成の命令が出された。これだけの難工事には普通六〜七年かかるのが、鉄道隊の予測だという。それを五分の一に縮め、さらに、二カ月短縮しろとの命令である。結局、一年四カ月でしゃにむに、タイとビルマの間を結ぶ鉄道をつくりあげた。一日八九〇メートルのレールを敷設したことになる。鉄道史上のレコードともいうべきスピードだった。こうした無理は、すべて、建設の現場に、特に労働者として使役されていた俘虜やアジア人労働者の上にしわ寄せされた。

しかも、タイ—ビルマ間のこのジャングルは、タイでも名高い病原菌の巣窟である。マラリア、アメーバ赤痢、コレラなどの伝染病のほかに熱帯性潰瘍という恐ろしい病気もある。

こうした熱帯の自然の猛威に対して、医療や食糧の準備が十分なされたのだろうか。建設にあたっての労働力は、俘虜約五万五〇〇〇人とロームシャ(労務者)ともクーリー(苦力)とも呼ばれたタイ人、ビルマ人、インドネシア人、マレー人などのアジア人労働者が推定一〇万人から二〇万人が送りこまれている。熱帯のジャングルに一五万人を超す人力を投入するとなれば、食糧、医薬品、衣料の補給に周到な準備がなされなければならない。

特に、五万五〇〇〇人の俘虜には、日本軍は一日の食事の支給量、支給衣服の一覧表まで決めた「ジュネーブ条約」の「準用」を連合国に約束していた。これを実際に支給するには、綿密な補給網がつくられていて当然であろう。

雨期ともなれば、夕立のような激しい雨脚で、連日雨が降り続く。急ごしらえの道路は粘土質のためドロ沼と化し、時には膝までドロにつかって歩くこともあった。そんな状況ではトラックによる物資の輸送などとても不可能である。ケオノイ河の水かさも増して、小さなポンポン船で、河を溯行して食糧を運ぶこともむずかしくなってくる。新鮮な野菜は論外としても、米などの主食すら底をつきかけることもあった。補給体制の杜撰《ずさん》さが、栄養失調による俘虜の死を招いた。

ヒントクよりさらに奥地に入ったある分所では、七〇〇〇人の俘虜のうち三〇八七人が死亡した。一日一〇〇グラムの米の配給が一カ月も続いた。もちろん、副食などは何もない。これは日本軍が決めた量の五分の一にしかならない。こんな食事しか支給できない状態で、どうやって働けというのか。俘虜は恒常的な飢餓状態におかれ、誰もが栄養失調だった。栄養失調で体力が尽きたところに、赤痢やコレラになればひとたまりもない。建設の過程で俘虜一万三〇〇〇人とアジア人労働者推定三万人、あわせて四万三〇〇〇人が死亡したが、その原因の九九・九％がこうした栄養失調とコレラ、赤痢などの伝染病の併発によるものという。

薬などもちろんない。人員からすれば二〇個の野戦病院があってもおかしくない泰緬鉄道の建設現場だが、病院どころか医薬品すら満足になかった。軍医すら配属されないところが多かった。病院ができたのは、建設がヤマを越し、多くの死者を出したのちだという。遅すぎたのだ。

生き残ることのできた者は、戦後、その悲惨だったジャングルのなかの生活を刻明に記している。

極東国際軍事裁判に提出された陸軍中佐C・H・カップの宣誓口供書は、その生活を次のように述べている。

「我々一行が移ったどの鉄道建設収容所でも、設備が完成しておらず建物には屋根もなかった。当時、季節風の雨が降っていた。これらの収容所内の食物は、米と葱の汁か、あるいは米と豆の汁だけだった。

始終、我々の長靴はボロボロになっていた。そして衣類や履物の履きかえもなかった。長靴を履いたままの線路上の仕事は、一日中泥土や水の中にいるので非常に困難であった。その後、我々は線路に石を敷き、兵士たちは靴なしでこれらの石の上を横切ったり、石切場で働かねばならなかった。

仕事の時間は一日十二時間から二十時間の間であった。一日十二時間、十四時間というのが最も普通であった。通常、兵士たちは午前八時に出掛けて午後十時に帰って来た。我々には休日はなかった。我々の最初の休日は鉄道が開通して、九月の十九日か二十日頃、線路が、我々の収容所近くに接合された時だった。我々は五月十四、五日頃に着手して、九月まで休みなく毎夜毎夜働き通した。何カ月も何カ月も兵士たちは日中に彼等の収容所を見ることはなかった。毎日毎日そして一日に何回も、働く人間の数を減らそうと努力して、私は抗議をし、軍医将校も抗議をし、また、副官も抗議したが何ら日本人を抑制せしむることはできなかった。彼らは、兵士たちを仕事へと駆り立てる。もし、一千人が仕事に必要なら、その健康状態の如何を問わず一千人を連れて行くのだと言う。

魚を数片入れた米飯が配給の食料であった。初めの内は、米はかなり沢山であったが、兵が病気になると、直ちに配給は働いている者に与えられる分量の三分の一に減らされた。病人はそれから飢えて再起することは不可能であった。」

（『速記録』一三三号）

C・H・カップ中佐は、また、日本軍にとって鉄道建設のためには、イギリス人およびオーストラリア人俘虜の犠牲は問題ではないこと、あらゆる犠牲をはらって、命令された期間内に完成させなければならないと言われたとも述べている。

泰緬の奴隷たち

自分の頭髪を絵筆に、粘土や草木の液汁を絵の具がわりに、この〝地獄〟を描き続けた一人の俘虜がいる。『泰緬鉄道の奴隷たち』と題されたレオ・ローリングの画文集には、日によっては五〇回もの便所通いが必要だった赤痢患者の姿、密閉された貨車で五日間も輸送される俘虜の苦しみ、熱帯性潰瘍で骨までがむき出しになっている俘虜の姿、コレラ患者の断末魔の苦しみ、日本軍による数々の残虐行為などが、刻明に描かれている。俘虜の一人として、ジャングルの奥地で生死の間をさまよったローリングの目に映った泰緬鉄道の建設現場は、〝地獄〟そのものだった。

「一日中雨だった。

その雨のなかで苦労しながら椰子の葉や枝でお粗末な宿舎を作った。そのあとはいつもの粥がでた。そして寝た。ところが夜中私はなんども猛烈な胃の痛みに襲われそのたび近くの溝へ自分を運んだ。一度はそこで二十分もしゃがみこんでいた。そこで私は眠気とすこしでも乾いた場所へ移りたい欲望と、そして排出したい自然の欲求の板ばさみになっていた。私のテント、それは樹の枝にひっかけた地面用のシートだったが、すでに水はその上に一インチもたまっていた。私は用便からぐったりと疲れ切ってそこへ戻り、しばらく泣き、自分の運命を呪った。」

だが、ローリングの呪われた運命は、さらに悲惨な状態に陥っていく。赤痢、熱帯性潰瘍、日本人、朝鮮人監視員とのトラブル――。

俘虜の手記のなかには、必ず〝監視兵〟の残虐行為が記録されている。アーネスト・ゴードンは、現在、アメリカで牧師をしている元英軍俘虜である。彼の著書『死の谷をすぎて――クワイ河収容所』のなかには、随所に監視兵の姿が登場する。この監視兵は、ある時は鉄道隊の兵隊であり、収容所の日本人下士官であり、朝鮮人軍属であったりする。A・ゴードンにとっては、その違いは意味のないことだったのだろう、自分たちを管理、殴打する者の総称が〝監視兵〟として記録されている。

「翌年一九四三（昭和一八）年の春が近づくころになると、日本兵の焦燥感は眼に見えて増大してきた。本部の命令通りに鉄道が完成しそうもないと予感し彼らは神経質になっていった。当然、自分たちの不安感を発散させるためのはけ口をさらに私たちに向けるようになった。それは日を追って非情になっていった。

監視兵がどこかで英語の『スピード』という言葉を憶えてきて、たえず『スピードー！　スピードー！』と叫びながら、あのいまわしい竹の岩を手に私たちを頭の上から監視した。」

「その日、一日の仕事が終了した。ただちに工事用具の確認が行なわれた。確認がすみ宿舎へ帰る寸前というところで日本軍の俘虜監視兵が、シャベルが一本足りないと宣言した。その日本兵は、タイ人に売ろうとして誰かが盗んだのだと主張した。俘虜たちの列の前を彼は大股で歩きつつ、どなりちらしていた。俘虜たちが卑劣で愚かであること、さらに最も許しがたいことには天皇に対する忘恩の不敬を犯していること、それらをなじった。

さらに彼は、ブロウクン・イングリッシュの憤怒の声を張りあげて、盗んだ者は一歩前へ出て罰を受けろと命令した。だが誰ひとり動かなかった。監視兵の怒りは一段と強まった。すぐに暴力をふるうと誰もが思った。

『全員死ぬ！　全員死ぬ！』と、逆上した彼は金切声で叫んだ。

彼は自分が本気であることを示すために、銃を取り安全装置をはずし、肩にあてて狙いをつけた。俘虜たちをひと通り眺めたうえで左端の者から射殺しようとした。」

結局、一人の兵が銃尻で殴り殺された。

こうした、体験を積み重ねたA・ゴードンは、ある日、ビルマから移送中の日本人負傷兵の姿を目撃し、俘虜への残酷な扱いの理由をはっきり理解したのである。

負傷兵の状態は見るに堪えないものだった。戦闘服には、泥、血、大便などが固まってこびりつき、傷口は化膿し、全体が膿で覆われその中から無数のうじがはい出ていた。A・ゴードンは「それまで、いやいまもって、あれほど汚ない人間の姿を見たことがない」という。

「日本軍は自軍の兵士に対してもこのように残酷なのである。まったく一片の思い遣りすら持たない軍隊なのである。それならば、どうして私たち俘虜への配慮など持ち得ようか。」

俘虜やアジア人労働者に対して残酷な軍隊が、自軍の兵士に対しても残酷なことを、A・ゴードンは、一瞬にして見てとったのである。

日本の軍隊における抑圧はより下の者、弱者へと転嫁されていく。朝鮮人軍属は、その抑圧機構の最末端にいた。そして、その下に、「皇軍が命をかけて捕獲した俘虜」がいたのである。

命令と俘虜の間で

一九四三（昭一八）年一〇月一七日、泰緬連接鉄道は完成した。

「死の鉄路」と呼ばれたこの鉄道は、「枕木一本、人一人」といわれるように、約四万三〇〇〇人から七万六〇〇〇人と推定される犠牲の上に、できあがった鉄道である。

李さんの勤務していたヒントクの分駐所に、第三分遣所が移動してきたのは、八月頃のことである。分遣所長の臼杵中尉がやってきたので、李さんの肩の荷がおりたとはいえ、実質的に仕事を担ったのは、朝鮮人軍属たちである。

ビルマへと兵をすすめる都合上、工期が二カ月も短縮され、鉄道隊は昼夜兼行で作業をすすめていた。ヒントクを中心にした前後五〇キロの路盤構築は「他に例を見ることのできない難渋さを極めたものだった」(岩井健『C56南方戦場を行く――ある鉄道隊長の記録』)。

大岩石地帯である。立ちはだかる岩山を迂回し、断崖絶壁のへりに、へばりつくように路盤をつくり、そこにレールを敷設する。それを担った岩井隊長は、「鈍い光のなかに、霧の晴れ間からうかがい見るクウェノイ川は、驚くほど深い谷底にあった。谷底から吹きあげられて流れてくる霧の間から、遥か下方の鉛色をした川面をのぞいた私の足は、ただわけもなくわなわなと震えた」と書いている。

断崖に路盤をつくる作業は、鉄道隊と俘虜の手で担われた。

どうしても迂回路の探し出せない岩山は、岩場カットを行なう。作業は昼夜二交代の連続作業、七時と一九時に交代する。鉄道隊も収容所も昼夜兼行の仕事が続いた。照明設備があるわけでもない。焚火の光で、ノミをふるい、ダイナマイトを仕掛ける。導火線が不足で一発につき四、五〇センチしかない。これで、一人三〇発も点火させるのだから無謀としかいいようがない。三〇発目に点火する頃には、第一発、第二発のダイナマイトが爆発していることもあった。

点火の作業は、鉄道隊が担当していたが、時には、俘虜が行なうこともあった。ふっとばされて死亡した俘虜もいた。しかし、連隊長は、こう訓示していた。

「連隊は全滅するとも、強行突破せよ。」

全滅を覚悟の建設に、無謀などとはいっていられなかった。

降り続く雨のなかの作業、日本兵ですら着替えはなかった。俘虜が着のみ着のままなのはもちろんである。しかも、連日の豪雨のなかでは、洗濯しても乾くことはない。日本兵は半裸、俘虜やアジア人労働者も一糸まとわぬ格好で労働する。はだしで岩場と泥んこのなかでの作業が続いた。

鉄道隊の現場作業を指揮した有門巧小隊長は、「一万立方メートルの爆破作業間の二カ月、私は服を脱いだことはない。睡眠は岩陰で、長靴のままのごろ寝、もちろんその間、一度も風呂にはいらなかった」(広池俊雄『泰緬鉄道——戦場に残る橋』)。

李さんの管理する俘虜を使っていた弘田栄治少尉もまた同じだった。特に弘田少尉の担当する地区には、最大のネックとなっている岩場があった。Sカーブの狭い切り通しで除岩作業は難行をきわめていた。昼夜兼行、休憩時間もおしんで弘田少尉は、一人ノミをふるった(広池、前掲書)。

もちろん、俘虜たちも二交代の作業を続けた。白々と夜が明けるころから、古風なアセチレン照明をたよりに帰途につくまで、雨に打たれて働く俘虜は疲れはてていた。病気にならない方が、おかしいぐらいだ。

だが、ヒントクは、コレラが発生しなかったのが幸いして、死者は少なかった。五〇〇人のうち、死亡者は一〇〇人ぐらい。常時三〇〇人の俘虜が作業に出ていた。李さんが「少ない」と語るのは、あくまでも、他の分所や分遣所と比較しての話である。

コレラ患者は出なかったものの、赤痢にかかっている者は多かった。李さんは、時には自分の給料で卵などを買って、病人に与えたこともあったが、そんなことでおさまるほど事態はなまやさしいものではなかった。病人でも薬なし、休養なしの現場だった、李さんはこう話す。

突貫工事をすすめる鉄道隊は猫の手も借りたいほど忙しかった。毎日、作業人員の割当表が届く。しかし、慢性的栄養失調と、病人の続出している収容所側は、とても、それだけの人員を揃えることができない。結局、双方に納得してもらうためには、病人でも、少し症状の軽そうな者を選んで作業に出さざるをえない。鉄道隊には人数が足りなくとも、それで了承してもらうほかはない。俘虜と鉄道隊の間に立って、収容所は時には鉄道隊に、時には俘虜に無理を強いながら、人数の調整をしていった。

しかし、期日までの鉄道完成は、大本営の絶対命令である。犠牲が俘虜に傾くのは明白である。弘田少尉が、直々に収容所を訪ね、もっと人員を出すよう督促したことも二、三度あったことを李さんは記憶している。

もちろん、アジア人労働者たちにもこの突貫工事のしわ寄せがいった。しかし、日本軍は、俘虜とアジア人労働者を別々の命令系統の下で使用していたので、李さんたちに、このアジア人労働者の惨状は見えていなかった。俘虜よりアジア人労働者の犠牲者数が多いことが、彼らが俘虜以上に悲惨な状況に置かれていたことを物語っている。

李さんも病人を作業に出したことがある。また、ズル休みをしている俘虜を見つけたこともある。不潔な収容所のなかを、少しでもきれいにと思った彼は、よく収容所のなかを見まわって歩いた。そんな彼を俘虜たちは〝リサド〟(とかげ)というあだ名で呼んでいた。ちょこまかよく動くといった軽い意味だったかもしれない。あるいはもっと別な感情がこめられていたのか。

だが、俘虜は監視される立場にある。また、短波受信機をかくし持っていた俘虜さえいた。李さんに見つかっては困るようなことが、いろいろあったのではないのか。ズル休みを発見されたのもその一つだろう。

監視する者とされる者、そこには李さんの考え及ばない断絶があったと思われる。

李さんがその管理にどんなに心を砕こうとも、俘虜にとって労働は強制以外の何ものでもなかった。比較的死亡者が少なかったといわれるヒントクでも、俘虜たちは、午前八時から午後六時、時には一〇時までの苛酷な労働を強いられ栄養失調、マラリア、赤痢などの伝染病に苦しんでいる。李さんの力では、どうすることもできない事ではあったが、俘虜たちの怨みは、目の前の管理する人間に向けられていった。

ヒントクの最大の難所を受けもった鉄道隊の弘田少尉、収容所の臼杵中尉、そして分駐所の実質的な責任者だった李鶴来さんの三人は、いずれも日本の敗戦後、戦争裁判で「俘虜虐待」を理由として死刑の判決を受けている。減刑になって一命をとりとめたのは李さん一人、あとの二人は、シンガポールのチャンギ刑務所で絞首刑が執行された。

ジャングルの中からの徴兵

レールの敷設が終わり、軽便鉄道がノンプラドックとの間を往来するようになると、ジャングルのなかにも、「慰安所」が開設された。そこには、ジャングルで作業する日本人の兵隊ばかりでなく、ビルマへと進軍する兵たちが、つかの間の〝快楽〟を求めに行った。

ビルマへ向かって行軍する兵たちが、収容所で茶の接待を受けることもあった。ある日、李さんはそのなかに「うちの国のひと」を見つけた。志願兵の一員として、インパール作戦に参加したその兵隊が、何という名前だったのか、生きて帰国したのかまったく分からない。ただ、ビルマへと、ジャングルの奥地に向かって行軍していく朝鮮人志願兵に出会った時、李さんは特別に親しみを感じたという。はっきりとした民族意識をもっていたわけではなかったが、やはり自分の国の人に出会えばうれしい。同じ軍服を着ていても、何となく自分の国の人は分かるものだ。言葉を交わすことはできなかったが「ごくろうさん」と声をかけた。

朝鮮人志願兵は西へ向かって行軍していった。東からはジャングルのなかで働いていた朝鮮人軍属に〝赤紙〟が届いた。泰緬鉄道工事が一段落し、補修工事に日を送っていた一九四四(昭一九)年三月頃である。

一九四三年三月一日、兵役法が改正され、八月一日から、朝鮮に徴兵制が実施された。四四年四月から第一回の徴兵検査が始まっていた。李さんの所属する第四分所の朝鮮人軍属一三〇人の中から、二人がこの徴兵にひっかかった。李さんと同じ分遣所から安田仁根と金谷忠次の二人が、徴兵検査に出かけていき、そのまま徴兵された。二人の本名を李さんは知らない。その後の消息も分かっていない。ただ、李さんは、年齢からいっても、次は自分の番だと思ったことは今でもはっきり覚えている。軍人になることを嫌い、炭鉱労働者として徴用されるのを逃げるために、俘虜収容所の監視員となって南方までやってきたが、日本の植民地支配者は、熱帯のジャングルのなかまで、李さんたち若い朝鮮人青年を追いかけてきたのである。

募集の時、契約は二年と明記されていた。しかし、二年たっても一向に、朝鮮へ帰してくれそうもない。それどころか、今度は徴兵である。約束を反古《ほご》にしたまま何の音沙汰もない日本軍に対して、朝鮮人軍属の間には不満が高まっていた。

タイでは金周奭《キムチュソク》が俘虜を連れて逃亡した。ジャワでは朝鮮人が叛乱を起こしたとの噂も伝わってきた。李さんたちも日本人上官と何となく、しっくりいってなかった。何かにつけて「朝鮮人の軍属のくせに」と言われ、侮蔑され続けたのである。外出日ともなると、朝鮮人と日本人下士官の喧嘩が絶えなかった。

一九四五年八月、李さんは、タイの首都バンコクに配属されていた。

ある晩、収容所本所の金が金庫ごと盗まれた。四〇万円という大金が入っていた。主犯は石井と名のる朝鮮人軍属、同僚の新井と二人で金庫ごと奪って逃走したというのである。石井軍属は車の技術者、オートバイもろとも川に転落した李さんを助けてくれた恩人でもある。李さんはこの金庫ドロボーの話を聞いて、たまげてしまった。日本の敗戦が近いことなどまったく知らなかったからである。

本所で副官をしていた矢代良亀氏によると、華人と軍属が組んで、トラックを乗りつけて金庫ごと盗んだそうだ。あわてて捜査にのりだしたものの、犯人を見つけることができないまま敗戦を迎えた。日本の敗戦を見越した華人と朝鮮人軍属の見事な連係プレイともいうべき事件だった。石井軍属たちは、日本の戦況を十分に知っていたのかもしれない。だが、若い李さんにとって、敗戦は突然やってきた。日本の敗戦によって、「うちの国」が解放された。だが解放が実感をもって考えられるようになったのは、朝鮮人軍属が集結してバンコクの町に「高麗人会」を組織してからだった。

ラジオでは「連合軍俘虜を虐待した者は厳罰に処す」と放送していた。李さんはその放送を聞いても、他人事《ひとごと》のように思い、よもや自分に関係あるなどと考えもしなかった。日本の軍隊の軛《くびき》から解放され、帰国する日を一日千秋の思いで待ちのぞんでいた。爆撃がやみ、活気を呈したバンコクの町では、連合国の俘虜による日本人や朝鮮人への暴行が頻発し、タイ人に対する暴行もあった。

そのため、タイ人の白人に対する反発も強く、その一方で日本人や朝鮮人に対して同情的だったと李さんは語っている。特に〝高麗〟といえば格別で、多くの中国人は、「中国と高麗は昔からの兄弟国」であると言って、朝鮮が解放されたことを祝ってくれたという。

石井軍属と華人による見事な連係プレイを考えあわせると、中国人と朝鮮人の心理的連帯感は、支配者であった日本人には想像もつかないほど強いものだったのかもしれない。

しかし、こうした解放感もつかの間のものだった。九月二八日夕方まで、全員、高麗人会に集合するよう、連合軍から命令があった。集合しない者は処罰するという。バンコクの町に散らばっていた軍属も、二八日夕方、指定場所に集合した。ところが、指定場所は自動小銃をもった兵隊たちにとり囲まれていた。明朝〝首実検〟をするという。この首実検は、元の俘虜や住民による戦争犯罪人の指名である。顔を見て、〝これ〟〝これ〟と指名していくのである。顔見知りでもいれば、万事休すである。〝首実検〟と聞いても李さんは別に驚かなかった。自分たちは朝鮮人であるし、人殺しをしたこともなければ、戦闘に参加したこともない。特別に、戦争犯罪人となるようなことは何もしていなかったからである。

翌朝、イギリス、オーストラリア、オランダの俘虜が五〇名ほど、李さんたちの集合場所へやってきた。首実検の場所が六カ所もうけられ、朝鮮人軍属たちは一列縦隊で、俘虜たちの前に並んだ。兵隊たちがとり囲んでいる。まず、イギリス、ついで、オーストラリア、オランダの順で、元の俘虜たちが、首実検にあらわれた。六カ所を無事、通過しなければならない。

五〇名ほどが、首実検でひっかかった。李さんもその一人だった。荷物をもって追いたてられるようにトラックに乗せられた。車はバンコク郊外に向かって走った。道路の両側の椰子の木が目に映る。トラックのなかで、監視兵が財布から万年筆まで強奪したが、そんなことを思いわずらうことさえなかった。行先が分からない不安、銃殺への恐怖が皆の心をとらえてはなさなかったからだ。トラックは一時間ほど走って、赤レンガ造りの刑務所に到着した。バンワン刑務所である。

バンワン刑務所には、すでに俘虜収容所の職員や朝鮮人軍属数十名が収容されていた。ほかは、インド国民軍の兵士が一〇〇〇人あまり収容されていた。乏しい食糧に悩む李さんたちに、収容されていた国民軍の兵士が差入れをしてくれたこともあった。また、時々、炊事用の薪をとりに出かけたが、インド人による監視はルーズだったので逃げようと思えば、いくらでもその機会はあった。しかし、収容されたものの、李さんは一回も取調べを受けなかった。仲間の話を聞いても大したことはないし、虐待など身に覚えもなかったので、逃げようとも思わなかった。毎日、強制体操をやらされ、草とりもさせられたが、いつ、釈放されるのだろうかと気軽に考えていた。そんな李さんを待っていたのは、釈放ではなくシンガポールへの移送だった。

一九四六年四月二〇日頃、李さんたちは、船でシンガポールへ送られて、そのまま、一〇メートルもあろうかと思われる高いコンクリート塀のチャンギ刑務所に閉じこめられてしまった。こうして、タイ俘虜収容所の朝鮮人軍属たちは、何が戦争犯罪かも判らないまま、戦争犯罪裁判の法廷に立たされることになった。

2　マレー俘虜収容所——石油基地パレンバン

シンガポール上陸

サイゴンを出港した朝鮮人軍属の輸送船団が、昭南と名を変えたシンガポールの港に停泊したのは、一九四二(昭一七)年九月一〇日、シンガポールが日本軍の手に陥ちてから、すでに半年以上も経っていた。四万人(華僑側の主張、日本側は六〇〇〇人と主張)の華僑が虐殺された事件の記憶も生々しかったが、昭南特別市と名を変えたシンガポールの町は、表面上は平穏を保っていた。市長には、元内務次官、前北支軍最高顧問だった大達茂雄が就任し、混乱した市政の立直しと、戦闘で破壊された市街地の復旧が軌道にのりはじめていた。料亭や慰安所が開かれ、「昭南日本語学園」も開校した。シンガポールは、イギリスにかわる新たな支配者日本の色彩を少しずつ強めていた。

マレー俘虜収容所に勤務する九個小隊八一〇人の朝鮮人軍属は、シンガポールで船をおりた。大英帝国の東南アジア支配の牙城だったシンガポールは、その権勢を誇るかのような瀟洒な建物が立ち並び、広いアスファルト道路が走っていた。シンガポール港から、マレー俘虜収容所のおかれたチャンギまで二四キロ、朝鮮人軍属を乗せたトラックは、広いアスファルトの道を東へ向かって走った。

シンガポールの東端チャンギには、高さ一〇メートルもありそうないかめしいコンクリート塀に囲まれた刑務所がある。ここに、マレー、シンガポールで捕虜になった九万七〇〇〇余人のイギリス人、オーストラリア人の一部が収容されている。かつては、イギリス植民地統治に反対する政治犯や一般の犯罪人を収容していたチャンギ刑務所は、今、そのかつての支配者たちを閉じこめていた。

日本の敗戦とともに、今度は日本人、朝鮮人を収容したこの刑務所は、シンガポール

- 本　所　所在地：シンガポール
  - 所　長：福栄真平少将（1942. 8. 15～1944. 3）
  - 　　　　斉藤正鋭少将（1944. 3～1945. 8）
  - 朝鮮人軍属：約 800 人
  - 第 1 分所（スマトラ島メダン）　分所長：坂野博暉中佐　俘虜3000人
  - 第 2 分所（スマトラ島パレンバン）　分所長：松平紹光少佐　俘虜3000人
    - 第 1 分遣所（パレンバン）　飛行場建設　俘虜 3400 人
    - 第 2 分遣所（パカンバル）　中部スマトラ横断鉄道を建設　第 1 分遣所より移動の俘虜 1500 人
  - 第 3 分所　（昭南）インド人特殊労務隊収容所
  - 第 4 分所　1943. 4　泰緬鉄道建設のためビルマへ移動，坂野分所となる．俘虜 7000 人．分所長：坂野博暉中佐
  - 第 5 分所　1943. 4　泰緬鉄道建設のためタイへ移動，蜂須賀分所となる．俘虜 3000 人．分所長：蜂須賀邦彦少佐

出典）篠田俊樹元軍医・仲井公輔元軍医・朝鮮人軍属らの証言から作成

図 I -2　マレー俘虜収容所機構図（1942 年 8 月 15 日編成）

の統治者が変わるたびに、その収容者を変えながら、今日もなお、その偉容を誇っている。

マレー俘虜収容所に配属された兪《ユ》東《ドン》祚《チョ》さんは、創氏改名による日本名を渡井次郎と称していた。日本の敗戦後、自らこのチャンギに幽閉されるなど、その時の兪さんは想像もしなかった。

福栄真平中将が、収容所の所長だった。配属された兪さんたちは、軍の貨物廠に食器や被服の受領に赴いた。この時、福栄中将、当時はまだ少将だったが、彼も自ら貨物廠に出かけた。係官が、軍属の規定に準じた品物を渡そうとしたところ、福栄中将は、「オレの部下は、普通の兵隊と違う。全部、将校以上のものを出せ」と命令したと

いう。福栄中将は日本人の兵隊より、体格がよく教育水準も高い粒よりの朝鮮人の若者を、誇りにしていた、こう兪さんは話している。どこへ出しても恥ずかしくないこれらの若者に、軍装をきちんと支給することが、所長の任務と考えたのではないのか、係官が「軍の規則だから出せません」と拒絶したにもかかわらず、福栄所長が強硬に主張して、朝鮮人軍属たちは将校なみの軍装を受けとったという。ヘルメットなども、英軍から押収した立派なものだった。福栄中将のこうした態度に、朝鮮人軍属たちは感服したようだ。のちに、兪さんは、日本人上官とことごとくぶつかったが、この福栄中将の時は、「何の事故もなかった」と話している。

マレー俘虜収容所は、本所をシンガポールのチャンギにおき、シンガポール、マレー半島、スマトラに分所をおいていた。泰緬鉄道の建設がはじまるとタイとビルマにも、マレー俘虜収容所の俘虜が派遣されている。兪さんは、スマトラの石油基地パレンバンに派遣されたため、泰緬鉄道建設の実情については、戦後、親友の李鶴来さんに聞くまでほとんど知らなかった。

一九四二(昭一七)年九月、シンガポールに上陸した八一〇人の軍属は、ただちに任務についた。兪さんは第五小隊に所属しており、パレンバンの第二分所の勤務だった。所属する小隊は、パレンバンへ移ったが、兪さんは、シンガポールに残って、自動車隊で教育をうけている。自動車の運転をする人など珍しかった当時、自動車の運転、整備、修理の訓練をうけた兪さんは、特別に技能者として養成されたことになる。当時の自動車の運転は今でいうなら、ヘリコプターやセスナ機の操縦ほどの値打ちをもっていたのではないだろうか。

新技術を覚え、意気揚々とパレンバンに到着した兪さんは、そこで毛布二枚と敷布を受領した。ところが、この敷布はオランダ人がテーブルかけに使っていたものをつなぎあわせたものだった。

「これ何なのよ」と尋ねる兪さんに、経理のY中尉は「敷布だよ」とすましてこたえた。真新しい敷布があること、オランダから押収したマットがあることを兪さんは知っていた。食べもののシミがついた使い古しの敷布と毛布二枚、これを敷いて寝た時のくやしさとみじめさは今でも忘れないと、兪さんは語っている。何も物だけにこだわったわけではない。軍属に接する日本人士官の態度とその冷ややかな、さげすんだような視線が、このやりとりのなかにあったからだ。それだけではない、士官の視線には、支配者の優越感と侮蔑の気持がこめられていた、少なくとも兪さんにはそう感じられた。技術者としてのプライドだけではなく、朝鮮人としてのプライドを著しく傷つけられた彼は、日本の敗戦まで、マレー俘虜収容所第二分所のパレンバンに勤務するが、それは、日本人将校や下士官とのケンカの毎日だった。

飛行場の建設

兪さんたちの監視した俘虜は、六〇〇人足らずだった。その主体はイギリス海軍の兵隊である。彼らは、戦艦プリンス・オブ・ウェールズ号やレパルズ号の乗組員だったが、戦艦が撃沈され、駆逐艦でパレンバンへ逃げのびたところを捕まってしまった。

南緯三度の湿地パレンバンは、熱帯の猛暑に包まれていたが、俘虜になりたての体格がよい水兵と、初めて俘虜の監視という任務につく兪さんたちとの間には、多少トラブルがあったものの日常的にはとりたてて問題になるようなこともなかった。

俘虜の証言も日常生活の不自由についての言及が中心となっている。

「われわれの収容生活の初期におきましては、パレンバンの市には、相当ストックがございましたので、われわれは服一着ならびに靴一足支給されました。その後一九四五年六月までは、全然支給がなかったために、俘虜たちは作業するために単なるズロースみたいなものしかなかったのであります。それと靴がなかったのであります。肌繻絆も帽子もありませんでした。」(『速記録』一三七号)

そして、六〇〇人の俘虜に対し、便所が六つしかなかったこと、入浴のための水は井戸水を使用していたが、乾期の間は全く風呂に入ることができなかったこと、また、一日一ポンドの水しか支給されず、その水も、飲料水として使用するには、しばらくの間、ビンに入れて泥が沈むのを待たねばならないような水だったこと、そして蚊帳《かや》の支給もなかったことなどを述べている。

三日も着のみ着のままだとシラミがわくという地で、乾期の半年間に、まったく風呂に入ることができないのは想像以上に苦しい。しかも、汗とほこりにまみれた一日が過ぎたあとに、水浴もできないとあっては、体力も気力も消耗してしまう。だが、乾期の井戸は、六〇〇〇人の人間が、水浴びできるほどの水量はなかった。近くに川でもあれば、この不便さは解消できただろうが、市街地に近い学校を収容所として接収していたので、それもできなかった。結局、俘虜たちは、泥水をすすり、汗とほこりにまみれて生きることを強いられたのである。

ムシ河桟橋の荷揚げ作業は、かなりの重労働であったが、初代の松平紹光分所長は、〝武士道精神〟で俘虜を処遇する方針だったので、物資が〝豊富〟な時は、俘虜の死亡者はほとんどなかった。

軍医としてここに勤務した仲井公輔氏の証言によると、この頃は俘虜の管理上、あまり問題はなかった。問題が起こったのは、ジャワから二八〇〇人ものオランダ人俘虜が到着し、飛行場建設がはじまってからである。

東南アジア最大の石油基地パレンバンは、一九四二(昭一七)年二月、空から落下傘部隊が降下して、日本軍が占領した精油所である。日本にとってパレンバンは、石油供給基地として絶対防衛しなければならない要所であった。

戦局が、目に見えて悪化しはじめた一九四三年一二月二八日、パレンバン防衛のために、第九飛行師団が新設された。空からの精油所攻撃を何とかして防がねばならない。精油所を中心に五〇〇キロ圏内における防空情報網をつくること、五〇キロ圏内に防空飛行場群をつくること、約二〇キロ圏内に地上防空諸陣地をつくることが計画されたのである。

この計画にそって、パレンバンの市街から七五キロと五〇キロの地点に飛行場をつくることになった。もちろん、ツルハシ、モッコ、シャベルによる人海戦術である。ジャングルを切り開き、木の根を掘りおこす作業は、飛行場と鉄道の差はあっても、泰緬鉄道の現場と同じように、苦しい重労働であることに変わりない。俘虜はみるみる骨と皮ばかりになっていった。

道端の草まで枯れ

鄭殷錫《チョンウンソク》さんは、一七〇センチを超すスラリとした長身である。均勢のとれたその体軀は、朝鮮にいる当時から目をつけられ、半ば強制的に志願兵に応募させられたほどである。志願兵は、最後の関門でどうにか逃げることができたものの、軍属には無試験でイの一番に採用されてしまった。

シンガポールに上陸した鄭さん――当時は石原辰雄という日本名を使わされていた――は、昭南神社の西南にある第四分遣所に勤務していた。激戦地ブキティマにたてた忠霊塔や昭南神社の建立に俘虜が使われたが、シンガポールには食糧も豊富にあり、俘虜には軍の決めた量の食糧を支給することができた。遊郭、料理屋、日本式旅館が次々と店開きし、慰安所も開所した。シンガポールは、日本の占領地昭南島の〝顔〟をつくりあげていた。

鄭さんたちは、二週間に一度は外出することができたし、酒保で酒も食べるものも自由に購入できた。熱帯とはいえ、海に囲まれたシンガポールは、朝夕は涼しくしのぎやすい。緑陰濃いシンガポールの町は、イギリス人たちが暮らしやすいように、いたるところに工夫をほどこしていた。町はよく整備されており、石を敷きつめた歩道は、街路樹におおわれて心地よい。

シンガポールで勤務しているぶんには、ほとんど問題はなかった。現に、敗戦までシンガポールに勤務していた鄭さんの同僚も日本人上官も戦犯になっていない。鄭さんの運命が狂ったのは、一九四三(昭一八)年一一月、パレンバンへ転属命令が出てからである。二個分隊六〇名が、パレンバンへ転属になった。

パレンバンでの仕事は、飛行場建設に使役される俘虜の監視である。自動車の運転技術をもつ兪さんは、パレンバン市内の本所にいたが、鄭さんは一五〇〇人近くの俘虜をつれてタンカランバライという部落の近くに移動した。ここが五〇キロ地点の飛行場である。七五キロ地点は、ムシ河を渡ったところにつくられている。そこは、一九四二年当時からいた俘虜を中心に作業がすすめられていた。鄭さんたちは、ジャワから輸送されてきたオランダ人、オーストラリア人、そしてイギリス人俘虜を管理するのが仕事である。

作業は飛行場設営隊の指揮の下にすすめられる。鄭さんたちは、俘虜の衣食住の面倒をみたり、作業中の監視をした。監視といっても一五〇〇人を六四〜六五人の朝鮮人軍属でやるのだから、逃亡されても分からなかった。しかし、飛行場設営地の周囲には、熱帯のジャングルが広がっている。自然の柵を前に積極的に逃亡を企てようとする俘虜はほとんどいなかった。

一日七時間から八時間の重労働と週に半日しかない休暇、椰子の木を切り倒し、その根を除去する作業が連日続いた。滑走路用に土地を平らにならし、整地する。高射砲台とサーチライトの施設もあわせてつくった。

一日、七時間か八時間の労働といえば大したことはないと思われるが、赤道直下の平地、しかもパレンバンはムシ河の河口近くにあり、そのむし暑さは日本の夏の比ではない。兪さんの言葉をかりれば、「乾期になると道端の草まで枯れてしまうほど暑い」のである。

私も、一九七六(昭五一)年に何カ月かジャワの農村で暮らしたことがある。記憶に残るのはその暑さだ。朝、太陽がギラギラと照りつけると周囲の風景が白っぽく映る。朝起きただけでもうグッタリとしてしまう。

一九七九年、ジャワ海に面したスマラン郊外に日系企業の公害の実情を見に出かけたことがある。この時は、炎天下を帽子もなしに歩きまわった。陽をさえぎるものは何もない。もちろん水を飲むところも食事をするところもない。行けども行けども養殖池である。喉はカラカラ、ひたすら〝水〟〝水〟と思いながら、養殖池に落ちないよう足元を見て歩いた。太い竹を二本並べただけの簡易橋を渡り、ズブズブと沈んでいく湿地のなかを不安な気持で歩く。

案内をしてくれた青年は、おおよその見当で歩きまわるので、何度も道を間違える。一刻も早く日陰に入って水を飲みたいと思っている私は、そのたびにガッカリして気力が失せ、目まいがした。半日近く歩きまわって、人っ子一人出会わない。マングローブのグロテスクな根に、波が打ちよせる。照りつける太陽とその波の音だけしか聞こえない世界は、人を不安に陥れる。胸がしめつけられるようで息苦しくなってきた。水がないと思うから、よけい渇きがひどい。とにかく、下を見て、ひたすらおいてきぼりにならないように歩くだけが精一杯、思うことは〝水を飲みたい〟そのことだけだった。ちょうど、炎天下を六時間か七時間歩いたことになる。

あの時のことを考えると、炎天下の湿地で帽子もかぶらず、土木仕事をすることのつらさが伝わってくる。それも彼らは連日である。体力が消耗しない方がおかしい。

一日四〇〇グラム

熱帯で生水を飲めるところは少ない。パレンバンでも生水は飲めない。沸騰させ煮沸した水かお茶である。決められた時間以外、俘虜が自由に水を飲める状態ではないだろう。それも想像以上につらいことである。だが、俘虜の体力を最も消耗させたのは、食事の量である。飛行場建設が始まった頃は、重労働をする者は、米一日四〇〇グラム、軽労働三〇〇グラム、入院患者は一八〇グラムだった。この時、鄭さんたち軍属は一日六〇〇グラムの米を食べていた。それでも腹が減って仕方がなかったというから、一日四〇〇グラムでは重労働に耐えられない。しかも、これは正味四〇〇グラムあったことはないという。

敗戦直後の、すき腹をかかえていた日本人の配給は一日二合三勺(四一四グラム)、一〇〇〇キロカロリーだった。配給だけで飢死した日本人がいたことを考えると、四〇〇グラムそれも正味四〇〇グラムもない食糧で重労働はもともと無理な話である。

米一袋一〇〇キロ、これを頭割りで配給する。ところが、この米袋は破れていたり、ねずみが食ったりして、正味一〇〇キロあることはまずなかった。少ない場合には半分しかない時もあった。それでも一〇〇キロとして俘虜に渡した。建前は一日四〇〇グラムでも、こうして途中で消えて、俘虜の口には入らなかった分も含まれての四〇〇グラムである。米の貯蔵庫は、こぼれた米で足が埋るほどだったと鄭さんは話している。

肉の配給も少ない。野菜は時にはトウガンが支給されることもあったが、あとは鄭さんたちが、川辺に自生しているカンクンと呼ばれるアクの強い青菜をトラック一杯刈りとってくる。それを塩ゆでにして支給したこともあった。これを食べると口のなかが真黒になった。兪さんがジャングル野菜と呼び鄭さんがカンクンと呼ぶこの青菜は、ジャワで日常食べる、いわゆるカンクンという野菜なのか、確かめようがない。名前はどうあれ、川辺の野草カンクンが、俘虜にとっては貴重な野菜であったことは事実である。

口のなかは真っ黒になったが、カンクンのおかげで、俘虜は少しはビタミンを補うことはできた。しかし、カロリーの絶対量は足りない。

栄養失調の俘虜は見るかげもなくやせ細っていた。厚くて、たくましかった胸は肋骨と皮ばかりになり、ちょうど骨の上に皮がブラ下がっているようで、「おばあさんの胸みたい」だったし、尻の肉もすっかりそげ落ちて、立って歩くと肛門がまっすぐ見えたという。骨と皮ばかりになった俘虜が歩くと、カタカタと骨のふれあうような音がした。これが一日四〇〇グラム食べていることになっている俘虜の状態である。

一日三二四グラム(一合八勺)の患者は、たとえなおっても体力を回復させることはできない。俘虜が倒れるまで作業現場に出ようとしたのは、ひとえにこの食糧の配給に問題があった。作業に出ない、すなわち患者の仲間入りをすることは、そのまま死に通じることになる。無理して作業に出れば、それもまた死をはやめる。

鄭さんたちは、作業から戻ってきて、夕方に点呼をとる。翌朝、作業に出すために点呼をとると、昨晩いたはずの者がいない。逃亡かと思い、宿舎を調べると死んでいた。昨日の夕方まで働いていた者が、翌朝、死んでいる。こんなことが頻繁におきはじめた。一九四五(昭二〇)年五月に入ってからである。原因は栄養失調と過労。それに下痢でもすれば体力のない俘虜たちは、「あっという間に死んだ」。軍医だった仲井さんはこう語っている。仲井軍医は俘虜の死亡報告書に「栄養失調」と記入したところ、本所から怒られた。軍の食糧支給基準からいって、栄養失調など認められない、きちっと病名を記入せよとのことだった。仕方がないので赤痢とかマラリアとかもっともらしい病名をつけたが、直接の死因は栄養失調だった。

敗戦後、戦犯裁判で朝鮮人監視兵に殴られた結果、死亡との告発状が何通も出されていたが、仲井さんは軍医として、そんなことはありえないと言う。栄養失調による死亡を、殴られたとして告発したとしか考えられない。四〇年経た今日もなお、この点についての仲井さんの記憶は鮮明だった。

栄養失調の直接の原因は、配給量の減少である。一日四〇〇グラムになったのは、一九四四年五月からである。それ以前は、重労働五〇〇グラム、軽労働三〇〇グラムだった。また、一九四三年一〇月までは、重労働七〇〇グラム、軽労働五〇〇グラムが支給されていた。

誰の命令か

鄭さんがパレンバンにやってきたのは、配給米が減らされる時期にぶつかっていた。五〇〇グラムそして四〇〇グラムへと減っていった米の配給は、何も米がなかったからではない。長期持久戦を予想して、米の貯蔵を考えていたのである。蜂須賀邦彦第二分所長と山川保二主計中尉が、米の出しおしみをしたのだと兪さんや俘虜は考えていた。

だが、これは、鄭さんや兪さんの上官蜂須賀大尉の独断ではない。陸軍次官通達で「食糧等の節用に関する件」が、一九四四年五月六日に出されている。この通達によると一日の主食は玄米五四〇グラム（または乾パン六九〇グラム）、精麦一六五グラム、計七〇五グラムとなっている。ところが、これは日本の陸軍部隊の配給量である。

俘虜に対してはこの基準をもとに、労働および健康状態を斟酌《しんしゃく》して、収容所長がその支給量を定めるようにと通達されている。この通達は、一九四四年六月一九日に出された「俘虜の米麦給与定量に関する件」である。さらにこの通達では、重労働をしない者に支給する食糧の標準を次のように定めて、これを実施するよう命じている。

将校およびそれに相当する者　米麦　一人一日　三九〇グラム

准士官、下士官、兵およびそれに相当する者　米麦　一人一日　五七〇グラム

（俘虜情報局『俘虜ニ関スル諸法規類集』）

日本の陸軍部隊では、米麦一日七〇五グラム、これを基準に各収容所長が俘虜の食糧を決定しろ、これが陸軍次官の通達である。重労働をしない俘虜の兵は、一日五七〇グラムの米麦という基準も明らかにされている。

パレンバンの場合、重労働に従事する兵隊の支給量は四〇〇グラムだった。この量は明らかに、軽労働にたずさわる兵の食糧にも満たない。だが、支給量は現地の事情を考慮して、収容所長が決定することになっている。長期持久戦を予想して、斉藤正鋭マレー俘虜収容所長が、一日四〇〇グラムと決定したことは、十分考えられる。

一日四〇〇グラムは、斉藤少将が所長の権限で決定し、蜂須賀分所長がその命令を実行したことは、その命令系統から考えて間違いないだろう。だが、軽労働の兵ですら五七〇グラムという基準なのに、一日四〇〇グラムの食糧でどうやって体力を維持することができるのか。

代表的な献立は、朝は薄い粥、昼はお粥に芋の葉、夜は普通のご飯に乾魚または肉である。一九四四(昭一九)年五月以降は、新鮮な肉や魚の支給はまったくなく、乾燥肉と

乾魚のどちらかが一日約一〇グラム支給された。

カタカタと骨がぶつかるような音をたてながら、幽霊のような俘虜が歩く。それでも、一九四四年のうちは俘虜の死亡率は低かった。鄭さんの記憶では二人だけだったという。俘虜の体力と引きかえのように飛行場が完成した。一九四四年初めのことである。

飛行場建設が終わると、まだ体力のありそうな俘虜一五〇〇人が選び出されて、中部スマトラに送られた。この年の三月から着手された「中部スマトラ横断鉄道」の建設のためである。

パレンバンには、老人や患者など、重労働に耐えられそうにない者が残された。重労働どころかほとんどが軽労働にも耐えられそうにない俘虜たちだった。

パレンバンの市内から五〜六キロ離れたスンゲイ・グロンに移ったのち、この体力のない俘虜たちが、米やセメント、弾薬の荷揚げ、精密機械工場での労働に使役された。キャンプ内には自活用の菜園もつくられたが、栄養失調を補うようなものではなかった。

敗戦間際の一九四五年六月頃から、俘虜がバタバタと死にはじめた。六月四二人、七月九九人、八月一三五人、その原因は栄養失調と全般的疲労、それに伴う心臓病である（『速記録』一三七号）。

鄭さんの管理していた俘虜も、一晩に一一人も死んだことがあった。栄養失調で、あっ気ないほど簡単に死んだ。一回の下痢が命とりになったこともある。一九四四年五月以来の食糧の減量が一年たって、俘虜の体力の限界を超えたのではないだろうか。特に伝染病がはやったわけではなく、文字通り、栄養失調により生命維持の限界を超えた俘虜たちが、死者の仲間入りをしていった。

中部スマトラ横断鉄道

一九四四(昭一九)年、シンガポールの南方総軍は、中部スマトラの無煙炭露天鉱床に目をつけた。スマトラの石炭、マレー半島の鉄鉱石、石灰石を利用して、南方での製鉄を実現させようとしたのである。そのためには、中部スマトラのムアラからパカンバル港への石炭の積出しをしなければならない。スマトラ島の脊梁バリサン山脈をこえて、インド洋側のパダンとマラッカ海峡側のパカンバルを結ぶ「中部スマトラ横断鉄道」二〇キロの建設が計画された。

鉄道建設には、泰緬鉄道の難工事を完成させた鉄道第九連隊第四大隊があたる。その労働力は、ジャワ人労働者とパレンバンから移動した一五〇〇人のオランダ人俘虜である。

一九四四年六月のパカンバルは、たとえようもない暑さに襲われていた。鉄道隊は俘虜とジャワ人労働者を使って、四四年三月頃から路盤構築、架橋作業を行なってきたが、猛暑の六月にはレールの敷設をはじめた。

鉄道第九連隊第四大隊の連隊材料廠中部スマトラ派遣隊隊長だった岩井健氏によれば、この鉄道工事も難渋をきわめたという。

「建設予定線の平地でさえも虎が出没し、また俗に〝夢を喰う動物〟といわれるバクがのし歩き、あるいは野猿どもがけたたましくわめき散らした。村はずれにある駅舎となる建物や兵舎は、雑木丸太の格子を周囲にめぐらせて、虎から身を護るため、夜になると全員檻のようなその中に閉じこもる。」(『C56南方戦場を行く』)

「第八中隊の担当する路盤構築作業は、カンパル川を越えた二〇キロ地点あたりの湿地帯で、悪戦苦闘の連続だった。大木を伐り倒して下に敷き、埋め戻して先に進む路盤構築隊の作業は、ようやく湿地帯を突破したものの、レールを敷いたあとの保線作業に、多くの宿題を残した。」(同右)

虎と湿地に悩まされながらの工事で、一九四四年一一月末ごろには、一カ月に八〇名が死亡するという事態が生じたが、この原因は食糧不足と苛酷な労働とによるものだったと俘虜は証言している。ところが、日本側はこうした事態に配慮することはなかった。

リンガー少佐の証言によれば、一九四五年六月一六日頃、八月一五日までに鉄道を完成しなければならない。そのため、歩くことのできる者は全員仕事に出なければならないと通告された。そして、俘虜の健康状態は、いたるところで急速に悪化したが、薬は全然手に入らない。監視兵と鉄道隊の酷使によって、俘虜は全員疲れはて、意気喪失していた(『速記録』一四〇号)。

パカンバルには、鄭さんや兪さんたちと一緒にパレンバンにいた張水業《チャンスオプ》さん――日本名小林寅雄――が派遣されている。キング・コングの綽名《あだな》で呼ばれていた彼は、体が大きい。仲井さんの言葉をかりれば、「ちょっと人相が悪かったし、大きな声で話す。目立ったので、俘虜もよく彼のことを知っていた」という。

兪さんは「小林はブルドッグかチンパンジーのようにガッチリした体をしていた。性格はおとなしいのだか、上官の命令をそのまま忠実に守ろうとして、俘虜を殴ったりした」と語る。「命令通りにやっていれば、オレだって生きていないさ」と兪さんはつけ加えた。

時々、「狂暴性」を発揮する張さんを掌握していたのが鄭さんだった。日本人の将校や下士官も手がつけられなくなった彼を、鄭さんがなだめたり、俘虜への暴行を止めたりしていた。張さんが俘虜を殴ったことは誰も否定していない。だが、彼の暴行で俘虜が死亡したことはないと、軍医の仲井さんは断言している。死因は栄養失調か赤痢だった。

鄭さんたちと別れて張さんはパカンバルへ移動していった。キング・コングの綽名に

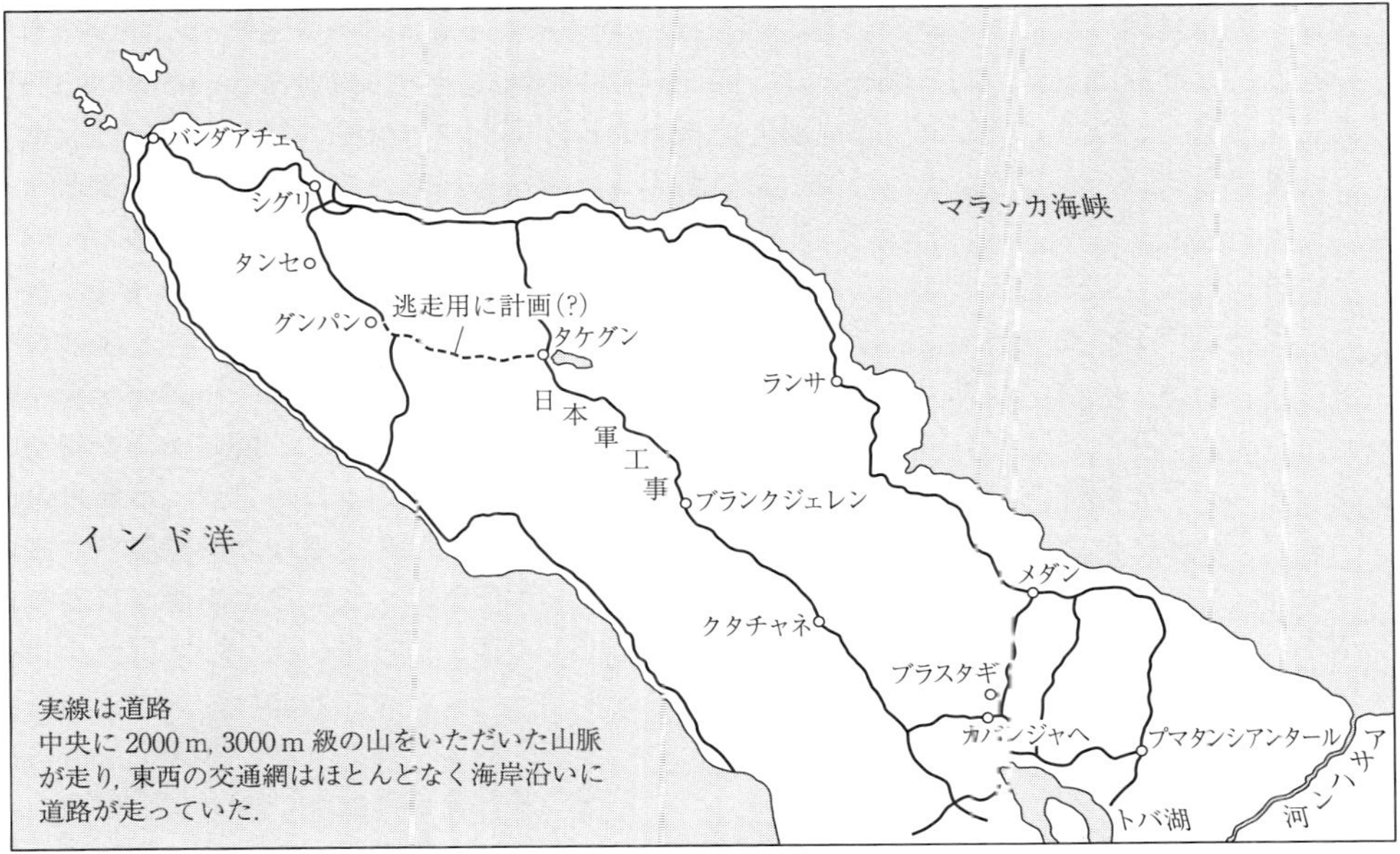
マラッカ海峡
インド洋
バンダアチェ
シグリ
タンセ
グンパン
逃走用に計画(?)
タケグン
日本軍工事
ランサ
ブランクジェレン
メダン
クタチャネ
ブラスタギ
カバンジャヘ
プマタンシアンタール
トバ湖
アサハン河
実線は道路
中央に 2000 m, 3000 m 級の山をいただいた山脈
が走り, 東西の交通網はほとんどなく海岸沿いに
道路が走っていた.

地図 I-2　北スマトラ

たがわぬ大きな体で、難渋をきわめた鉄道建設の現場でも率先して働いたのではないだろうか。日本軍の忠実な命令の実行者として、時には俘虜に恐れられながら……。だが、鄭さんも兪さんも、パカンバルへ移動したあとの彼の様子については、何も知らない。二人が張さんと再会したのは、敗戦後の戦犯裁判の法廷だった。

一九四五(昭二〇)年八月一五日、中部スマトラ横断鉄道の開通式がとりおこなわれた。皮肉にも開通式の日が、日本の敗戦の日と重なった。この横断鉄道は、多くの犠牲者を出して建設されたが、結局、当初の目的のために、汽車一台走らせることなく終わったのである。無駄骨以外の何ものでもない。飛行場といい、この横断鉄道といい、多くの俘虜の命を犠牲にしてつくられた施設は、ほとんど利用されることなく終わった。

戦争とはそんなものだといってしまえばそれまでだが、それにしても、あまりにも多い俘虜の死、敗戦後、現場にいた朝鮮人軍属や日本人将校、下士官がその責任を追及されたのである。何月何日までに完成せよとの命令を受けとった作業現場では、あらゆることに命令が優先したのである。

無駄な飛行場や鉄道をつくって多くの俘虜を殺し死亡させたのは、大本営の作戦上のミスではないのか。張さんは、確かに何人もの俘虜を殴ったかもしれない。だが、作戦上のミスによって多数の人間の無意味な死を招いた大本営の責任は、張さんの比ではないだろう。その張さんは、チャンギ刑務所で「絞首刑」になった。同じ裁判を受けた兪さんや鄭さんも、一命はとりとめたものの、戦犯として拘留され続けた。
命令を出した大本営の戦争責任は、どのようにとられたのだろうか。

軍用道路の建設

スマトラ北部の軍用道路も、完成しないうちに敗戦を迎えて、工事を放り出している。この工事は、北スマトラ中央部のスルブランギット山脈ぞいに、クタチャネからブランクジェレンを通って、タケグンに至る戦略道路の建設である。この工事にも三〇〇人からの俘虜が使役されていたが、メダンのマレー俘虜収容所第一分所に配属された軍属たちが、監視にあたっていた。

尹東鉉《ユンドンヒョン》さんは、山奥のこの工事現場に、急遽つくられた分遣所の実質的責任者のような仕事をしていた。何のために標高一〇〇〇メートルをこえる山岳地帯に道路をつくるのか、知らされてはいなかった。石炭か何かの資源の運搬用だと考えていた。

道路構築にあたった近衛工兵連隊つきの軍医だった篠田俊樹さんによれば、メダンにあった近衛師団の逃亡道路だったという。おそらく、連合国軍のメダン上陸を予想して、近衛師団司令部が山越えをして、退却できる自動車道路をつくろうとしたのだろう。

タケグンには近衛師団の司令部を移す考えがあったというから、尹さんたちは、そのための自動車道路の建設に動員された俘虜を監視していたことになる。この戦略道路は、ブランクジェレンからタケグンにいたる間を建設したあと、タケグンからタンセにいたる木馬道を構築することになっていた。これは本当の逃げ道である。この道路が完成すると、マラッカ海峡に面したメダンからインド洋側へと山を越えて逃げることができる。

近衛師団も第二五軍軍司令官も、山奥に退いて、徹底抗戦をする態勢をつくろうとしたのかもしれない。

篠田軍医の記憶によると、この命令は、軍司令官の田辺盛武中将から出され、近衛師団司令部の武藤章中将へ伝達され、それが近衛工兵連隊の浅海少尉へと下命された。浅海少尉はこの工事責任者として、オランダ(蘭印)裁判のメダン法廷で七年の刑を受けている。

工事に使役されたジャワ人労働者とオランダ人俘虜は、アメーバ赤痢に悩まされていた。しかし、ここでも医薬品が不足しており、軍医だった篠田さんは薬草スベリヒュをすりつぶして、その汁をしぼって飲ませたりしていた。

尹さんたちは一五〇〇～一六〇〇人の俘虜の監視をしていたが、まったくの山奥、自活しながら工事にかり出されていた。一二人の軍属が一五〇〇人にも及ぶ俘虜を監視するなど不可能なことだ。一人の軍属が一〇〇人のオランダ人俘虜を引率して歩いていた。時には、オランダ人俘虜に鉄砲を担がせて、無防備な姿で歩いている軍属もいた。それは、監視などという大げさなものではなく、単なる引率にすぎなかった。

軍属の絶対数の不足と山奥の工事現場で逃亡もできなかったことも重なって、朝鮮人軍属の仕事は、監視というよりも、俘虜たちの日常の世話が主だった。

だが、ここでも工事の進捗にあわせて、必要な数の俘虜を工兵連隊に引きわたす仕事があった。作業中の俘虜の監視から食糧の世話まで、収容所側の責任である。食糧は飢餓に苦しむほど不足することはなかったが、それでも恒常的に足りないし、医薬品がまったく不足していたことは篠田軍医の語っている通りである。

方針が変更されたのか、この自動車道路は完成しないうちに、引揚命令が出た。一九四五(昭二〇)年の二月頃だった。尹さんは一一人の軍属とともに、体力の衰えているオランダ人俘虜を連れてメダンに戻っていった。しかしこのクタチャネからメダンまでの山道を越えての移動に、トラックは使用されなかった。使いたくともトラックがなかった。仕方がないので行軍したが、もちろん落伍する者も出る。落伍者を収容する車もない状態では、殴ってもたたいても自力で歩かせる以外になかった。幸い死者はなかったが、この時の殴打は、敗戦後の戦犯裁判に微妙な影響を及ぼした。尹さんをはじめ一二人の朝鮮人軍属全員が戦犯として有罪判決を受けたのである。

尹さんの場合、四八件の告発状が出されたが、そのほとんどが殴ったという内容だった。

監視していたオランダ人俘虜の隊長ファン・デ・ランデ大尉は、戦後、蘭印地区戦犯調査委員長となっているが、尹さんに向かって「伊泉、だいじょうぶ」と話しかけてくれたという。伊泉とは、尹さんの日本名である。しかし、結果は、二〇年の有期刑だった。

俘虜の取扱い不良ということで、尹さんの二〇年を筆頭に、一二年、一〇年、九年、八年二名、七年三名、六年一名、五年二名と全員が有罪判決を受けている。

軍医の篠田さんは五年の有罪判決だった。こうした判決に対し、篠田軍医は、尹さんたちが俘虜をひどく虐待したわけではなく、「オランダの報復手段だった」と断言している。

個人的虐待はもちろんあったが、それ以上に食糧や医薬品の不足による日本軍の俘虜取扱い基準そのものが問題だったのではないのか。食糧が不足していたため盗みやかっぱらいも多かった。日常の世話をしている軍属たちが、これに何らかの制裁を加えなければ規律が保てない。営倉もない山奥の工事現場である。一発か二発殴って見逃すといった、きわめて日本的なやり方が行なわれた。日本の敗戦後、俘虜の監視をしていた尹さんは、同僚一一人とともに、戦犯となってチャンギ刑務所に、その後、スガモプリズンに拘留された。北スマトラの山奥クタチャネでの虐待がその理由となっていた。無駄な軍用道路の建設のため、多くの俘虜やジャワ人労働者が汗と血を流し、時には命を落としている。そして、朝鮮人軍属たちは祖国の解放を見ることもなく、戦犯としてその身を拘禁されたのである。

3　ジャワ俘虜収容所——〝地上天国〟のなかの地獄

カボチャとトウガン

カボチャとトウガンは見るのもイヤだ。四〇年以上もたった今日でも、崔善燁《チェソンヨップ》さんは、カボチャを食べない。南朝鮮の釜山からジャワまで、二五日の航海が続いたが、その間、毎日毎日、カボチャとトウガンが出た。風呂に入れないだけでなく、洗濯もできない船の生活、東シナ海、南シナ海の荒波にもまれる船酔いの苦しさ、ジーッと波を見つめていて頭がクラクラしてきたあの時の不快感、カボチャとトウガンを見ると一カ月のシラミと垢にまみれた不快な船旅が蘇ってくるのか、今でも絶対にうけつけない。何も知らないお連れあいが、カボチャの煮つけを出した時、崔さんのあまりに激しい拒絶ぶりに彼女の方が驚いたという。

崔さんにとって、カボチャは日本軍軍属として徴用された一〇年間の軍隊生活、戦犯として飢えと絶望の間を彷徨した七年間の象徴なのかもしれない。忘れたい、思い出したくない一〇年が、カボチャを見ると蘇ってくる。見るのもイヤだという。

サイゴンとシンガポールで軍属を降ろした崔さんたちの乗った輸送船団が、ジャワの

- **本　所**　所在地：ジャカルタ
  所　長：初代　斉藤正鋭少将（1944. 2〜1944. 3）
  　　　　2代　中田正之大佐（1944. 3〜1945. 8. 15）
  　　　　（俘虜収容所長を兼任）
  抑留者数：非軍人男女と子供11万人（うち女子8万人）
  　　　　死亡者1万5000人
  - **第1本所**（ジャカルタ）　所長：河辺正中佐
  - **第2分所**（バンドン）　所長：河村秀夫中佐
  - **第3分所**（スマラン）　所長：吉田重次郎大尉

注）各分所には5〜7カ所の分遣所を設置，警備要員はインドネシア人兵補3000人
出典）爪俘会『第16軍爪哇俘虜収容所・爪哇軍抑留所略歴』より作成

図Ⅰ-3　ジャワ軍抑留所機構図（1944年3月開設）

タンジュン・プリオク港に錨を下ろしたのは一九四二(昭一七)年九月一四日、釜山を発って二五日目である。崔さんたち一四〇〇名の軍属は、ここで初めて南方の地を踏んだ。ジャワ俘虜収容所に配属されたのである。

崔さんの初めての任地はバンドン、第一分所第三分遣所である。闇夜のなかをトラックでバンドンに向かった。今でも覚えているのは、スコールのような激しい雨のなかを、曲がりくねったプンチャック峠をこえて、バンドン入りをしたことである。闇夜と激しい雨、崔さんを迎えたジャワは、暗い相貌を見せていた。

花の都バンドンは、東洋のパリと称されるほど美しい町である。赤道直下にありながら、海抜七〇〇メートルのバンドンは、涼しい高原都市であり、かつては、オランダ人の避暑

地だった。ちょうど真夏の軽井沢のような町と考えればぴったりする。食糧が豊富で、気候は爽やかであり、軍属たちは金ももっていた。最初は、戦地手当も含めて五〇円ほどになったが、朝鮮の家族に仕送りしていたので、小遣いは月々二〇円か三〇円だった。それでも日本人の兵隊が七円の月給しかもらえない時に、その金は大金である。酒保もあるし、兵隊慰安所も開設されていた。朝鮮から連れてこられた女性が「慰安婦」として働かされていた。異郷の地で〝うちの国のひと〟と出会った時の気持は、何とも表現のしようがないほどだと、ある朝鮮人軍属は語っていた。懐かしいとかうれしいとかそんな単純なものではなく、何かこう胸がキューとしめつけられるような感情がこみあげてきたという。日本帝国の戦争にかり出された者同士の哀しい気持が相通じることもあっただろう。〝自分たちの言葉〟で話しあえるうれしさもあっただろう。バンドンでの勤務は、週一回の外出もできたし、酒を飲むことも、慰安所へ通うこともできた。

東北農家出身のある日本人の下士官は「浦島太郎の竜宮城みたいなもんだべ」と語っていた。月給七円の彼にとって〝竜宮城〟ならば、二〇円も三〇円もの小遣いが自由になる軍属にとっては、日本人下士官の蔑むような視線さえなければ、バンドンは、まるで〝天国〟だったにちがいない。

豚汁とゼンザイ班長

占領当初は、インドネシア人の対日感情も悪くなかった。日本人を三五〇年のオランダの圧政から解放してくれたと見ていたからである。かつての支配者オランダ人は、今や日本軍の手にとりおさえられ、兵舎や学校に閉じこめられていた。自分たちと同じような、色の黄色い背の低い日本人が、白人に命令を下し支配している。その姿はインドネシア人にとって信じがたいものだった。

「トウモロコシの実る頃、空から黄色い人間が降りてきて、自分たちを解放してくれる」、こんな内容の「ジョヨボヨの伝説」があるジャワに、日本軍は、バリックパパンやパレンバンの精油所の確保のために空から落下傘部隊で降下した。この伝説を信じる民衆が、〝天から降ってきた黄色い〟日本人を、解放者として熱烈に歓迎したのである。民衆が日本軍の占領の意図を見抜くのは、もっとあとになってからである。

当初、インドネシア人は日本軍に協力的だった。かつてのオランダの兵舎や学校に閉じこめられた俘虜たちも、その頃は特別な労働も課せられていない。朝鮮人軍属の仕事は、逃亡を防ぐための警備が主だった。俘虜たちはかつての軍隊の階級をそのまま生かした自治制をとっており、将校には、兵隊が雑用係としてついていた。炊事も内部で当番制で係を決めていた。

バンドンの三カ月は夢のように過ぎてしまった。崔さんにジャカルタ(一九四二年八月五日、バタビアはジャカルタと名を変えている）への転属命令が出た。ジャカルタへ出むくと、そこには、二〇〜三〇人の崔さんの仲間がいた。ジャカルタは、バンドンと違ってむし暑い。そこで、釜山の野口部隊でうけたような初年兵教育を再びうけた。銃の扱い方、手入れの仕方、射撃、銃剣術、軍人勅諭の暗誦、歩哨、敬礼など、ジャカルタのむし暑い気候のなかでの訓練が続いた。それにどういうわけか、二カ月間、毎日毎日、昼になると豚汁が出たという。崔さんにとっては、豚汁もまたイヤな記憶に結びつく食べものである。「このクソ暑いのに豚汁なんか出しやがって」と、炊事係を半ば恨みながらも、二カ月、毎日、豚汁を啜りながら訓練にはげんだ。

熱帯での訓練は骨身にこたえた。朝鮮の釜山では、訓練のあと、崔さんたちはよくゼンザイ（善哉）を食べた。疲れた体に、ゼンザイの甘味は胃に浸みわたるように旨かった。そのゼンザイはジャカルタではなかった。かわりに〝ゼンザイ班長〟が、ジャワに来ていた。

崔さんが〝ゼンザイ班長〟と呼んで恐れた下士官は、常に竹の棒をもって歩き、ゼンザイを食べようと並んでいる崔さんたちにむかって、並び方が悪い、デレッとするな、姿勢を正せと怒鳴った。竹の棒で殴られるまでもなく、崔さんたちは、〝ゼンザイ班長〟の顔を見ると、全員ピリピリして姿勢を正し、整列した。三〇〇〇人の軍属が、誰一人として知らぬ者がないほど怖い、〝ゼンザイ班長〟は、それほど有名だった。

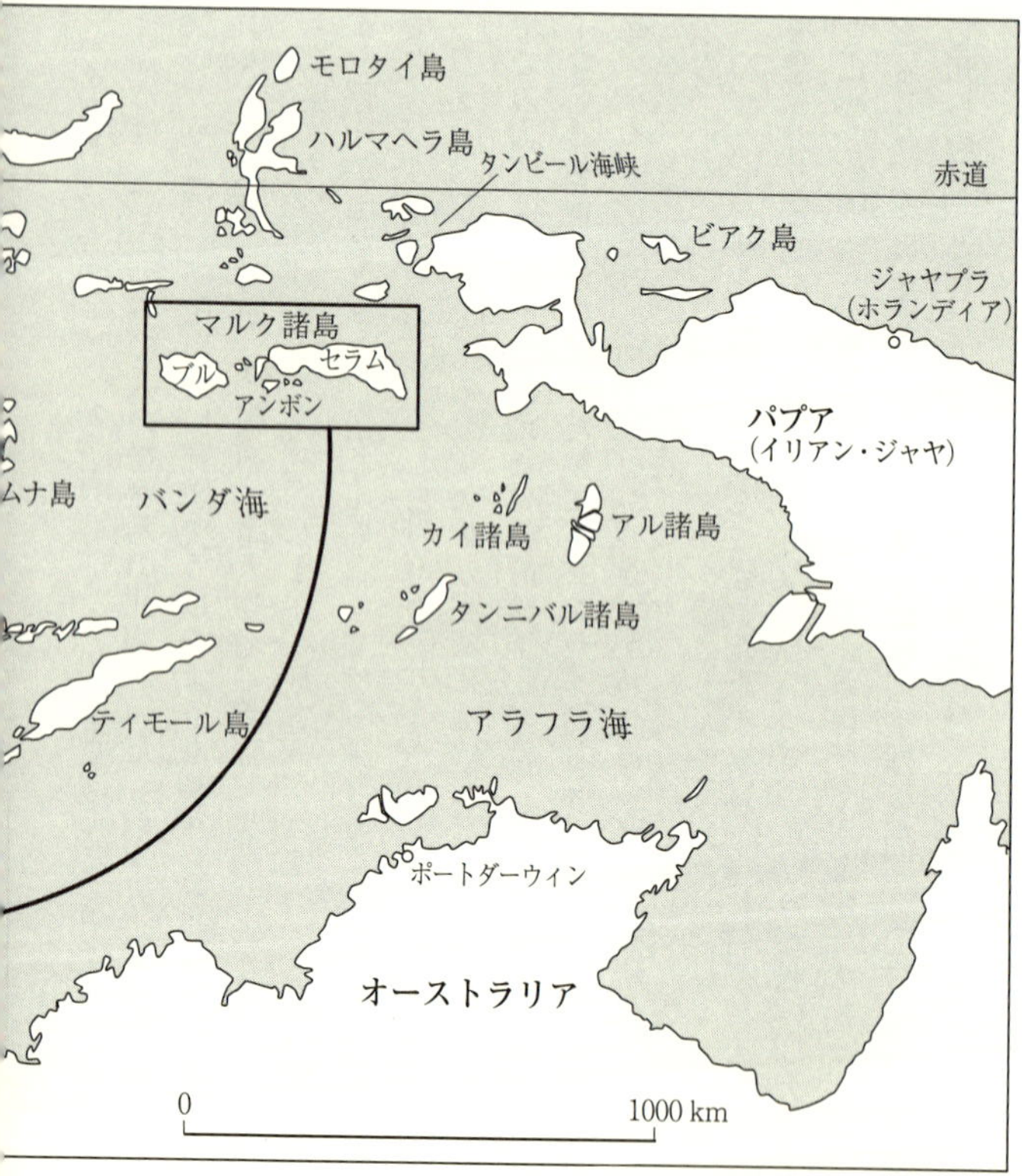
モロタイ島
ハルマヘラ島
タンビール海峡
赤道
ビアク島
ジャヤプラ
(ホランディア)
マルク諸島
ブル
セラム
アンボン
パプア
(イリアン・ジャヤ)
ムナ島
バンダ海
カイ諸島
アル諸島
タンニバル諸島
ティモール島
アラフラ海
ポートダーウィン
オーストラリア
0
1000 km

収容所・抑留所所在地

シンガポール
カリマンタン島
(ボルネオ島)
パンカ
スラウェシ
スマトラ島
ジャワ海
マカッサル
(ウジュン・パンダン)
ジャカルタ
(バタビア)
ジャワ島
マドゥラ島
バンドン
スマラン
チラチャップ
マラン
ロンボク島
フローレス
アンバラワ
スラバヤ
バリ島
スンバワ
マウメ
インド洋
スンバ島
マルク諸島
アマハイ
セラム島
ブル島
アンボン
アンボン島
リアン
ハルク島
● ジャワ俘虜収容所・抑留所所在地　○その他の都市（本書関連）

地図 I -3　ジャワ俘虜

この〝ゼンザイ班長〟が、のちに〝バンブー・モリ〟として、俘虜に恐れられた森正男曹長である。

朝鮮人軍属とインドネシア人兵補

崔さんの新たな任務は、インドネシア人兵補の訓練だった。この兵補は、民間人を収容している抑留所の警備を担当する。

オランダの植民地だったジャワには、オランダの民間人が多数いた。オランダ人との混血や華僑も多い。これら「敵国人」や「第三国人」の処遇をどうするのかが問題だった。今村均中将が司令官だった第一六軍の軍政は、これら「敵国人」の取扱いがあまりにも寛大だと軍中央から批判された。それまでかなり自由な行動を許されていた「敵国人」の登録が始まったのが一九四二(昭一七)年四月、これと同時に、オランダ人官公吏二〇〇〇人が拘禁されている。

登録されていた「敵国人」が全員収容されるのは一九四四年三月、戦局が悪化し、連合国の「後方攪乱」が本格化してからである。一一万人の抑留者の警備は、日本人、朝鮮人の手では、とても担いきれない。そこで三〇〇〇人のインドネシア人を兵補として採用した。彼らに訓練を施し、警備にあたらせることになったのである。この訓練に崔さんたち朝鮮人軍属があたった。日本語で、時にはマレー語で自分たちの習ったものを、インドネシア人に教えたのである。

兵補の教育は三カ月、殴られながら日本の軍隊教育を身につけてきた朝鮮人軍属が、今度は教える側にまわる。軍隊で初年兵の教育にあたる一等兵か上等兵の地位についたのと似たような状態である。訓練のなかで、インドネシア人兵補はかなり殴られたようだ。頬をさすりながら、四〇年前のビンタの痛みを語ってくれた元インドネシア人兵補もいた。

三カ月の兵補訓練が終わると、崔さんは中部ジャワのスマランに転属になった。五〇〇〇人のオランダ人、オランダとインドネシアとの混血の女性を、日本人将校一人、下士官一人、朝鮮人軍属二人(のちに三人増員)そしてインドネシア人兵補一五人で、管理しなければならない。敗戦までの二年間、崔さんはスマランにある最大の抑留所「ジャワ軍抑留所第三分所第四分遣所」に勤務することになった。女ばかりの五〇〇〇人のキャンプである。

女だけのキャンプ

五〇〇〇人の女、子供、老人ばかりのキャンプを管理することは、思ったより気苦労の多い仕事である。キャンプといっても、刑務所のような隔離された建物ではない。当初は市街地の一角を区切ってそこのなかにある家屋に住むといった形式である。一周するのに、一時間はかかるという広さの地域を有刺鉄線で囲んでいた。出入り口はインドネシア人兵補が番をしているので自由に外出はできない。こうした不便を除けば、抑留所のキャンプのなかで、女たちは日常の生活を営んでいた。

炊事は、共同で行なわれた。日本軍の支給する米や材料を使って、炊事当番が調理したものを、各班ごとに配るというやり方である。五〇〇〇人の女たちを一五の班に分け、各々の班から選出された班長が、日本軍からの命令を受けて内部で統治する、いわゆる「自治制」を敷いたかたちをとっていた。俘虜収容所は、軍の階級を生かした内部統治の原則によって管理されていたが、それと似たような管理の方法が実施されていたのである。

ところが、この班のシステムは、思ったほど上手くいかなかった。

大体、収容された人々の間に、軍隊のような階級や規律があったわけではないし、軍事訓練を受けたこともない。班長による管理が十分上手くいったかどうか疑問である。第一、一人の班長が各々三〇〇人以上の収容者を管理したのである。細かいところに目が届かなかった。

崔さんたちが収容された女たちと接触することはほとんどなかった。何か伝達事項があれば、班長を集めて、彼女たちに伝える。通訳は、会長をしているファン・デル・プール夫人、彼女を中心に一五人の班長が、抑留所で仕事をしていた。事務所では、タイピストや事務をする職員が二、三人働いていた。もちろん、全員が収容された女たちである。収容者一人一人の銘々票をつくる仕事もあった。この票には、名前、国籍、身分職業などが記録され、東京の俘虜情報局へ送られていた。俘虜の場合と同じように抑留者全員の銘々票が、東京にある情報局のもとに集められるシステムになっていた。もちろん、死亡報告も逐一行なわれていた。大本営は、東京のど真ん中で、「大東亜共栄圏」各地に点在する俘虜収容所と軍抑留所の状況を、逐一知っていたことになる。

崔さんたちの分遣所の五〇〇〇枚の銘々票も東京へ送られている。この仕事は、抑留されている女たちの手で行なわれていたのである。

崔さんの記憶によれば、初めは、男の医者がいたが、それも男だからというので、キャンプのなかに入れなくなったという。医者もいないし、医薬品は絶望的なほどに不足していた。病気になると、よほどの重態でもなければ、医者にもかかれないし、薬もない。

初代の所長長谷川大尉は厳しい人だった。「命令には絶対服従すべし」と話し、抑留されている者に、「絶対服従」を要求した。しかし、収容されている女たちは、軍人ではない。「絶対服従」といわれても、なかなかそれに応じようとしない。長谷川大尉は、こうした命令違反者によく暴力をふるったという。もちろん、警備にあたっていた崔さんたちが手を出すこともあった。キャンプの一角に空き家をつくり、そこを営倉として、命令違反者を入れたこともある。

儒教の影響の強い国朝鮮の〝誇り高き男〟である崔さんにとって、オランダ人の女の態度が感情を逆なですることもあったろう。三五〇年の植民地統治の支配者オランダの女性は「傲慢で生意気、作法がなっていない、誠実でない、日本帝国軍隊を侮辱する顔をする、反抗心がその顔にはっきり出ている」、そして時には明らさまに反抗的な態度をとる女性もいた(『速記録』一三九号)。

注意してもなかなかいうことをきかないので、カッとなって、殴ったこともあると崔さんは言う。「女子と小人は養い難し」、これが崔さんの偽らざる思いだったようだ。感情的になる、細かいことをクダクダ言いつのる、嘘をつく。おそらく、毎日毎日、女と顔をあわせる仕事で、女にうんざりしていたのだろう、崔さんは、慰安所などへ行く気にもなれなかったという。

週一回の外出日には、仲間の軍属と午前中にテニスをやり、午後には、他の抑留所に勤務している軍属たちとウィスキーを飲みながら、よく喋った。スマランは華人の多いところである。旨い中国料理も食べられる。その時、生まれて初めて、カニと卵をつかった芙蓉蟹(かにたま)を食べた。実に旨いと思った。友人と週一回の会食とテニス、これが、単調な抑留所勤務の崔さんにとっての唯一の楽しみだった。

スマランには、崔さんの勤務する第四分遣所のほかに、のちに刑死した朴成根《パクソングン》——日本名木村成根——の勤務している第一分遣所、第二がなくて、第三、第四、第五分遣所まであった。四と五は女ばかり、三は男だけ、第一は女と子供が収容されていた。他の分遣所は、一〇〇〇人から二〇〇〇人の規模であり、崔さんのいた第四分遣所だけが、五〇〇〇人というとび抜けて大きい抑留所だった。

医薬品は不足していたが、栄養失調はなかったし、死亡者ゼロ、病死ゼロだったので、特に問題はなかったと崔さんは言う。では抑留された女の側は、どう思っていたのだろうか。

慢性的な飢餓

崔さんのいた第四分遣所は、ランペルサリーキャンプと呼ばれていた。

このキャンプは超満員で「普通の土民居住区域を取片づけた跡に置かれたものであります。婦人達の戸外労働は強制的でありました。少女達は重い米袋を五百ヤードより遠い所を運搬せねばなりませんでした。団体刑罰も行われました。拷問も行われ、一度は七日間も続きました。」(『速記録』一三九号)

極東裁判に提出された抑留されていたある女性の口供書の一部である。

ここでいう戸外労働は、おそらく崔さんが指導していた耕作のことではないだろうか。崔さんは、女たち二〇人を指導して、空き地という空き地を耕やし、バヤムと呼ばれるほうれん草のような野菜をつくらせた。これはすべて、病院の患者用に納めた。かわりに、砂糖を一〇〇キロ運びこんだ時、全員に配るまえに二〇キロをとって、彼女たちに配給したという。ずいぶん、よろこばれたと語っていた。

また、若い娘が米袋を担いだことも事実だ。崔さんは、「オランダの若い娘は力があるから、米袋一つぐらい平気で担いだね」と言う。口供書で書かれていることは、崔さんが特に問題だと意識しているようなことではない。だが、抑留されている女たちにとっては、事情が違う。崔さんたちが、特に意識しようとしまいと、彼は彼女たちにとっては命令者であり、管理者であり、権力者である。命令に従わなければ、団体刑罰も拷問もあった以上、その言辞はすべて抑圧する者の行動でしかない。女たちは、ジーッと耐えていたのだろう。問題がなかったのではなく、崔さんたちの目に問題が見えなかったのではないだろうか。

栄養失調はなかったというが、毎日九〇グラムの米しか支給されなかったとの証言もある。あるインドネシア人兵補は、抑留されている者は、米など食べることができなかった、トウモロコシと芋だけだったと語ってくれた。

日本の敗戦直後、これら抑留所を訪れたコリンズ英陸軍中佐は女たちの状態を次のように証言している。

「婦人の体質上の状態は、男子と大体同じでありましたが〔長期にわたる飢餓の影響を示し、また、脚気、マラリアを患い、熱帯性潰瘍を患うといった状態――引用者〕、彼らの精神状態はさらに深刻なものであったと思います。私はこういう印象を受けました。彼女らの全存在というものは、非常に強烈なる飢餓の観念に支配されておったということであります。

婦人と会話をいたします時には、彼女らは一般的に反応がなく、通常の刺激に関して、これを全然感じなかったという気がいたしました。そして、これらの刺激の中で、直接その飢えを満足せしめるような刺激でなければ、はっきりした反応がなかった気がしました。チデン収容所におきましては、婦人はもう飢餓に慣れきっておりましたので、普通の食糧の供給品を彼女らに持って行ったところが、婦人側の指揮官にこれをみんなに配給するように説得するのに、非常に困難を感じました。私はこう説明されました。収容所の統率者達は、後になって配給が減るような場合があるかもしれないから、これらの供給品は、貯めておかなければならない、こういう考えをもっておるということであります。

私はこういうことを発見しました。その収容所において、葉という葉、花という花、昆虫類、蜘蛛、鼠なども全部そのカロリーの値が看護婦によって、非常に綿密に調べられていたことを発見いたしました。

第二の、常軌を逸した点と申しますのは小さいものを所有して、そしてこれを獲得しようとする気持でありました。例えば紐だとか、古い煙草の空箱、あるいはセルロイドの紙の一片などは、真の意味で一つの所有物でありました。私は数カ月、これらの婦女子および一般民間人の引揚に関係しておりましたが、これら婦人たちは、ほとんど全部、引揚げる時に、収容生活の当時持っていた古い缶カラや、布の一片やそのほか全くなんの役にも立たないようなものをもっておったことを見つけました。この飢餓の観念並びに物を所有したいというその気持は、ほとんど半永久的なものになっておったようであります。と申しますのは、一九四六年一月、私はスマトラのパダンからオランダへ向けてバタビアまでの途中、一般男子および婦女子の、もと収容されておった者と一緒に旅行したことがあります。

(宮本モニター　訂正　スマトラ、バタビアを通じてポーランドへ向かっておった途次)

彼らはその時においてすら、収容所におった当時の水の容器としてつくった缶カラやそのほかいろいろ道具などをもっておりました。乗船いたしましてから、食事がすむと、母親連中は、こぼれたパン屑などをテーブルから綺麗に拭き取って持って行くのを見ました。これらの食物の残飯を缶カラに入れておいたのであります。婦人からよくこういうことを言われました。この習慣はもうすっかり婦人の身についてしまっておったので、食べ物が少しでもどこかに残っておれば、それをもって行かなければ気がすまないようになってしまっておったということを告げられました。

ダムステ検察官　自分達の感情を抑える意味におきまして、彼女らは精神的に狂っておりましたか。

コリンズ証人　初期におきましては、ほとんど無感情でありました。感情を現わすようなことはほとんどありませんでした。これは女子は性的に抑制されており、そして彼らの唯一の気持というものは、飢えに対するものであったからであると思います。（宮本モニター　訂正　飢えを満足させるものに対してであったからであります）」

（『速記録』一三七号）

コリンズ証言は、彼女たちがいかに飢えていたのかを明らかにしている。もちろん、彼が訪れた抑留所は、崔さんの勤務していたところではない。ジャカルタの一万二〇〇〇人を収容しているチデン抑留所だった。しかし、チデンだけが、特別に食糧配給が少なかったわけではない。抑留者に、食糧を支給しているのは日本軍である。一日一人何グラムとその支給量が決められており、その量が飢餓を生むものであったことが問題だったのである。

労働に従事していた俘虜でさえ、カタカタと骨がなり、胸の皮がたれ下がるような食糧しか支給されていない。労働をしない彼女たちは、日本軍にとっては、タダメシを食う厄介者だった。飢えは、当然のように彼女たちを襲った。

一日米九〇グラム、アジア粉と呼ばれたタピオカの根からとった粉でつくった黒いパン、少量の肉、青野菜、こうした食べもので、一日一〇〇〇キロカロリーをとっていた。彼女たちは、慢性的な飢餓状態におかれていたと証言している。敗戦後の日本人のカロリーが、一一〇〇キロカロリーだったことを考えあわせると、一〇〇〇キロカロリーがいかに空腹か、想像できる。

子供たちもまた、飢えと恐怖におびえていた。

「コリンズ証人　子供は一般的に飢えておったようでありますし、また栄養不良の影響を現わしておりました。ある者はそれほど影響を受けていないようでありましたが、ある者はちょうど日光がなくて育った植物のような状態を示していました。彼らの多くの者は非常に痩せ衰えており、また多くの者は普通マラリアと関連して思い出すような血色をしていました。子供の大部分は、赤痢を患ったことがあるというふうに告げられました。そしてその大多数は、収容所の日本人守衛に関して、強烈なる恐怖観念をもっておったということも告げられました。これは守衛が子供に対して残虐なる態度を見せたからではなくて、守衛が子供達の母に対してなしたる殴打打擲《ちょうちゃく》な

どに原因するものと思います。子供は初めは始終黙っていて、なかなか笑いませんでした。」(『速記録』一三七号)

日本の敗戦後、コリンズ中佐が訪れた抑留所の状態は、崔さんの語るのとはかなり違っている。崔さんのところは、飢餓状態はあったものの、他に問題はなかったのだろうか。

初代の長谷川大尉は、よく暴力をふるった、二代目の永田中尉は、バリバリ命令を下す厳しい人だったが、気持はやさしい人だったと語っている。厳しく、バリバリ仕事をする上官の下で、時には、命令に従わない者に手を出したこともあった。崔さんは殴ったことを隠してはいない。おそらく、どの抑留所も似かよった状態だったのではないのか。

収容されているオランダ人女性が、日本人や朝鮮人軍属を馬鹿にし、インドネシア人兵補を見下していたであろうことは、容易に想像できる。

一カ月に一度、厳しい持物検査が行なわれたが、それでも秘密裏に、短波受信装置が持ちこまれていたり、出入りの華人の商人などを通じて、日本の戦局が不利なことを、収容されていた俘虜は、よく知っていたようだ。

敗戦が近くなればなるほど、収容者の態度にそれがあらわれはじめた。同じくスマランの第一分遣所で勤務していた金東海《キムドンヘ》さんは、「猿みたいな奴らだ」と聞こえよがしに言われたという。

戦局は不利でも、収容所の実権は、いまだ日本の側にあった。命令違反、不服従には暴力も加えられただろうし、拷問もあったろう。力で押さえこんでいたのである。

一九四五(昭二〇)年八月一五日、敗戦と同時に、彼我《ひが》の力関係が一挙に逆転した。崔さんたちが、収容されることになった。

二年間、飢餓と暴力の下に呻吟した抑留者たちが、恨みつらみを綴った告発状を蘭領印度地区戦犯調査委員会へ提出しはじめた。名前を知っている者には、名ざしでその行為が指摘された。二年間、同じ抑留所にいた崔さんの名前を知らない人はいない。崔さんが忘れていたようなことまで告発された。崔さんはその告発の三分の二は本当だが、三分の一は嘘だったと言う。

第四分遣所の抑留者の会長をしていたファン・デル・プール夫人が、崔さんの弁護にあたってくれた。日本語の達者な夫人は、その「思想」がよくないとの理由で、抑留所当局により、途中から、第三分遣所へ移されてしまった人である。「親日分子」などではなかったが、崔さんが、抑留者のために便宜をはかったことを証言してくれたのである。

抑留所に勤務した朝鮮人軍属は、崔さんと同じように、飢餓状態、医薬品の不足、日常生活上のトラブル、殴打を問題にされ、戦後、戦犯として告発されたのである。日本人下士官一人、朝鮮人軍属一人とインドネシア人兵補で運営していたある分遣所では、日本人、朝鮮人がともに戦犯になってしまった。こうした事態は、ジャワの抑留所では、かなり共通していた。戦闘のほとんどなかったジャワ島で多くの戦犯が出た理由の一つに、この民間人と婦女子の抑留所の問題がある。

俘虜収容所と軍抑留所は、ともに、朝鮮人軍属が中心になって運営していた。その収容者の状態が、いかに悲惨であったのか、当事者の告発のなかから垣間見ることができる。だが、こうした状態の責任が、ひとり朝鮮人軍属にあったといえるだろうか。陸軍大臣、その直属の軍務局俘虜管理部、そして臨時官衙(官庁)として設立された俘虜情報局の長官は、日誌と月報によって、逐一報告されてくる俘虜と抑留者の状態を、十二分に知っていたはずである。

食糧の支給量を決定し、労役につかせることを強要したのは、陸軍大臣と陸軍省軍務局俘虜管理部である。朝鮮人軍属は、その命令実行者にすぎない。抗命権のない日本の軍隊では、いかなる理不尽なことであれ、上官の命令に逆らうことは、「朕」の命令に逆らうこととされた。それは、反逆罪として時には死を意味する。

朝鮮人軍属が、命令に背反することは実質的に不可能であった。だが、抑留所の最末端で勤務した崔さんたちが、抑留所のあまりにも悲惨な状態の責任を問われて、敗戦後、戦犯として告発されていく。

バンブー・モリと共に

「そりゃ殴ったさ、命令だもの。殴らなきゃ、こっちが殴られる。俘虜の間で〝バンブー・モリ〟と言えば、知らない者がないぐらい有名だったね。オレはそのバンブー・モリの通訳だったから、結局、いつも二人で一緒に動いていた。モリが殴れと言えば命令だから殴らないわけにいかないし……。それでも、一〇回ぐらいだったと思うよ。オレだって、モリから殴られたことがある。

ヤツは俘虜だけでなく、オレたちのこともよく殴ったね。いつも竹の棒を持って歩いて、言うことをきかない奴とか、命令に違反した奴をそれで殴るのさ。金鵄勲章をもらっていたから、気が強くなってたさ。人を一人ぐらい殺しても死刑にならない。労働者あがり、小僧あがりだったから、力が強い。モリに殴られたら、そりゃ大変さ。自分で殴るのが面倒くさい時とか殴るのに疲れるとオレにやらすのよ。命令だっていってさ。」

バンダ海に浮かぶハルク島は、東西一五キロ、南北一〇キロほどの小島である。この島にバンブー・モリと彼の通訳だった李《イ》義吉《イギル》さんたちが俘虜二〇〇〇人を連れて上陸したのは、一九四三(昭一八)年五月、ちょうど雨期のはじまった頃だった。

島に上陸してみると、俘虜を収容する施設は何一つなかった。バケツをひっくりかえしたという形容がピッタリするほど、激しい雨が降るなかで、雨露をしのぐ施設が何も

本　所　所在地：ジャカルタ

所　長：斉藤正鋭少将（1942.8～1944.3）
中田正之大佐（1944.3～1945.8）

俘虜数：8万人（うちオランダ人3万7000人）
のち，タイへ1万4000人，日本へ7800人移動

朝鮮人軍属：1400人

分　所	所　長	移　動
本所総分遣所（ジャカルタ）	阿南三蘇男中佐 ↓ 河辺正三中佐	のち第1分所と変更
第1分所（バンドン）	河村秀夫中佐 ↓ 阿南中佐	のち第2分所と変更
第2分所（チラチャップ） 1943.2閉鎖	姥子由太郎少佐	泰緬鉄道建設のためタイへ移動，俘虜6000人．タイ俘虜収容所第6分所となる
第3分所（スラバヤ） （改編）1942.11.23 1943.4	河辺正三中佐	2000人の俘虜がビルマへ移動，タイ俘虜収容所第5分所となる
派遣第3分所 （アンボンのちハルク島）	阿南中佐	俘虜6000人をもって派遣第3分所として編成
第1分遣所 （アマハイのちアンボン）	塩沢主計大尉	
第2分遣所（フローレス）	芦田昭二大尉	
第3分遣所（ハルク）	倉島秀一大尉	
第4分遣所（アンボン・リアン）	植田忠雄大尉	
第3分所として再開 （1944）	河村中佐	マルク（モルッカ）諸島より帰島
第4分所（マラン） 1943.2閉鎖	林寿一郎中佐	1943.2　5000人タイへ移動

注）各分所には約5カ所の分遣所を設置，1943.3までに俘虜5万人が移動
出典）爪俘会『第16軍爪哇俘虜収容所　軍抑留所略歴』より作成

図Ⅰ-4　ジャワ俘虜収容所機構図（1942年8月15日編成）

ない。俘虜は各自が持参した毛布を、地面にじかに敷いて寝るが、三〇分もたたないうちに、水を含んでグッショリ濡れてしまう。無駄と分かっていても、一晩のうちに何度も起きて、毛布をしぼる。雨に打たれ、寒さにふるえてゆっくり寝ることもできないまま、ハルク島の一夜があけた。〝雨の島〟との呼び名がぴったりするほど、ハルク島は雨が多かった。

朝起きると、近くの川へ水を汲みに行き、それでごはんを炊く。ところが燃料がない。近くの森から木を切ってきてそれを薪にするが、雨期でタップリ水分を吸収した生木は、なかなか燃えない。重油をかけて燃やしながら二〇〇〇人分のごはんを炊くのだから大仕事である。

三〇時間ぶりに俘虜たちは食事にありついた。それも水気の多い粥だった。まず、宿舎の建設からとりかかった。宿舎といっても、椰子の葉で屋根をふいた竹の床の小屋である。

バンブー・モリと恐れられた日本人下士官と李義吉さんたちは、ジャワ俘虜収容所派遣第三分所に所属していた。蘭領印度、今のインドネシアで降伏したオランダ人、イギリス人、オーストラリア人等の俘虜八万人を管理していたジャワ俘虜収容所から、ハルク島に派遣されてきたのである。

二〇〇〇人の俘虜を、一人の将校、下士官二人、朝鮮人軍属四〇〜五〇人で管理しなければならない。いきおい、仕事は朝鮮人軍属の肩にかかってくる。特に、英語の得意な李義吉さんは、事務と通訳の仕事に利用された。飛行場設営隊が指示してくる数の俘虜を、労働に出さなければならない。これを指示通り、そろえて設営隊にひきわたす。毎日、一六〇〇人が労働に出された。二〇〇〇人分の炊事の監督、宿舎の修繕などを俘虜を使ってやることも仕事である。

バンブー・モリは、李義吉さんの上官だった。英語のできないモリは、常に李さんを連れて歩き、二人は行動を共にしていた。モリは、いつも竹の棒か籐の杖をもって歩き、俘虜を容赦なく打ちすえたという。その竹は俘虜の尻をたたくので、いつもヒビ割れていたほどだった。彼のこうした行動は、ハルク島で始まったことではない。ジャワにいる時から、彼は「バンブー・モリ」と恐れられていた。

イギリス国籍のボーア人作家ヴァン・デル・ポストは、その著『影の獄にて』のなかで、モリをハラという名のモデルにしたてて、次のように描いている。

「ハラの背丈は実に低く、ほとんど小人と見まちがえられるばかりであり、あまり横に広いため、ほとんど正方形に近かった。頭はないに近く、後頭部のほとんどない絶壁頭が、その広い肩のうえに、ほぼ垂直に鎮座していた。頭髪《かみ》は濃く、漆黒だった。極度に粗いガサガサの毛質の、坊主がりにされた毛は、雄豚の背中の剛毛《こわげ》のように、堅く、こわばって、空中に突きだしていた。両腕は異例なまでに長く、ほとんど膝にとどかんばかり。反対に足のほうは、ばかに短くて極端に太く、ひどいがに股になっていた。」

だがそのハラの両眼ばかりは、実にすばらしく美しく輝いていたと描かれている。同時に、

「ハラは獰猛《どうもう》な朝鮮人の衛兵を配置して彼らを支配し、命令を与え、ハラの顔色や態度に敏感な、熱烈な帰依者に仕立てあげていた。この連中は、当の教祖よりも、もういちだん熱烈だった。ハラは、われわれに規則を設け、これに反するものは処罰した。罰したばかりでない。これに違背した若干の者を、殺すことまでしたのである。」

筆者のヴァン・デル・ポストは、俘虜の一人として実際にバンブー・モリの虐待下にあった。

ジャワでバンブー・モリの支配下にあった朝鮮人の衛兵が誰であったのか、はっきりしない。だが、ハルク島へ派遣されたあと、李義吉さんが、その配下に置かれたことは、李さん自ら語っている通りである。ハルク島でもモリは竹の棒を手離すことはなかった。

李義吉さんも、徴用されて以来、殴られながら教育を受けてきた。まして、ここは戦場である。俘虜が怠けたり、盗みをしたりして規則に違反した時は、殴ったり、蹴っとばしたりして、許すのが日本軍のやり方である。書類をつくって憲兵隊へまわせば、その俘虜の命は保障の限りではない。二、三発殴ってすませるのが最良の方法だと、李さんは考えた。殴っただけでは、死にはしないのだから。

バンブー・モリと李さんは、仕事の上からも、いつも二人で行動をしなければならなかった。殴るモリとともにいた李さんもまた、俘虜たちからは、嫌われ、恐がられていた。敗戦後、李さんは、分所長の阿南三蘇男中佐とバンブー・モリとともにシンガポールのチャンギ刑務所へ移送された。もちろん、戦犯裁判のためである。二人は死刑の判決を受けたが、李さんはどうにか命をとりとめた。

殴ったことも問題だった。だが、それ以上に問題だったのは、飛行場建設に俘虜を使ったこと、食糧、医薬品の不足から、多数の死亡者を出したこと、建設が終了し、ハルク島からジャワ島へ戻る途中、多数の死者を出したことだった。大本営の戦況判断が甘かったことから、李さんたちは、補給を断たれたままサンゴ礁の島に二〇〇〇人の俘虜をかかえることになった。毎日、俘虜のあまりにも悲惨な死を目にしながら、どうすることもできなかった。

ハルク島に死臭が漂い始めた。

無駄だった飛行場

ハルク島に派遣された二〇〇〇人の俘虜は、メナド(北スラウェシ)、アンボン島出身のオランダ兵が中心だった。日本兵がよく「黒いオランダ人」と侮蔑的に語るメナド、アンボン出身の土着インドネシア人やオランダ人との混血インドネシア人は、オランダの植民地統治下のインドネシアで、支配者の「手先」として使われた人たちであった。

俘虜の仕事は、飛行場建設である。連合軍の反攻を一九四三(昭一八)年以降に予想して、大本営はオーストラリアを真南にひかえるマルク諸島の島々に飛行場を建設しようとした。一九四二年六月二九日に建設の指示が出されたが、バンダ海防衛のために、第七飛行師団司令部が編成されたのは、その年の一二月一四日。そして、実際に建設の労働に使うために、俘虜をマルク諸島に移送したのが、四三年五月である。指示から飛行場建設の着手まで、約一年の歳月が経過している。大本営は当初、四三年に入ると連合国の反攻があることを予想していたにもかかわらず、建設に着手したのが四三年六月、しかも、シャベル、ピッケルなどの道具を使った人海作戦で、サンゴ礁の島に飛行場をつくろうというのである。キャンプから飛行場建設の現場まで三キロ、その道は、雨が降るとぬかるみ、一八センチもの泥におおわれたと、俘虜だったC・G・トンプソンが、『ロームシャ』と題する本のなかで書いている。雨のなかで濡れねずみになりながら椰子の木を倒し、その根を取り除く。体力も気力も弱った俘虜一〇人が一週間もかかったというのだから、作業は当初の計画通りには進まない。

敗戦後、李さんは連合軍の飛行場づくりの様子を見て驚いた。部厚い鉄板を重機で運んできて敷きつめる。あっという間に飛行場をつくってしまった。日本軍が四カ月か五カ月かかった仕事を、連合軍は一〜二週間でやってしまったのである。

李さんはハルク島でブルドーザーというのを、初めて見た。日本軍の設営隊がこれを使っていた。李さんの言葉をかりれば一台で俘虜一〇〇〇人分の仕事ができたという。しかし、このブルドーザーも二台しかない。結局、人力が中心となる。

栄養失調で体力の弱っている俘虜を叱咤しながら、サンゴ礁を整地する。島の北岸に長さ一五〇〇メートル、幅六五メートルの滑走路をつくるのが仕事である。熱帯の強烈な日ざしを受けたサンゴ礁の白砂は、栄養失調で目の衰えた俘虜たちには、余りにもまぶしい。衰えた目を保護するために、俘虜たちは、自家製サングラスをかけはじめた。竹を輪切りにして、そこにセロハンを張り、色を塗ったかんたんなものである。

竹製サングラスを考案して、目を保護することはできても、栄養失調はいかんともしがたかった。特に新鮮な野菜が不足していた。バンダ海に浮かぶケシ粒ほどの島に、二〇〇〇人の俘虜を連れた収容所が上陸しただけでなく、飛行場の設営隊、ジャワ人労働者も上陸。しかも、この島はサンゴ礁のため、水田耕作はできず、米の自給は不可能である。野菜もほとんどとれない。

近くのアンボン島やセラム島に食糧の買出しに出かけることもあったが、これらの島にも、飛行場設営のため二〇〇〇人の俘虜と多数のジャワ人労働者が来ていた。彼ら自身が食糧が足りないため、近くの島へ買出しに出ているほどである。食糧、特に野菜の集荷は絶望的だった。一人にタピオカ(キャッサバ芋から作った澱粉。ここではキャッサバ芋をさしている)の葉を一枚ずつスープに浮かべてやろうとすれば、二〇〇〇枚も集めなければならない。そんな葉がどこから手に入るのだろうか。

塩がまったく手に入らない。ドラム缶で海水を煮たてて塩をつくることもやったが、一日中煮たてて手ですくえるほどの真っ黒い塩が出来ただけだという。これを二〇〇〇人に分ければ、ほんの一つまみにもならない。

米のメシに乾燥タニシ、野菜を浮かべたスープ、こんなものが食べられるうちはまだよかった。一九四四(昭一九)年も半ば頃になると、蒸したトウモロコシを空きカン一パイ、糊状になったタピオカの粥に塩か砂糖をかけたもの、それに乾燥タニシが少々といった食事にかわっていった。ジャワ島からの補給が途絶えるなかで自給できるもの、手に入るもので、とにかく飢えをしのぐよりほかに仕方がなかった。これらの食事が一体何カロリーになるのかは分からない。生きているのが精一杯の食事では、労働しようにも体が動かないだろう。バンブー・モリの竹の棒が、いくら俘虜たちの上にふり下ろされようと、衰弱し、疲労しきった者には、その痛みも感じなくなっていた。

泰緬鉄道の現場にいたアーネスト・ゴードンは、行軍に落伍して、ひどい打擲を受けたが「私たちはなぐられても張られても何も感じなかった」と書いている。殴られても痛みを感じなくなる、殴られて気落ちすること、これらはいずれも死の入口に立っていることを物語っている。

バンブー・モリが、ヒステリックに竹の棒をふり下ろし、李さんが蹴とばしても、食糧事情が改善されない限り、能率はあがらない。だが、病人もまた、作業の現場へ出たがった。昼食に出される設営隊の弁当が、収容所の支給する食事より若干よかったためである。無理をしても働き、食糧にありつかなければならない。それほど、収容所が支給する食事はひどいものだった。

カロリーが不足し、ビタミンが不足し、塩分が不足する。体力の弱った俘虜に、炎天下の労働だけは十二分に課せられた。

李義吉さんは、そんな状況を、「本当にひどいもんで、言葉にならないぐらいだ。連合軍が、その状況を目撃していれば、もっともっと戦犯者が出たはずだ」と言う。

陽気に当事の状況を語ってくれた李さんも、俘虜の死にふれると、力をこめて「本当にひどい」と何度もくり返し話す。その俘虜の一人、英空軍将校デニス・ブライアン・メイスンは、証言する。

「この収容所では俘虜は飢え、殴打されました。大抵の者が病気であったにも拘らず、一日に十時間、主に飛行場の構築に強制的に働かされました。着るものも長靴も俘虜たちに給与されませんでした。大多数の者が脚気、マラリア、赤痢で悩まされていました。病院の患者は飢え、食事に鼠、二十日鼠、犬、猫、蝸牛《かたつむり》を補充しなければなりませんでした。医療供給は全然ありませんでした。開放式溝便所だけしか最初の十二カ月間、使用を許されず、その結果、赤痢の蔓延となりました。十五カ月あまりの間に、三八六人が病気と飢餓のため死亡しました。」(『速記録』一四三号)

メイスンは、派遣された俘虜は二〇五〇人だと述べている。そのうち、三八六人がハルク島で死亡した。『ロームシャ』と題してハルク島での体験記を書いたC・G・トンプソンは死者三六七人と書いている。いずれにしてもこれだけ多くの俘虜が死亡したことは間違いない。

だが、生き残った者も、ジャワ島へ引き揚げる途中、その大部分が死亡し、ジャワに辿りついた者は六〇〇人あまりだった。一〇人のうち七人が死亡したことになる。

李さんの言葉によれば、患者が栄養失調で死ぬ間際には皮膚から水がたれてきた。それが、竹の床の隙間からポタポタたれて、地面にたまると、そこにうじが湧いてきた。死臭とも腐臭ともつかぬその臭いは、何とも表現のしようのないほど、くさいものだった。目が見えなくなる者、水ぶくれのようにふくれあがる者、マラリアの高熱にうなされる者、起きあがることもできない赤痢患者は、大小便をたれ流している。それが竹の床の間から地面に落ち、臭気をはなっていた。

多い時は、一日に二〇〜三〇人も死亡した。死者を埋葬するのは、仲間の俘虜たちである。一日一〇時間、時にはそれ以上の労働に酷使された俘虜たちに、硬いサンゴ礁の土地を掘る力はない。浅く掘った穴に、遺体をまとめて埋葬する。それでも埋めきれない死体が、毎晩五、六体は残っていた。増え続ける死者に穴掘りが間にあわなかったのである。もちろん、棺を作っている時間も余裕もなかった。俘虜が使っていた毛布にくるみ、そのまま穴のなかに放りこんだのである。

腐敗する死体は、浅くかけた土を突き抜けて、あたり一面に、腐臭を放つ。激しい雨が、死体をおおう土を押し流すこともあった。死臭と死に瀕した者の放つ臭気と放置された患者のたれ流す排泄物の臭気……。

エメラルド色に輝くバンダ海に浮かぶサンゴ礁ハルク島には、その美しい風景とは遠くかけはなれた地獄絵図がくりひろげられていた。磊落《らいらく》な性格の李さんも、この地獄絵が四〇年近く経た今日もなお脳裏から離れないのだろう、「ひどかった」「本当にひどかった」とくり返し語る。

一九四三(昭一八)年中には、飛行場は完成した。だが、日本軍の飛行機はやってこなかった。あるのは、連合国軍による爆撃だけだった。何のために飛行場をつくったのか分からない。

李義吉さんたちが、ハルク島に辿りついた一九四三年五月には、バンダ海の制空権も制海権も、連合国軍の手に陥ちかかっていた。オーストラリアの北部ポートダーウィンには、約一〇〇機の航空機が配置されていたというから、ハルク島は完全に連合国軍の制空圏内にあったことになる。現に、四三年七月二二日には、李さんたちが出発したジャワ島のスラバヤにB24が来襲している。飛行距離の関係から最前線に飛行場をつくらなければならない李さんたちは、「敵」の懐へとびこんでいったことになる。

食糧の自給が不可能なことがはっきりしている小島に、二〇〇〇人からの人間を投入したのである。当然、食糧、医療などの補給体制が整えられていなければならない。日本軍も二〇〇〇人を餓死させるつもりはなかった。スラバヤから資材や食糧を積んだ船団が何度も出発していた。一九四三年九月、陸軍の徴用船三隻と護衛中の水雷艇が、魚雷の攻撃を受けて沈没、翌一〇月、同じく二隻の徴用船がアンボン島を目の前にした湾の入口で沈没、一一月、同じく一隻が沈没している。

一二月下旬、おそらく正月用の食糧なども満載していたであろう、天城丸、大鳥丸が同じく、アンボン島、ハルク島を目の前に爆撃を受けて撃沈した。これらの船には護衛艦厳島《いつくしま》がついていたが、B24、B29による空からの攻撃に、三隻ともバンダ海の藻屑となってしまった。もちろん、李さんや俘虜の胃袋に収まるはずだった食糧もあっけなく海底に没してしまった。

資材、食糧輸送船の沈没があいついだ。バンダ海には、「敵」の潜水艦が、回遊しており、空には「敵」の飛行機が悠然と飛んでいた。ジャワ島と、ハルク島やアンボン島、セラム島を結ぶ補給路は、完全に切断されてしまったのである。

一九四四(昭一九)年になると、空襲も激しくなってきた。飛行場を爆撃の目標にしている。穴のあいた滑走路を修理する仕事が続いた。いつ飛来してくるのか、あてもない日本軍の飛行機が降りたつために、爆撃と修理のイタチごっこが続く。

死の航海

ジャワ島への引揚げが始まったのは、一九四四(昭一九)年八月である。潜水艦が出没し、空にはB24やB29が飛びかっている。P38と呼ばれる戦闘機は、上空でエンジンを止め、音もなく突っこんで、機銃掃射を加える恐ろしい飛行機である。制海権、制空権を失ったバンダ海を通って、生き残った一六〇〇名の俘虜を移動させることは、至難のわざだった。アンボン島やセラム島の飛行場建設にも各々一〇〇〇人の俘虜が派遣されている。これらのうち生き残った者とあわせて約三〇〇〇人からの人数が数隻の船に乗りこみ、船団を組んでバンダ海を西に向かって航海する、そんな計画はすでに夢物語になっていた。引揚げが決まったといっても、乗りこむ船すらない。とにかく、何でもよいから、船を見つけて乗りこむ、バラバラになってのジャワへの帰島である。そのジャワへの航海は、日本の敗戦を暗示するかのように、悲惨の一語に尽きる〝死の航海〟だった。

この航海の様子を、イギリスの航空大尉ウィリアム・ブラックウッドが証言している。李さんの話とあわせて、その状況を追ってみよう。

李さんの乗りこんだ船は、一度、沈没したのを引き揚げたものだった。五四〇トンのその船に、約一五〇人の俘虜と分遣所長倉島秀一大尉とバンブー・モリそして李さんたち朝鮮人軍属が乗りこんだ。時速五ノットという信じられないような老朽船が、集結地アンボンを出発したのが八月。この船は、向かい風が吹くと、少しも前へ進まない。敵機に見つかればひとたまりもない。昼は島影にかくれ、夜になると星の光を頼りに西へ西へと航海した。追い風の時の航海は、心地よく船が走る。だが、少し強い向かい風が吹くと、一晩中、走ったつもりなのに、船が少しも進んでいないということもあった。薄氷を踏む思いの連続である。

船がスラウェシ島南東端のムナ島に近づいた。爆撃をさけて一時待避をしようと、ラハ港に入港した。ところが、コンプレッサーが壊れていて、一たん錨を下ろすと、これを巻きあげることができない。船は、停泊できずに、一晩中、ラハ港の湾のなかをぐるぐるまわっていたこともあった。

錨を下ろした船のなかで、俘虜は次々と死んでいった。一五カ月の激しい労働で、身体が弱り、栄養不良と虐待のため、耐えがたいほど体が悪くなっていたのである。ほとんど全員が脚気に罹っていた。脚気も重くなると心臓にきて死亡することもある。赤痢やマラリアも衰えることはなかった。毎日のように俘虜が死んでいった。動かない船の上では、水葬以外に方法がない。死体の足に、砂の入った袋を結びつけて、舷側から海中に投じた。

ところが、二、三日もすると死臭が漂い、腐乱しかかった死体が浮いてくる。これにまた、砂の入った袋を結びつけて、海底に沈める。死体は一体や二体ではなかった。一五〇人の俘虜のうち、五〇〜六〇人が死亡した、そのうちラハ港の湾内に停泊中に、何人、死亡したのか、李さんもはっきり記憶していない。ただ、俘虜がどんどん死んでいったことは確かである。死者を海中に投じ、二、三日して浮いてくる死体を、再び海底に沈める。動かない船の周囲には、腐臭がたちこめていた。腐乱した死体の浮いた海の水で米を洗って、メシを炊いた。生きている者も一様に死の匂いを漂わせ、死者と生者の境が失われたかのような地獄の様相を呈しながら、李さんたちの乗った老朽船は、一カ月近くもラハ港の湾内に停泊していた。

だが、この老朽船も、ついに敵機に発見され、リバレータ機の射撃を受け、火災を起こして沈没してしまった。李さんたちは、日本人将校やバンブー・モリとともにボートで脱出した。だが、一五〇〇人の俘虜のうち、何人が救出されたかはっきりしない。

次にラハ港に寄港する船を待った。マロン丸五〇〇〇トンに、五〇〇〇人の俘虜を乗せた船が寄港した。ロンドンの地下鉄のラッシュ・アワーの様に、ぎゅう詰めにされた俘虜たちは、寝る場所すら見つけることがむずかしかった。五〇〇〇人の便所は、船べりの二コの箱しかない。水は一人一日半パイント(約〇・二三六リットル、約一合三勺)足らず、病人が増加していった。

ここに、李さんたちと生きのこった俘虜が乗りこむことになった。五〇〇〇トンの船に六〇〇〇人近くが乗るのだから、超満員の船内は、筆舌につくしがたい混雑を生じた。ほとんど一人として満足に坐ることもできず、いわんや横になることはまったくできない。

なかでも、李さんたちが連れていた俘虜たちの状態は最悪だった。ブラックウッド大尉の証言によると、それは次のようである。

「乏しい食物、その上、海中に投げ出された気疲れ、燃える船から脱出して漂流したので、自分で動く事も出来ず、彼らの状態は見るも恐ろしい様子でした。彼らの多くは脚気でしたし、数名は半狂乱で、全員哀れなほど弱っておりました。

　彼らは残っていた私の分遣隊の四八〇名ばかりの者と、ごちゃごちゃに入り混ってどうにかして、船に詰めこまれた。甲板や舷門には覆とてなく、ハッチには、ひん死の重病人が数名いるだけの余地しかありませんでした。

　人びとは皆、凸凹した薪の束の上に散らばって横になり、熱帯の太陽を受けて、ひどい火ぶくれになっていました。舌は黒ずみ始め、シャツを着ていない剥出しの肩は出血し始め、多くの者には正気の痕跡もなくなりました。夜は死にかけている者のわめき声や叫び声、眠ろうとする疲れきった者の呪詛、脚気で死にひんしている者を苦しめる絶えざるしゃっくりで満ちていました。」(『速記録』一二五号)

「形容の出来ない様な恐ろしい光景は、茶飯事となりました。狭い船のここかしこに寝ている人間の縺《もつ》れた塊の間を通って、看護人が通路を選びながら、死者を舷側まで、運んで行きました。ここで、水葬のため、立会の者だけにしか聞えないような声で読経がおこなわれ、重りをつけて身体が海中に投ぜられました。日射病で発狂した一人の青年は、狂った頭で訳のわからぬことを三〇時間も叫んだのでしたが、やがて、口もきけない程弱ってしまいました。死ぬ直前には便器として使用されて糞尿で一杯になった缶をこわして、制止する間もなく水だと思って、中味をガブガブ飲みました。」(同右)

「ある晩、一人のオランダ人が死にかけていたので、彼は非常に大きなしゃっくりを始めました。四六時中、森軍曹(音訳)が船橋に現われ、もしこの男に眠る注射をしなければ、病人は全部殴るとおどしました。注射は行われましたが、三〇分で彼は再び目を覚しました。森軍曹(音訳)は、また威嚇して、注射が再び行われました。一時間後に目をさましたその男は、またしゃっくりを始めました。

あらん限りの声を張りあげて、日本人の軍曹は、第三回目の注射をするか、さもなければ、下に降りていって、担架にのせられている患者の間にいる彼を棒で殴ってやると言い張りました。第三回目の注射が行われました。そして今度は、可哀想に、この男はもう声を立てませんでした。彼は死んだのでした。」(同右)

「夜間は、看護人たちには恐ろしい仕事がありました。それは混んでいるハッチに横臥している人びとの上を、大便用の缶や尿の壷を持って、爪先で歩くのですが、俘虜たちは脚気で皮膚が腐っているので、足が軽く触れただけでも、大声で叫びました。」(同右)

一一月下旬、船は東部ジャワのスラバヤの港に到着した。李さんたちがアンボンを出港してから七五日目、マロン丸の乗員には六八日目の陸地である。乗っていた六三〇人のうち、生き残ったのは三二五名だった。その生き残った者もまた、二カ月も身体を洗わず、寄生虫がはいまわっていた。衰弱した俘虜たちはよろけるような歩どりで、スラバヤの地を踏んだのである。

敗戦そして逮捕

ジャワ俘虜収容所派遣第三分所（所長・阿南三蘇男中佐）は、四つの分遣所から構成されていた。李さんのいたハルク島は第三分遣所（所長・倉島秀一大尉）と呼ばれていた。アンボン島のリアン、セラム島のアマハイ、フローレス島のマウメレで、各々飛行場の建設にあたっていた俘虜の状況も、ハルク島とほとんど同じだった。飢えに苦しみ、病気にさいなまれ、炎天下の苛酷な労働に使われた俘虜たちは、櫛の歯がこぼれるように、ボロボロと、生者の仲間の間から消えていった。スラバヤから送り出された時は、いずれも強健な体を誇る者たちばかりだった。

アンボン島、ハルク島から、生きてジャワの地を踏んだ者は、全体の半数近くに減少していた。その生き残った者もまた、死との境を彷徨している。ヴァン・デル・ポストは、その姿を次のように描写している。

「帰還してきたときの彼らの姿は、さながら幽鬼か、旱《ひでり》に悩む家畜のように見えた。すり切れた軍服の上着から、肩甲骨や肋骨が透けて見えていた。ひじょうに弱りきっていたので、たいていの者は、乗せられてきた家畜輸送用トラックから助けおろして、担架で運ばねばならなかった。トラックは、尿や病人の排せつ物で臭気ふんぷんたるありさまだった。はなはだしい飢餓状態のため、気力が急速に衰えてゆき、五体には、あるかないかの生命のかすかな脈搏が残っているばかりだった。あまつさえ、全員が赤痢か悪性マラリヤにかかっており、あるものはその両方にさえかかっていたのだ。生き残ったのは、わずかに五分の一だけで、あとの者たちは死んでしまっていた。ヒックスリ＝エリスは、日本人の将校たちや下士官たちや、彼らの手下の朝鮮人たちや、とりわけハラが、彼らに加えた恐るべき仕打ちについて話した。」(『影の獄にて』)

ハラが李義吉さんの上官バンブー・モリを指していることはすでに述べた通りである。「ハラとその手下の朝鮮人たち」が、俘虜にむごい仕打ちを加えたという。

朝鮮人衛兵「カシアマ」が、一人の俘虜が海中に落ちたことから、監督不行届の見せしめとして、俘虜将校を全員整列させ、ロープの端で強打したことが、ブラックウッド大尉の宣誓口述書にのべられている。この「カシアマ」は、李義吉さんの日本名「カサヤマ」を指している。

こうしたことが、何度もあったのだろう、ブラックウッド大尉は、クリシマ大尉(倉島大尉のこと)、バンブー・モリ(森軍曹)、通訳のカシアマ(李義吉)、炊事場係のカノイカ

（朝鮮人軍属金岡を指すと思われる）、および残りの朝鮮人衛兵を、こうした事態に責任ある者として告発している。

李さんを除く三人は、敗戦後、戦犯裁判で死刑の宣告を受け、チャンギ刑務所で絞首刑となった。戦犯裁判では、顔のうれた者、名前を知られた者が、決定的に損をしたといわれている。

通訳、それも殴ることで恐れられた下士官の通訳など、名前と顔を覚えられ、下士官の分まで憎まれる最も損な役まわりだった。

「カシアマは、一日一回俘虜を殴らなければ、消化できない男だ。」

こんな告発状を書いた俘虜もいた。ブラックウッド大尉の告発に、名ざしで登場した李義吉さんの場合、皮一枚残して首がつながったといってもよいだろう。首がつながったのは、自分が殴ったことを、素直に認め、改悛の情を示したからだと李さんは言う。小さな悪は認め、大きな悪は知りませんでしたで通した法廷戦術が成功したのかもしれないとも言う。いずれにしても、李さんは、たとえ、それが上官の命令であっても自分が殴ったことを認め、悪かったことを認めたのである。

自分たちの力で、どうにかできることではなかったにしろ、自分の監督下にあった俘虜の三分の一が死亡した。死臭、腐臭のなかで仕事をし、命からがらジャワ島に辿りついたのである。そんな李さんにとって、食糧が多少、窮屈になっていたとはいえ、ジャワ島は天国だった。

ハルク島から戻った李さんは、バンドンの俘虜収容所に勤務を命じられた。天国と地獄、このあまりの落差のなかで、ハルク帰りの李さんは、荒れた。「もう、怖いものがなくなった」と言う。外出日には、日本人下士官とケンカ、夜な夜な脱柵して遊びに出る、将校たちが会食しようとしている時に、机の上にあがって、食いものを蹴っとばしたこともある。営倉に入れようとすると、銃をぶっぱなしたという。中部ジャワのアンバラワで朝鮮人軍属が叛乱を起こしたことを聞いたのはこの頃である。箝口令《かんこうれい》が敷かれていたようだが、口コミで朝鮮人の間に広がっていった。日頃の日本人に対する反感が、この叛乱を心理的に支持させた(内海・村井『赤道下の朝鮮人叛乱』)。

朝鮮人軍属たちの屈折した思いを知ってか知らずか、日本人兵士たちは朝鮮人軍属に対して、差別的な言葉を口にしていた。「朝鮮人はよく物を盗む」「かっぱらいをする」「殴る蹴る」「規律は悪い」「命令に対してピシッとしない」「国家を守ろうとの気概が少ない」「顔つきがピリッとしない」等々。

もともと「何だ軍属のくせに」「朝鮮人のくせに」と思っていた日本人下士官たちは、蔑みの目をもって李さんたち軍属を見ていたという。日本の兵隊と同じ服は着ているものの階級章はつけていない。帯剣や銃はオランダのものを支給していたので、その服装はちぐはぐだった。

こうした日本人の視線を朝鮮人が感じないはずはない。初めは軍属ということもあって我慢していた。「上官の命令は朕の命令」だからである。それに二年経てば帰れると思っていたので、我慢もできた。しかし、二年が過ぎても帰してくれそうにもない。階級があがるわけでもない。今まで我慢をしてきた軍属たちの怒りが、あちこちで爆発していた。外出の時などは日本人下士官と華々しくケンカをしたり、李さんのように公然と反抗したりする者が多くなった。

アンバラワの叛乱は、こうした朝鮮人軍属たちの忿満やるかたない気持を、祖国の独立へと向けて組織していった「高麗独立青年党」のメンバーが起こした事件だった。民族独立のための抗日運動、こうしたはっきりした目的を持てない軍属たちも、日本への、具体的には自分たちの上官の日本人への反感をつのらせ、何かにつけてはつっかかっていた。

ハルク島で地獄を見てしまったことから、李義吉さんは真面目に勤務する気になどなれなくなっていた。日本人に反抗する。忿満のはけ口が俘虜に向けられることもあった。花の町バンドンは、日本人の冷ややかな視線とあからさまな差別さえなければ、天国のようなところであった。こうした生活が半年も続いただろうか、李さんはバンドンで、八月一五日を迎えた。

英語のできる李さんは、日本の敗戦を一年も前から予期していたので、八・一五は何の感動もなく迎えた。当然だと思っていたのである。俘虜たちが、隠しもっていた短波受信機は、日本の戦局がいかに不利かを伝えていた。ある将校は、生産力の劣る日本が、英米を敵にまわして勝てるはずもないことを李さんに教えてくれたという。

補給が途絶え、食うものすらないハルク島での生活、沈没船を引き揚げての帰路、どれをとっても、その将校の話は説得力があった。日本の敗戦を予想してはいたものの、何か、特別な活動をしたわけではない。八月一五日、敗戦をごくあたりまえのこととして受け入れた。

敗戦後、バンドンに残って、俘虜の名簿作成に従事していた李さんは、一一月四日、新たに進駐してきた連合国軍に名簿等一切の事務を引きついで、バンドンの「在ジャワ朝鮮人民会」に結集した。だが、四日目に、突然、逮捕され、そのままシンガポールに護送された。予想もしなかったことだった。人を殴ってはいても、殺したこともなければ、首をはねたこともない。まして、自分は朝鮮人だ。よもや日本の戦犯になるとは思わなかった。捕まることが分かっていれば、いくらでも逃げられる状況にあった。トラックがあり、ガソリンも十分だった。現に、危ないといわれた人たちは逃亡していたが、そんなことを考えてもみなかった李義吉さんは、〝のんびり〟と名簿の整理をやり、それを引き渡して、労役に従事していたのである。逮捕は、突然やってきた。

Ⅱ　朝鮮人軍属と俘虜収容所

1　なぜ朝鮮人が監視員になったのか

戦陣訓

「生きて虜囚の辱《はずかしめ》を受けず」、戦後の民主主義教育のなかで育った私は、教育勅語も、軍人勅諭も知らないが、なぜかこの文句だけは、心に残っていた。虜囚になることが、なぜ、辱しめなのか理解できなかったからだ。しかし、この戦陣訓のために、多くの人が、あたら命を無駄にしたことに、何ともやりきれない気がしたのである。

「恥を知る者は強し。常に郷党家門の面目を思い、愈々奮励して其の期待に答うべし、生きて虜囚の辱を受けず、死して罪禍の汚名を残すこと勿れ」

これが、「戦陣訓」の「名を惜しむ」の項である。この訓令は、陸軍の軍人には鉄則として徹底的にたたきこまれていた。たとえ最後の一人となるとも決して俘虜にならないこと。万一、俘虜になる恐れがある時は自決しろ、兵はそう教えられていた。〝玉砕〟

は、こうした戦陣訓の現実的な姿であった。南方の島々では、置き去りにされた兵士たちが、自爆のための手榴弾を手渡され、また、病気で動けなくなった兵を薬殺することも行なわれた。

俘虜になった後、生還した将校が自決させられる、下士官は、死ぬまで最前線で戦わされる、殺される場合もあった。

俘虜になった兵を銃殺し、その遺骨の入った箱を荒縄でしばって、両親の前に放り出したことすらあったという。千田夏光の『あの戦争は終ったか』には、俘虜になったために、軍人恩給の支給額、年金の額で差別され続けている事例が記録されている。私たちにとっては、軍国主義の亡霊のようにしか思われない「戦陣訓」は、今もなお生き続け、天皇のために戦った者と俘虜になった者とを厳然と区別している。

俘虜——それは命をかけても拒まなければならない。軍人だけでなく小学生にすら、それは教えられた。この「戦陣訓」をたたきこんだ側の最高責任者東条英機は、敗戦後、自決に失敗し、自ら俘虜となって、生きて虜囚の辱しめを受けたが、訊問のなかで、俘虜について次のように述べている。

「俘虜にされるということに対する日本人の考えは、欧米におけるのと異っています。日本においては、それは恥辱だと考えられています。日本の刑法では、未だ抵抗し得る内に俘虜になった者は誰でも刑事上の罪を犯したことになるのでありまして、それに対する最高刑は死刑であります。欧米においてはそうではありません。俘虜にされた者はその任務を遂行せる故を以て名誉になるのですが、日本では大変な違いです。」（『速記録』一四七号）

恥辱だと考えられていたのではなく、東条英機ら軍首脳部が、そうたたきこんだのではなかったのか。虜囚の辱しめを受けずとの考え方は、それ以前からあったとしても、それを鉄則として権力をもって上からたたきこんでいったことに、東条英機は責任がないとでもいうのだろうか。「戦陣訓」は一九四一（昭一六）年一月、東条英機が陸軍大臣の時に〈示達〉された。

死んでも俘虜になるな、俘虜になるなど軍人の風上にもおけぬ奴、俘虜になるなら自決しろ。こんな考え方を軍隊のなかで徹底的にたたきこんでいった日本軍は、南方作戦で、大量の連合国軍捕虜が出たことに当惑したようだ。その数はバターン・コレヒドール作戦で五万二〇〇〇人、マレー作戦で九万七〇〇〇余人、ジャワ作戦で九万三〇〇〇余人、香港その他の地域で一万九〇〇〇名、合計二六万一〇〇〇余名にものぼった（一九四二年五月一七日『朝日新聞』）。

日本の軍隊では、俘虜というのは存在しないはずのものだ。それは必ず自決して、

〈名誉の戦死〉となっていなければならないからである。ところが、二六万一〇〇〇余名もの俘虜が生まれたのである。

それればかりではなく、一九四一(昭一六)年一二月二七日、交戦国であるアメリカから、俘虜の取扱いに関するジュネーブ条約を、日本人の俘虜と抑留者の両方に適用する意向があること、日本もアメリカ人俘虜と抑留者に同条約を適用することを希望する旨が伝えられた。

翌一九四二年一月三日には、イギリス、カナダ、オーストラリア、ニュージーランドもまた、同じような意向を伝えてきた。これらの照会に対して、四二年一月二九日、東郷外務大臣は、陸軍省の同意を得て次のように回答している。

「日本帝国政府は俘虜の待遇に関する千九百二十九年の国際条約を批准せず、従って何等同条約の拘束を受けざる次第なるも日本の権内にある『アメリカ』人たる俘虜に対しては、同条約の規則を準用すべし」(『俘虜ニ関スル諸法規類集』)

一九二九年の条約を批准はしないが、準用するというのである。イギリス、カナダ、オーストラリア、ニュージーランドにも、同じ趣旨の回答がなされている。日本が「準用」を約束したこの一九二九年の条約とは、どのようなものなのか。

「博愛の心をもって取扱うべし」

一九二九(昭四)年七月二七日、日本は、「俘虜ノ待遇ニ関スル条約」に署名した。この条約は九七条から成り、俘虜の取扱いに関して細部にわたって規定されている。俘虜取扱いの基本精神は、「俘虜は常に博愛の心をもって取扱われるべし、かつ暴行、侮辱および公衆の好奇心に対して特に保護せらるべし、俘虜に対する報復手段は禁止す」(第二条)とあり、「人格および名誉を尊重せらるべき権利を有す」(第三条)と、述べられている。

捕虜になるなら自決せよとの日本とは雲泥の差である。

移動の時、徒歩の場合一日二〇キロ、戦火に曝される地域に移送してはならない。収容所の設備は、衛生および保健について、できる限り保障のある建物に宿泊させなければならない。宿泊所は、湿気を避け、保温と照明がなされなければならない。食糧は、その量および質において、補充部隊のものと同一でなければならない。被服、下着および靴は捕獲国が支給する。

衛生の点では、伝染病予防のため必要な一切の措置をとる義務をもつ。

労働は、将校を除いた健康な俘虜を使役することを認めているが、その場合も、何人といえども、肉体的に不適当な労働に使役してはならない。作戦行動に、直接関係ない労働のこと、不健康、危険な労働に使ってはならないことが決められている。

罰則については、まず、一切の体刑、日光のあたらない場所での監禁、一切の残酷な罰を禁止している。日本軍で日常的に行なわれている殴打などは、この禁止されている体刑に含まれるだろう。

俘虜が懲罰を受ける場所も、衛生上の要求に十分みあうような場所、毎日運動をし、または少なくとも二時間、屋外に出ることができるようにすること。

戦争開始後、ただちに、その領域内にある俘虜に関する官立の情報局を設置することも定められている。こうした細かい規定が九七条まである。このどれ一つをとってみても、朝鮮人軍属が勤務していた収容所の状態とは大きく異なっている。日本政府が、この条約に署名したことは、ジュネーブ条約の定めるところに従う意志があったことを示している。

だが、日本軍はその「戦陣訓」の精神からいっても、俘虜は存在しないはずのものである。最後の一兵まで戦うか、自決するか、二つに一つの道しか、兵隊には残されていない。生きてオメオメと生き恥をさらすことは、まかりならんと教育している。「ジュネーブ条約」のように、博愛の心をもって俘虜を取り扱うこと、俘虜の人格を尊重し、名誉を重んじることは「戦陣訓」の精神と矛盾することになる。陸・海軍省などの反対もあり署名はしたものの批准できなかった。

一九四一(昭一六)年一二月のアメリカの照会を皮切りに、連合国からは「ジュネーブ条約」に則った俘虜の取扱いを要請された。これに対し、日本は「ジュネーブ条約」の〝準用〟を回答している。批准はしないが、準用するとの回答によって、日本政府は、「ジュネーブ条約」に実質的に拘束されることになった。だが「準用」の解釈はあいまいなままだった日本側に、この条約の精神を遵守する気がなかったことは、「危険な労働」「作戦行動」に俘虜を使っただけでなく、「公衆の好奇心」に俘虜をさらして、植民地の民衆に日本の威力を顕示したことからも明らかである。

思想的効果をねらって

一九四二年二月二八日、陸軍次官木村兵太郎あてに、朝鮮軍の井原潤次郎参謀長から一通の電報が発信された。

「半島《ママ》人の英米崇敬観念を一掃して必勝の信念を確立せしむる為、すこぶる有効にして総督府および軍共に熱望しあるにつき、英米俘虜各一〇〇〇名を朝鮮に収容せられたく、特に配慮をこう。

追って収容所に充当すべき建物は京城府の神学校二校、平壌府外人学校および神学校各一を充当し得べし、詳細は収容に関する中央の意向承りたる上具体的に申報すべ

し。」(『速記録』一四六号)

この申し入れに対し、陸軍次官は、白人俘虜約一〇〇〇人を送ること、時期その他の詳細は後に知らせる。ただし、朝鮮軍が収容を予定している建物は、俘虜を優遇しすぎているのではないのか、別の場所を研究して知らせるようにと返電している。

三月二三日、朝鮮軍司令官板垣征四郎の名で、陸軍大臣東条英機あてに、「朝鮮俘虜収容計画」が報告されている。そこには、白人俘虜を朝鮮へ移送する目的が明確に述べられている。

「朝鮮軍俘虜収容計画

一、目的　米英人俘虜を鮮内に収容し朝鮮人に対し、帝国の実力を現実に認識せしむると共に、依然朝鮮人大部の内心抱懐せる欧米崇拝観念を払拭する為の思想宣伝工作の資に供せんとするに在り。

二、位置及収容人員　京城収容所。仁川収容所。臨時編成要領、

第一収容所、位置京城府(元岩村製糸倉庫を増改築す)収容人員約五〇〇人

第二収容所、位置仁川府(廠舎)収容人員約五〇〇人

右収容の施設計画は別に提出す。
三、管理　朝鮮にある俘虜収容所は朝鮮軍司令官、之を管理す。
収容の為の機関は別に定めらるる所に依る。
四、収容期間　俘虜到着より大東亜戦争完了迄とす。
五、実施要領　1、一の目的を達成する為め、俘虜(准士官以上を除)をして鮮内主要都市、特に人心不良地に於て各種作業に服せしむ、2、収容所の諸施設は一般の起居に差支えなき最少限の程度に設備す、3、給養は日本軍隊に準ずるも一部慣用食を支給することあり、4、俘虜の収容、取締及警戒に関しては万遺憾なきを期す。
備考
前記収容所諸施設整備前、俘虜到着したる場合には一時釜山廠舎に収容す。」（『速記録』一四六号）

俘虜を思想宣伝の材料に使おうというのである。このこと自体、すでに「ジュネーブ条約」の精神に違反することだが、当時の日本軍はそんなことなど、まったく意に介していない。朝鮮のなかでも人心不良地と日される地域に白人の俘虜を投入し、日本の威力を示そうと意図している。そのため収容所の施設も起居に差しつかえない最少限のものにするよう申し添えられている。

俘虜を利用しようとしたのは、朝鮮軍だけではなかった。台湾軍の樋口敬七郎参謀長もまた、四月二日俘虜情報局長に、次のような電報を送っている。

「主として台湾に於ける農業生産上の労働力とし、一面本島人の訓育指導上の資料として利用致し度に付、英米人俘虜約二、三千を取敢えず希望す、台湾総督府も同意見なり。」（『速記録』一四八号）

農業生産に俘虜を利用しようとの台湾軍参謀長の希望は、四月七日、さらに土木建築、鉱山労働者としても使用したいと拡大し、人員もあわせ七〇〇〇人を台湾に移送してくれるよう、電報を送っている。これらの電文から白人の俘虜を使って、朝鮮人や台湾人の抱いている欧米崇拝の観念を除去し、植民地の人々の皇国臣民化に一層役立てようとする植民地統治者の意図を読みとることができる。

朝鮮軍、台湾軍の要請を受けて、陸軍省は、五月五日「俘虜処理要領」を明らかにし、台湾軍参謀長に、依命通牒している。

「俘虜処理要領

方針

一、白人俘虜ハ之ヲ我生産拡充並ニ軍事上ノ労務ニ利用スル如ク逐次朝鮮、台湾、満州、支那ニ収容シ当分ノ間其ノ目途立タサルモノハ現地ニ於テ速ニ俘虜収容所ヲ開設シ之ニ収容ス

二、白人以外ノ俘虜ニシテ抑留ノ要ナキ者ハ速ニ宣誓解放シタル後成ルヘク現地ニ於テ之ヲ活用ス

要領

三、先ツ本年八月末迄ニ朝鮮台湾等ニ昭南島ニ在ル白人俘虜ノ一部ヲ収容ス之カ人員ハ別ニ定ム　台湾ニ収容スル俘虜ニハ現地ニ於テ必要トスル以外ノ優秀技術者及上級将校(大佐以上)ヲ含マシム

四、残余ハ速ニ現地ニ収容所ヲ編成開設シ之ニ収容ス

五、俘虜収容所編成ニ方リ之カ警戒取締ノ為朝鮮人及台湾人ヲ以テ編成スル特種部隊ノ充当ヲ予定ス又俘虜収容所ハ各軍毎ニ一括編成シ之ヲ各軍ニ於テ適宜分割シ得ル如ク考慮ス」(『俘虜ニ関スル諸法規類集』)(昭南島＝日本占領期のシンガポールの呼称)

軍事上の労務に俘虜を利用しようとの陸軍省の意図は、「ジュネーブ条約」に抵触しないのだろうか。この「要領」に、はっきり示されているように、日本にとって意味を

もつのは白人であることが条件である。色の黄色や黒い者は、逃亡しないように宣誓させて、なるべく現地で使う。日本や朝鮮・台湾に移送するのは、白人でなくてはならない、こう明記されている。白人でなくては、思想的効果があがらないというのが理由である。

また、収容所の開設にあたり、その警戒取締りに朝鮮人と台湾人を使用する方針が打ち出されている。これも、思想的効果を狙った陸軍省の方針と考えてよいだろう。兵力が不足していたこともある。

陸軍次官木村兵太郎が、シンガポールで俘虜となった白人を、五月から八月の間に、台湾へ約二四〇〇名、朝鮮へ約一一〇〇名を移送するように南方軍総司令官へ命じたのは、五月一六日である。

〝歓喜する群集〟

八月、朝鮮に約一〇〇〇名の白人が到着した。この白人俘虜の与えた影響を、朝鮮軍参謀長が、詳細に報告している。以下は『速記録』一四六号に収録されたその報告である。

「英人俘虜収容に伴う一般民衆の反響」提出の件

昭和一七年十月十三日

朝鮮軍参謀長　井原潤次郎

陸軍次官　木村兵太郎殿

首題の件別紙の通提出す

　提出先　参謀本部、陸軍省(各二部)

英人俘虜収容に伴う一般民衆の反響

一、概観

　馬来半島に於ける俘虜九九八名の到着は、一般民衆特に朝鮮人に及せる影響、極めて大にして、俘虜輸送の道中に於ける釜山、京城、仁川地方の観衆人員も、鮮人《ママ》約十二万、内地人約五万七千名の多数を算したり。

　俘虜を通し、目前に見る彼等の醜態と恬然たる態度を嘲笑し、斯かる国家観念に乏しき軍隊が、皇軍に敗るるは当然なりと、皇軍戦勝の事実を再確認し、米英崇拝思想を一掃せざるべからずと洩す者、或は、皇国臣民たるの幸福感と大東亜戦争完遂の決意を洩す者多く、特に、朝鮮人の監視員を通して、直接、大東亜戦争に参画しつつあることを、明確に認識するに至りたるは、特記すべく、一般に米英崇拝思想の一掃と、時局認識の透徹を期する上に於て、多大の効果を収めたるが如く、斯の主なる言動左の如くにして、将来俘虜の労役其の他を通して行われる宣伝効果の、逐次滲透するに従い、其の成果益々大なるを思わしめ、朝鮮統治に裨益する処、極めて大なるものと認めらる

註　当分の間中央部の方針に従い俘虜に関する新聞発表等は行わず

二、主なる言動

1、鮮人《ママ》側

A、半島青年が、皇軍の一員として俘虜の監視をしているのを見たとき、涙が出る程嬉しかった。

之を知らない人々に「見ろ、半島の青年が英国人俘虜を監視しているではないか」と、大声を挙げて知らしてやりたい衝動に駆られた。

B、基督教関係者は、英米人より指導を受けた関係上、拝外思想が抜け切らなかったが、俘虜を見た時日本人の誇りと日本基督教の確立をせねばならぬと謂う強い示唆を受けた。

C、戦争には水を呑んでも敗けてはならぬ、俘虜を見て日本人の有難さと誇りとを自覚した。

D、我等を下等人として馬鹿にしていた英米人を、俘虜として見るのは夢の様だ。半島《ママ》人も日本人としての誇りを感じ之で気持も一変した。

E、口笛なんか吹いて平気でいるのを見ても、国家観念に乏しい事が分る。全く、だらしがないものだ。
F、あの力のないひょろひょろした様子を見れば、日本軍に敗れるのは無理もない。
G、俘虜を目前に見て、戦争には必らず勝たねばならぬと感じた、彼等を嘲る前に我々はもっと頑張らねばならぬ。
H、今迄、新聞や映画で皇軍の戦果を見聞しながら、多少の疑惑を抱いたが、俘虜を見て、報道の嘘でないことが解った。
I、日本人たるの幸福を痛感せしむる為、朝鮮人全部に俘虜を見せてやりたい。
J、奴等の為に戦争が長びくのだから、死ぬ程働かせてやれ。
K、俘虜が憐れな有様に較べて、我々が呑気に暮して行けるのも、全く兵隊さんのお陰だ。
2、内地人側
A、見世物になり乍ら、平気で歩いている彼等の心情は憐れなものだ。恥を知らない国民程惨めなものはない。
B、俘虜の醜態を見ると日本国民たるの有難さと戦争には必ず勝たねばならぬということが痛感せられ、物資不足位に、不平を云う事は出来ぬ。
C、彼等の態度には矢張り驕慢な所が窺われる。我等は戦勝国民として毅然たる態度を以て彼等に対せねばならぬ。

D、朝鮮人の一部には帝国の実力と戦果に疑念を抱くものもあったが、目前に敗惨の俘虜を見ては信ぜざるを得ないであろう。

E、戦争には決して敗けてはならない、何処迄も勝抜かなければならぬ最後迄頑張るぞ。

3、中国人

A、日本人の偉大なる実力を現実に見て一層信頼の念を深めた。自分達は日本の御陰で安居楽業することが出来、感謝に堪えない。

B、見窄らしい俘虜の姿こそ、没落しつつある英国の姿だ。中国人は日本を信頼し一層新東亜の建設に努力したい。

4、仏国人

A、俘虜の来鮮は同じ西洋人のこととて恥かしいことだ。日本人の実力は驚くの外はない。

B、俘虜中に英本国兵がいれば恥かしいだろう、気の毒なことだ。

5、独逸人

A、英米の非人道振りには、吾々も非人道を以て報いていた。うんと虐待して貰いたい。

6、白系露人

A、俘虜は口笛を吹いて呑気なものだ。不名誉とは思わぬらしい。服装も区々で貧弱だ。之だから戦争に負ける。

三、俘虜の言動

俘虜は何れも諦観しあるものの如く、一般に従順にして、規則を守り、日本軍の公正なる取扱に感謝し、或は、皇軍の優秀なるを讃美しありて、到着直後に行える宣誓は、全員之を実施し得たるも、其の反面、尚、驕慢なる態度を窺知《きち》せられ、我国を劣等視して、最後の勝利は、我等英国にありと公言する者、或は、俘虜たるは祖国に対する国民の名誉なりと虚勢を張る者等ありて、何れも、英国は米国の支援に依りて、最後の勝利を得ると為し、米国の物資力を盲信し、未だ皇軍大捷の事実を知らず、只管《ひたすら》祖国の勝利に絶大の期待を掛けある状況なり。」

朝鮮人の反応が、ここに列挙されたものばかりでないことはもちろんだが、朝鮮軍が白人俘虜の移送によって何を意図したのか、この反応の列挙のなかにも読みとることができる。「大東亜戦争」へ、朝鮮人を心情的に動員しようとの軍の意図は、この報告に依る限り、成功を収めたことになる。「皇国臣民の誓い」を言わせ、「一視同仁」の思想をたたきこんだ上、敗戦の将のヨレヨレの姿を見せて皇軍の威力を宣伝する。映画や新聞での戦果に疑いを抱いていた朝鮮人が、俘虜の姿を見て、戦果の報道が嘘でないことがわかったと反応したとの報告は、まさに朝鮮軍の意図が的中したことを物語るものである。

朝鮮と台湾に白人の俘虜を移送して、思想的効果を狙った陸軍省は、同時にこれらの俘虜の監視を、朝鮮人・台湾人の手に委ねることによる効果をも計算に入れていた。

五月五日の「俘虜処理要領」では、朝鮮人・台湾人をもって特殊部隊を編成する計画があることが明らかにされている。この計画に基づいて、朝鮮と台湾で俘虜収容所の監視員の募集が開始されたのは五月一五日。一カ月の間に咸鏡南北道、平安南北道の四道を除く朝鮮全土から青年三二二四人が集められた。ある者は、半ば強制的に、またある者は月給五〇円の魅力に引かれて、すでに始まっていた日本への強制連行を避けるために応募した者もいた。その動機は三二二四人が一人ずつ違っていた。朝鮮軍そして陸軍省の意図は、不足する人力を補填しようとしただけでなく、植民地の青年を白人俘虜の監視につかせることによって、「内鮮一体」「一視同仁」の実をあげることにあった。

八月、釜山、京城、仁川で白人俘虜の監視にあたった「半島青年」は、この三二二四人の青年の仲間だった。

2　俘虜収容所の機構と実態

情報局の設置

俘虜情報局の設置が発令されたのは一九四一(昭一六)年一二月二七日、「ジュネーブ条約」の遵守について、アメリカ、イギリスなどからの問いあわせを受けた後である。

この俘虜情報局は、陸軍大臣の管理の下に設置された臨時の官衙(官庁)であり、情報局長官は、陸軍大臣の指揮監督をうけて局務を掌握することが定められている。

情報局の具体的な仕事は、俘虜に関する情報の収集と記録が中心となっている。

俘虜となった者の留置、移動、宣誓解放、交換、逃走、入院および死亡に関する状況を調査し、一人一人の俘虜の銘々票と呼ばれるカードをつくり、その記述を訂正すること。

俘虜に関する状況の通信に関する事項の取扱い。

宣誓解放され、交換され、逃亡し、または病院、繃帯所《ほうたい》もしくは俘虜収容所において、死亡した俘虜の遺留品および遺言書の保管ならびに遺族その他の関係者に対し、これを送ること。

俘虜に対する寄贈および俘虜が発送する金銭や物品の取扱いに関すること。

このほか、敵国で俘虜となった日本人に関して、その状況を調査し、その日本国内に住む家族その他関係者を助けることなども、この情報局の事務のなかに含まれている。

日本が批准した「ハーグ条約」(陸戦の法規慣例に関する条約、一九一一(明四四)年批准)も日本が準用を約した「ジュネーブ条約」は、戦争開始後、ただちに俘虜に関する情報局を設置するよう定めていた。一九四一(昭一六)年一二月八日、米・英・仏など連合国に宣戦布告をした日本は、条約にのっとって、情報局を設置したのである。

陸軍省兵務局長であった田中隆吉は東京裁判で、これは日本における特殊な存在であり、陸軍大臣の管轄下にあって、しかも陸軍省の外局となっている臨時の官衙であったと証言している(『速記録』一四四号)。情報局は設置したものの、「ハーグ条約」と「ジュネーブ条約」に基づく情報の交換や収集のための組織であり、俘虜の処遇は担当していなかった。

占領地では大量の俘虜が、臨時に野戦俘虜収容所に収容されていたが、その扱いが、具体的に検討されるのは「南方作戦」が一段落した一九四二年三月まで、待たなければならなかった。

俘虜管理部の設置

陸軍省に俘虜管理部が設置されたのは、一九四二年三月三一日、「俘虜取扱に関する規定」による。さきに触れたように、予想を上まわる俘虜の数のため、陸軍省軍務局の内に俘虜取扱いの事務をとりまとめる部署の設置が必要となり、俘虜管理部が置かれたのである。

情報局とは、まったく別に設置されたこの部は、俘虜および戦地における抑留者の取扱いに関する一切の事務を行なうことを目的としていた。情報収集は情報局で、その取扱いは管理部というように、その掌握する任務は分割されていたが、いずれも陸軍大臣の管理の下におかれ、その長は情報局長の上村幹男中将が兼任していた。

陸軍省における任務の分掌は、このように決められ、機構の整備は行なわれていたが、一九四二年に入っても俘虜は占領地に設けられた収容所に収容されたまま、具体的な処遇の方針も出されない状態であった。「南方作戦」の遂行に専念していた軍は、俘虜の処遇どころではなかったというのが実情だったのではないだろうか。俘虜の取扱いが、陸軍内の各部局の局長会同で、初めて論議されたのは、四二年四月二六日か二八日であったという。

さきの田中隆吉の証言によれば、この口、次の二点を上村情報局長の申し出によって、東条英機陸軍大臣が裁決した。

第一点は、当時の国内情勢に鑑みて、労働力の不足を補うために、また当時の働かざるもの食うべからずという日本国内の状況に照らして、俘虜の全部を強制労働に服させること。なお、この決定に対して、上村情報局長は、准士官以上を労働に服さすことは、「ジュネーブ条約」に違反していると申しのべられたが、日本は「ジュネーブ条約」を批准していないため、その精神は尊重するが、国内情勢上、労働に服させる旨、大臣より裁決が与えられた。

第二は、俘虜の収容所を南方各地だけでなく、日本国内、台湾、朝鮮、満州、支那などに設けて、多年、白色人種には、絶対かなわないと諦めていた東亜各種の民族に、日本に対する信頼感を起こさせるという意味で、その俘虜収容所を設ける場所がきめられた。

将校は、自ら希望するほかは、労働をさせてはならないというのが、条約の規定であった。しかし、当時の日本には労働をしない俘虜を大量にかかえこんでおく余裕は、すでになかった。東条英機陸軍大臣は、この会同ばかりでなく、五月三〇日にも俘虜を活用することを強調している。将校は労働をさせてはならないことになっていたが、自ら希望するように強要したのである。労働を希望する旨、書類にサインするまで食事の量を減らしたり、屋内に閉じこめたりしたのである。

陸軍大臣のこうした強い要請に基づき、俘虜管理部の上村中将が、関係部隊へ次の通牒を出したのは六月三日である。

「俘虜たる将校及准士官、労務に関しては俘虜労役規則(明三七・九・一〇、陸達一三九)第一条に禁ぜられある処なるも一人と雖も無為徒食を許さざる我国現下の実状と俘虜の健康保持等とに鑑み之等に対しても其の身分、職能、体力等に応じ自発的に労務に就かしめ度き中央の方針なるに付可然指導相成度」(『俘虜ニ関スル諸法規類集』)

将校といえども俘虜は労働力として活用するとの陸軍のこの方針のもとに、泰緬鉄道の建設、南方各地の飛行場建設に俘虜がかり出されたのである。朝鮮人軍属が、これら俘虜の監視に使われたことは、第I章の軍属たちの記録で述べた通りである。

第二の白人俘虜を、日本の威信を高めるために利用しようとの決定は、すでに朝鮮軍参謀長、台湾軍参謀長から出されていた要請であった。

この局長会同の直後、五月五日に「俘虜処理要領」が出され、処遇の方針が明らかにされたことも、既述の通りである。「要領」では、俘虜の監視を朝鮮人・台湾人で行なうことが予定されていると明記されているが、局長会同で、この点についてどのような論議が行なわれたのかは明らかではない。

だが、朝鮮で監視員の募集が始まったのは、五月一五日、「要領」が出てから一〇日目である。「要領」とともに、朝鮮と台湾での監視員募集が、朝鮮総督府、台湾総督府の行政機構を通じて行なわれた。

四月下旬の局長会同で、俘虜処遇の方針が決定し、「俘虜処理要領」が発表された。日本国内ばかりでなく、朝鮮、台湾、満州に設置される俘虜収容所、日本軍が新たに占領したマレー半島、ボルネオ、シンガポール、ジャワ、スマトラ等の南方につくられる収容所は、この「要領」のもとに運営されることになる。

収容所の設置

監視員として集められた朝鮮人青年たち三二二四人が、釜山の臨時軍属教育隊で血を吐くような激しい教育と訓練を受けている間に、収容所の機構も着々と整えられていた。一九四二(昭一七)年六月二五日、朝鮮、満州、台湾、日本国内に設けられる収容所長が集められて、東条陸軍大臣の訓示を受けた。

七月七日には、朝鮮人・台湾人が勤務するタイ、マレー、フィリピン、ジャワ、ボルネオの俘虜収容所長が陸軍省に集められ、東条大臣の訓示を受けている。

「新任俘虜収容所長に与うる陸軍大臣訓示　　(昭和十七年七月七日於陸軍省)

諸官此の度任を俘虜収容所長に受け近く夫々現地に赴かんとするは予の最も欣快とする所なり。

抑々我国は俘虜に対する観念上其の取扱に於ても欧米各国と自ら相異るものあり諸官は俘虜の処理に方りては固より諸規に遵由し之が適正を期し公正なる帝国の態度を如実に中外に顕揚せざるべからずと雖も他方人道に反せざる限り厳重に之を取締り且一日と雖も無為徒食せしむることなく其の労力、特技を我か生産拡充に活用する等総力を挙げて大東亜戦争遂行に資せん事を努むべし尚此の際諸官は任地の特性に鑑み特に俘虜の処置を通して現地民衆に対し大和民族の優秀性を体得せしむると共に皇軍と相携えて大東亜共栄圏建設に努力し得るは真に無上の光栄なる所以を自覚せしむべし
諸官宜しく叙上の趣旨に鑑み責務の重大なるを自覚し部下の監督を厳正にし粉骨砕身以て其の任を完うせんことを期すべし

昭和十七年七月七日

陸軍大臣　東条英機」
（『速記録』一四六号）

俘虜に対する観念が違っていることに言及しながらも、一日といえども無為徒食をさせないことが強調されている。そして俘虜の処遇を通して、それぞれの地域の民衆に日本人の優秀なことを教え、「大東亜共栄圏」の建設に努力することが、無上の光栄であることを自覚させよという。「ジュネーブ条約」との関係で収容所長がいかなる点に留

意するのか、その細かい点には触れないとしても、その精神を俘虜の処遇のなかにどう反映させていくのか、東条の訓示にはそれすらまったく言及されていない。厳正に俘虜を取り締ることが強調されている。

東条陸軍大臣の訓示(代読)のあと、俘虜処理要領、俘虜に関する国際諸法規、俘虜の一般状況など、俘虜収容所の管理運営に必要な事項が説明され、必要書類の配布が行なわれた。集合教育の中心は、日本の俘虜取扱いの法規を周知徹底させることに重点がおかれている。ここで、収容所長ははじめて、「ジュネーブ条約」について説明を受けているが、「戦陣訓」の精神が浸透していた収容所長たちにどれだけ理解できたのか、疑問である。

現にジャワ俘虜収容所長に任命された斉藤正鋭少将は次のように述べている。

「一九四二(昭一七)年六月私が満州に居ります時、ジャバへの任命を電報で受けました。当時私は牡丹江に居りました。其の電報には私の任命と同時に東京に於ける会議に出席すべき命令もありました此の会議は東京の陸軍省で一九四二(昭和一七)年七月七、八日の二日にありました。」(『速記録』一三七号)

そして、会議では「戦場から出て来たばかりで捕虜に関する国際規約は何も知りませんでしたから、質問をしたことは憶い出せません」と語っている(同右)。

収容所長が、国際規約をまったく知らなかったのである。配布書類のなかに条約文全文が載っていたとしても、それが重視されることはほとんどなかったのではないのか。俘虜収容所は、当初から「戦陣訓」と「ジュネーブ条約」の間の矛盾を体現した歓迎されざる組織だった。

この歓迎されざる俘虜収容所は、実戦部隊からはややもすれば軽視された。俘虜収容所の軽視は、たとえ人間であれ〝不要なもの、邪魔なものは処分しろ〟との考えが支配的だった当時の日本の軍隊では、当然ありうることだった。「戦陣訓」を示達した日本軍には俘虜は存在しないものであったが、国際条約の手前、処分もできない、収容所をつくってそこに入れておこう、しかし、無駄メシを食わせるわけにはいかないので働かせよう、これが本音だったのではないのか。栄養失調で、俘虜が次々と死んでいくのを目にして、可哀そうだと思う一方、一人でも多くの俘虜が死んでくれたらいいと思った、とある日本人下士官が語っていた。この二律背反の感情こそ、当時、俘虜収容所に勤務した日本人将校や下士官に共通した心境ではなかったのか。

鬼畜米英が叫ばれ、「生きて虜囚の辱を受けず」が、たたきこまれたとはいえ、収容所の将校や下士官たちは、毎日俘虜と接して暮らす。そこに、人間的な感情が通いあうことがあっても不思議ではないだろう。時には、収容所が俘虜の側に立って、苛酷な作業から彼らを保護しようとしたこともあった。

タイ俘虜収容所第二分所長だった柳田正一中佐の手記によれば、収容所と鉄道隊とは折りあいが悪かった。それは収容所創立の時からだった。収容所ができる前は、陸上勤務隊が三〇〇〇人の俘虜を管理していたが、「ジュネーブ条約」など少しも知らなかった中尉の下で、俘虜は自由勝手に使うことができた。収容所ができてからは、これができなくなり、やっかいな機関ができたと思ったらしい。タイ俘虜収容所長だった佐々誠少将はもちろん収容所職員は、鉄道連隊から冷遇されて不愉快でならなかったと書いている。

鉄道隊参謀長として泰緬鉄道の建設にあたった広池俊雄中佐は、俘虜収容所の存在をはじめて耳にしたと書いている。

タイ俘虜収容所は、一九四二(昭一七)年八月一五日、バンコクのタイランドホテルで編成を行なっている。本所長には佐々誠少将、高級所員に柳田正一中佐ら四名の将校が配属された。編成終了後、将校一同の休憩茶話会において、ある高級参謀は、泰緬鉄道の建設が終われば「俘虜は全部倒れてもかまわん」と言った。柳田中佐は、この発言に「あっけなく感じました」と書いている。何のための収容所の創設なのか、当初からその設立の趣旨は理解されていなかったともいえるだろう。鉄道隊と収容所との間には、俘虜の使役をめぐって、はじめからいざこざが絶えなかったのである。

李さんたち朝鮮人軍属八〇〇名がバンコクに到着したのは九月中旬である。すでに編成が終了していた収容所の各分所に一三〇名ずつの軍属が配属された。記録によれば、ここで朝鮮人軍属たちに、初年兵教育の補充が行なわれ、俘虜取扱いに関する教育が行なわれたというが、李鶴来さんの記憶には残っていない。

李さんたちが、各分所に配属されて、俘虜監視業務についたのは一〇月一日からである。この時、すでに俘虜の多くは病気だった。柳田中佐の手記によれば、一八〇〇名のうち約一〇〇〇名は病人で、健康な者は八〇〇人にすぎなかった。着るものもすでにボロボロになりかけた服が一着のみで、洗濯の時は、裸になって行なわざるをえなかった。また、靴もはなはだしく不良で、キャンプのなかでは、ほとんどの者が裸足だったと報告されている。

引継ぎの時の状態がこのようだった。雨期が始まり、建設作業が本格化すればどのような事態が起こるのか、予想できただろう。だが、予想される事態に対して、食糧や医薬品の補給体制も整わないうちに、シンガポールから移送されてきた俘虜たちが、李さんたちの管理下に組みこまれることになった。

マレー俘虜収容所はシンガポールで、ジャワ俘虜収容所はジャカルタで、八月一五日編成を完了している。朝鮮人軍属の到着をまって、各収容所とも業務を開始した。

3 志願か徴用か

人はそれと気づかずに、人生を決定する大きな選択をすることがある。戦犯となった朝鮮人監視員一二九名にとって、俘虜収容所の監視員の募集に応じたことは、その大きな選択だった。

三二二四人の青年が、募集に応じた動機はさまざまであった。

タイ俘虜収容所に配属になった李鶴来さんの場合、一通の現金書留の紛失が、人生を変える大きな契機となった。軍属の募集が始まった一九四二(昭一七)年五月中旬、郵便局をやめたばかりの李さんは職もなくブラブラしていた。一年間、郵便局に勤務し、ようやく人生設計ができると思っていた矢先、現金書留の紛失事件がおこった。責任をとって郵便局をやめざるをえなくなったそんな時、友人から監視員募集の話を聞いた。

紛失した書留

一九四二年五月といえば、朝鮮に徴兵制が実施されることが決った時である。このままブラブラしていれば兵隊にとられるか、炭鉱にとられる。その頃は炭鉱の募集もちょこちょこあった。面事務所(朝鮮は行政単位を、道—府—郡「邑・面」「町・洞・里」に分けられていた。面事務所は村役場のようなところ)から、どこどこの炭鉱から募集があるから行くようにいわれる。面長の命令だからことわるわけにいかない。それでも李さんは一度、逃げてしまった。かわりに隣りの青年が炭鉱へひっぱられて行った。誰でもいい、とにかく誰かが行かなければならない時だった。

このままいけば、兵隊にひっぱられるか炭鉱へ連れていかれる。どちらにしても李さんには嫌な仕事だった。だが、李さんの年齢の若者が、家で農業の手伝いをしながら暮らしていける時代ではなかった。いずれ戦争にひっぱられる。そんな中で、俘虜収容所監視員の募集は、銃をもたない、戦場に出ない、軍隊にとられない、しかも二年ということで、当時の青年たちにとっては、かなり魅力あるものだった。

郵便局の勤務が順調にいっていれば、李さんの人生も今と大きく違っていただろう。郵便学校へ通い、モールス信号を覚えて同じ軍属にとられるにしても通信業務に携わっていたかもしれない。そうすれば、戦犯などになることもなかった。

李さんが、紛失の責任をとらされた現金書留は、北海道の炭鉱へ出かけている人からの送金だった。わずか一年足らずの郵便局勤務、しかも特殊郵便と呼ばれる現金書留を扱うようになってから何カ月もたたない間に、北海道から送られてくる現金書留をたびたび扱っていた。はっきりした金額は記憶にないが、何十円という金で、当時としてはかなり大金だった。宝城《ポソン》郡の郵便局だったが、そんな大金の送金が、そうしばしばあるわけではないので、北海道からの送金は目立ったのである。

炭鉱への出稼ぎが金になることは、現金書留を扱っていたから分かっていたが、自分では行きたいと思わなかった。小学校を卒業したプライドがあった。それに、もっと勉強をしたかった。だが、山村の自小作であった李さんの家の事情では、子供を中学校へやることはむずかしかった。そこで、勉強できるような仕事を探そうと考えたのである。

初めは麗水《ヨス》にある造船所で奉公した。だが、あの時の麗水の港の不潔さといったらなかったという。人が通ると蠅がブーンと一斉に舞いあがる。魚の腐った臭いがあたり一面にただよう。山育ちの李さんには、港の潮風と魚の生臭さ、腐臭にたえきれず、すぐにやめてしまった。ついで製材所で働いたが、そこも李さんの希望をかなえる職場ではなかった。何カ月かでやめてしまった。すこし長くいたのが、日本人の家での書生勤めである。漁船を一隻もっていたその家での仕事は、競り売りの前の魚を盗まれないように見張りをすることだった。朝まだ薄暗いうちに起きて、港に行く。昼は、雑用にこき使われ、日本式の廊下を雑巾がけしたり、掃除をすることも仕事だった。書生といえば聞こえはよいが、要するに小間使いである。その家の長男と次男は教師をしており、娘は京城の学校へ行っていたが、李さんが勉強する機会はなかった。それでも半年ぐらい我慢した。正月に家に戻ると里心がついたこともあって、どうしても日本人の家へ戻る気になれず、やめてしまった。

紹介してくれる人があって宝城郡の郵便局へ勤務したのはその後である。局長は日本人だったが、庶務長は「うちの国の人」だった。初めはスタンプ押しから始まった。間違って指を打ったりしたこともあった。内勤だった李さんは郵便の区分けをしていたが、そんなある日、特殊郵便と呼ばれる現金書留などを扱う係の人がやめてしまい、かわってやってみないかと言われた。大事な仕事である。帳簿と現金書留を一つ一つチェックして、行先別に分類した赤い行嚢《こうのう》に収め、汽車の時間にあわせて駅までもっていく。神経の疲れる仕事ではあるが、元来、几帳面な李さんには、向いていたのかもしれない。郵便局の近くに下宿しながら勤務していた。

早稲田講義録をとりよせて勉強しようと思ったのもこの頃である。通信教育を受けてみたり、モールス信号に興味をおぼえて、少しずつ勉強したりしていた。局長から郵便学校に行かないかと言われたことも将来への明るい希望となっていた。ようやく、満足できる職場が見つかったと思っていた矢先、局長に呼ばれた。一九四二(昭一七)年の二月のことである。

現金書留が一通、紛失したという。帳簿を調べたら、確かに李さんがチェックして、行嚢に収めた書留である。他の人はいじれないことになっているので、李さんに責任が被ってきた。弁償しなければ横領の罪でつかまると言われて、李さんは仰天してしまった。どこでどう紛失したのか調べる余裕もなく、家へ戻って父親に事情を話した。せっかく小学校まで出した長男に着せられたこの嫌疑に、父親も驚いてしまった。紛失した書留は北海道からの送金で、かなりの金額にのぼっていた。

弁償といわれても、山村の自小作農が何十円もの金を、右から左へと動かせるものではない。その時、お母さんが、タンスの一番奥から反物を出してきてくれた。何か物入りの時にと思って、自分で織った反物である。息子にかけられた嫌疑を晴らすために、大事な反物を売り払った。その金で紛失した書留を弁償したのである。

今度は反物があったから何とか苦境を切り抜けることができたが、今後、こんなことが起きたらと思うと、不安で勤務を続けることもできなかった。郵便学校の夢もあきらめて、李さんは郵便局をやめた。四月の、春まだ浅い頃だった。

うれしかった合格通知

山里に遅い春がやってきた頃、李さんのところへ俘虜収容所監視員募集の話が伝わってきた。三食付き、住居もあり、被服も貸与、それで月給が五〇円(戦地勤務者)、二年契約だという。面長の親戚にあたる友人が一緒に応募しようと誘ってくれた。ブラブラしており、特に仕事のあてもなかった時なので、炭鉱にとられるよりはと思って、軽い気持で応募した。詳しいことは分からなかったが、監視という言葉から、道路工事の監督のようなものを勝手に想像していた。高い所に立って何か指図をする、そんな仕事だと考えていた。それなら時間もたっぷりあるし、勉強できる。しかも、月給五〇円で、二年契約というのが魅力だった。戦地勤務者五〇円の意味を、特に考えてもみなかった。勤務地については何の指示もなかったので、当然、朝鮮の中だと考えていた。父親も二年、しかも徴兵されなくてすむならと思って許してくれた。

一九八一(昭五六)年六月、七八歳という高齢をおして、日本に住む李さんを訪ねてきた「お父さん」にお目にかかる機会があった。日帝下を生き抜いてきた父親は、日本帝国主義が朝鮮でどんなことをしてきたのか、つぶさに目撃していた。日本人を心底、憎悪し警戒している。日本人と同席することも嫌だという「お父さん」が、滞在日数も少なくなった頃、特別に会って下さった。李さんたちのことを考えてくれる珍しい日本人ということで、心を開いて下さったという。だが、日本人に対する口調は厳しかった。白髪に、李さんによく似た目差しがやさしくしばたくが、日帝下のことに話がふれると語調がきつくなる。監視員への応募をなぜ許したのか尋ねた私に、「あの頃は、どっちにしても、若者が家にいることはできなかった。兵隊にいくよりはましだと思ったからね」と言って口をつぐんだ。

「こうして生きて会え、少しの間でも一緒に暮らすことができたので、多くを言いたくないが、言い出せばうらみつらみは山ほどある。日帝が何をしたのか私が言えば、日本人は利口だから今度は別の方法を考えるだろう。だから、私は何も言いたくない。」

山深い村で土とともに生きてきた李さんの父親は、日帝に対する不信と憎悪を骨の髄まで浸透させている。その姿を見て、日本の植民地支配が、いかに民衆を苦しめたのか、改めて教えられた思いがして、私は言葉もなかった。

「他に方法がなかった」と語る李さんの父親にとって、二年たてば帰れることが唯一の慰めのようだった。南方へ行くなど知らなかったからだ。

父親の許可を得て応募したものの、さそった友人は来ていなかった。事情は分からなかったが、面から二名が応募していた。募集の条件は二〇歳から三五歳までである。この時の李さんは一七歳、しかも戸籍上は、さらに二歳若くなっていた。面長も年が若すぎると言ったが、応募者が少ないこともあって特別に許可してくれた。宝城郡の郡庁で試験があった。簡単な日本語のテストと面接。シンガポールはいつ陥落したか、朝鮮総督は誰かといったようなことを質問された。

郡庁に集まった青年は何百人もいた。一七歳だった李さんは、二〇歳から三五歳までという応募者のなかでは最年少である。ほかの受験者が皆、立派に見えた。体格はいいし、着るものも立派だし、すでに世のなかに出て働いている人もたくさんいた。青年会の活動をやっている人もいた。このなかから四〇〜五〇名が合格した。もちろん、李さんも合格者に入っていたが、今もって、なぜ、自分が合格したのか、不思議に思われるほど、立派な人たちがたくさん応募していたという。

合格通知を受けとった時は、やはりうれしかった。並いる人々のなかから選ばれたとの思いがあったからだ。「お父さんもうれしかったのではないのか。苦労して小学校を出したかいがあったと思ったのではないか」、李さんはそう語っている。

安っぽいカーキ色の国民服を新調して、宝城郡の郡庁に赴いたのが六月中旬。心配だったのだろう、父親も一緒について来た。郡庁には合格者が集まっていた。おそらく四〇～五〇人はいたと思われる。気をつけ、人員点呼、八人行進など簡単な演習があった。

その夜、李さんはお父さんと一緒の宿に泊まった。別に何を話すわけではなかったが、二年間とはいえやはり、永い別離の思いが父親にはあったのではないのか。李さんは、明日からの釜山の生活がどんなものか、皆目見当がつかなかったが、皆に遅れをとらないよう頑張らなければと思って、多少興奮していた。

翌朝、父親は田舎へ戻っていった。李さんたちは釜山へ向けて出発した。二年のつもりが、何十年もの別れとなるとは考えてもいなかった。北へ東へ、李さん父子は別々の人生に向かって歩み出したのである。

軍人勅諭と戦陣訓

六月一五日、釜山の「釜山西面臨時軍属教育隊」に三二二四人の朝鮮の屈強な青年が集合した。兵舎はオンボロのバラック作りで、水道も満足にないようなところだった。

隊長には、朝鮮軍司令部の野口譲中佐が任命されていた。三二二四人は、三〇人ずつ分隊に分けられ、そこに日本人の軍曹か伍長が一人とその助手の上等兵三人が配属されていた。三分隊で一個小隊となり、小隊長には大尉か中尉が任命されていた。これらの将校や下士官は、朝鮮全域の部隊から軍属教育のために集められてきたのである。

宣誓式には、隊長の野口譲中佐が話し、朝鮮総督府の田中武雄政務総監が訓示をしたが、李さんは、その内容を何一つ記憶していない。野口隊長の言によれば、各人は軍属読法(特に軍律に服すべきこと)を厳しく遵守すべきことを誓う旨の署名捺印をしたという。李さんも署名したことだけは憶えている。

カーキ色の軍服一式が支給され、担任上等兵が一緒の宿舎に寝泊りするいわゆる内務班生活が始まった。おかしい、裏切られた、話が違う、ほとんどの者がそう感じていた。軍属がなぜ軍事訓練を受けるのか、銃をもっての射撃訓練、小隊ごとの戦闘訓練は軍人教育と同じではないか。しかし、脱走すれば軍法会議へまわすとおどかされて、逃亡する者は少なかった。日本語がまず軍隊用語に直された。もちろん、私語であっても朝鮮語は禁止され、日本語だけの生活の毎日である。とにかくよく殴られた。整列して、理由もなく向かいにいる者を殴る対抗ビンタ、担任上等兵は虫のいどころが悪いとわけもなく殴る。とにかく記憶に残るのは、殴られたこととその激しい訓練である。

軍隊のメシを一週間も食えば、目つきが変わる、動作がキビキビしてくるなどとよく言われるが、二カ月の訓練を受けた軍属たちは、はたして日本の軍人が考えたような効果をあげたのだろうか。心のなかに〝裏切られた〟との思いがあり、〝お前ら天皇陛下の赤子だ〟などと言われても、フンと思っていた朝鮮人青年に、思ったような訓練の効果を期待できなかったのではないのか。

釜山で訓練にあたったある日本人下士官によれば、訓練には予備役の下士官があたっていたので、あまり乱暴はしていないはずという。おそらく、日本人の初年兵教育に比べれば、ずいぶんゆるやかな訓練だったのだろう。ところが軍隊は初めて、しかも軍属で応募した青年にとって、ゆるやかな訓練であっても、訓練は訓練である。驚いたとしても無理はない。一カ月で三〇〇人が脱落した。病気、精神障害、逃亡などである。この欠員を、募集をしていなかった朝鮮北部の四道から急拠、補塡して訓練が続けられた。

精神教育は、軍人と同じように「軍人勅諭」と「戦陣訓」を軸にして行なわれた。

「軍人勅諭」とは「我国の軍隊は世々天皇の統率し給ふ所にぞある」で始まる勅諭である。軍隊のメシを食った者ならば、必ず暗唱させられた勅諭であり、「明治一五年一月四日、明治天皇御下賜」とある。このなかに、軍人たるものは一時もゆるがせに出来ない五カ条の教えがある。

一、軍人は忠節を尽すを本分とすへし……

一、軍人は礼儀を正くすへし……

一、軍人は武勇を尚ふへし……
一、軍人は信義を重んすへし……
一、軍人は質素を旨とすへし……

そして「勅諭」は、「天地《てんち》の公道人倫《こうだうじんりん》の常経《じやうけい》なり行《おこな》ひ易《やす》く守《まも》り易《やす》し汝等軍人能《なんぢらぐんじんよ》く朕《ちん》か訓《をしへ》に遵《したが》ひて此道《このみち》を守《まも》り行《おこな》ひ国《くに》に報《むく》ゆるの務《つとめ》を尽《つく》さは日本国《にほんこく》の蒼生挙《そうせいこぞ》りて之《これ》を悦《よろこ》ひなん朕《ちん》一人《いちにん》の懌《よろこび》のみならんや　御名御璽」と結ばれている。この「勅諭」は長文のものであり毎日毎日、この勅諭を暗唱させられ、暴力をもってたたきこまれた。理解し、その精神を体得するというのではなく、とにかく鸚鵡返しにスラスラ暗唱できなければ、ビンタが飛び、げんこつが飛んでくる。

「戦陣訓」は「生きて虜囚の辱を受けず」のあの訓《おしえ》である。俘虜の監視にあたる者に、なぜ「戦陣訓」なのか。これでは俘虜になる奴が悪いという俘虜を軽んずる考えを植えつけるだけではないのか。

軍属教育は、この二つを柱にしていた。二カ月とはいえ、初年兵教育にのっとった軍属の教育のなかで、俘虜を監視する任務についてはほとんど教えられていない。簡単な「ジュネーブ条約」についての説明があったかもしれない。俘虜取扱い規定の趣旨大要を教えたとの日本人将校の発言もあるが、教えられた側の記憶に残ったのは、「軍人勅諭」と「戦陣訓」、そして殴られた、とにかく無茶苦茶に殴られたとの思いだけだった。

こうした記憶は、李さん一人ではない。私が会うことのできた三〇人近くの元軍属だった人に共通した記憶である。

教育する時は殴る、上に立つ者は下の者を殴ってよい、軍律に違反した時は、軍法会議にまわすなど面倒なことをせずに、殴ってそれで見逃してやることが親切というものだ、死んでも俘虜になるな、俘虜になる前に自決しろ、俘虜になるなど卑怯者だ……仰々しく、俘虜取扱い規定など教えなくとも、軍属たちは、二カ月の教育のなかで、俘虜に接する自分たちの態度を体得したといってもよいだろう。

だが、こうした訓練もそれを受ける軍属のこれまでの社会的経験や民族意識のもち方によって、かなり受けとめ方が違っていた。二〇歳から三五歳までという年齢の幅が、こうした違いに拍車をかけたともいえる。

「天皇陛下の赤子」「一視同仁」「内鮮一体」などのスローガンが、くり返し叫ばれても、それが、いかに虚偽のイデオロギーか見抜いていた者もいる。クリスチャン、民族主義者、マルクス主義者とまではいかないにしても、多少そうした思想に触れたことのある者、そして、どうせ引っぱられるならばと思って観念して応募した者も、熱心な「天皇主義者」にはなれなかった。齟齬感を心のうちに秘めながら、とにかく連日の激しい訓練に耐えることのみに専念した軍属もいた。

そうしたなかで、李さんは「軍人勅諭」に何の抵抗感も抱かなかったという。それどころか、とにかく頑張らなければいけないとの気持で、心身ともに訓練のなかで鍛えられたのである。一九二五(大正一四)年生まれの李さんは、「皇国臣民の誓い」を暗唱し、朝鮮語の使用を禁止された学校教育のなかで成長してきた。

皇国臣民への道

李さんが、当時の普通学校と呼ばれた朝鮮人の小学校に入学したのは、九歳の時である。それまでは書堂(漢文を中心にした寺子屋教育)に通って漢文を学び、中国の歴史を勉強していた。パジをはき、長くのばした髪を束ねて、きれいな布切れを結んで、書堂に通っていた。

小学校へ入学する朝、その束ねた髪を切り落とした。多分、お父さんが切ったと思うが、鋏でチョキチョキ切ったことは、李さんの記憶に鮮明に残っている。一九三四(昭九)年のことである。

長髪を切り落としたことは、書堂での勉強を捨て、さらに朝鮮の歴史や文化から自らを切り離して、「近代的」な日本の教育への転進を象徴するかのようだった。山深い山村で普通学校へ通う子供は、いまだ少なかった。晴れがましい入学式の朝、長髪を切り落とした李さんは、六キロの道のりを喜びいさんで登校した。だが、その道が「皇国臣民」への道であったことを知るようになったのは、戦後になってからである。

李さんが、「国語を常用せざる者」のための普通学校に入学した一九三四年頃、就学者は全朝鮮で約三〇％強、女では五％強だった。特に田舎では、就学希望者は少なかった。在学生徒数五三万四五八五人、学校数は二〇一五校あったが、一面に一校のわりで普通学校が設置されるまでには至っていなかった(『文部省推選派遣教育家の見たる鮮満事情』)。だが、第二次朝鮮教育令のこの時期は、学校の増設に力が注がれていた。「一視同仁」の名のもと、「内鮮共学」という名の同化教育を実施するためである。

李さんの通った普通学校は、四年制、校長は日本人だったが、教師は全部で三人、皆「うちの国の人」だった。

普通学校の授業時間数は、一年の時に、修身2、国語(日本語のこと)10、朝鮮語および漢文6、算術6、唱歌体操3となっている。二年生は、修身の時間が一時間減るほかは、一年の時と同じである。三年、四年になると朝鮮語および漢文の時間も一時間減って、かわりに理科が二時間となる。

授業時間数で、国語と称する日本語の時間が一番多い。これは四年生になるまで毎週一〇時間の時間数をとっている。全時間数の三分の一を日本語教育に充てた日本語普及、これが「一視同仁」の名のもとにおける教育の現状であった。

一九三四年五月、こうした朝鮮の普通学校を視察した日本人小学校長は、その実情を次のように報告している。

(二)　国語を通じて魂の純化

国語が如何に国民性陶冶に大きな力を持ってゐるかは今更玆に論ずるまでもない。朝鮮の初等教育に於て最も力瘤を入れてゐるのは国語教育である。普通学校には朝鮮人である教員も漸次増してゐるが、教室に於ける教授用語は絶対に国語を使用し、朝鮮語を話す事を許されない。初等一年の如き小さな子供も『ココニ本ガアリマス』『人ガキマス』などと、アクセントに変なぎこちなさはあるが、非常に熱心に学習してゐる。高等級では児童同士相互に自学的に、かつて内地の一部の学校で盛に試みられた討論式学習を滔々とやってゐる。唱歌なども我々の耳馴れた、我々の生活を歌ったやうなものを朗かに歌って居る様子などを見ると、当然といへば当然だが、目頭が熱《ママ》なくるまでに、いぢらしさと嬉しさとを感じたのである。

『此の普通学校で国語のテストをやったが、内地一流の学校に比して何等遜色がない。』などの気焔もきかされたが、実に結構である。吾々が校門を入ると校庭で遊んでゐる子供が走り寄って挨拶をする。『君は何年生かね』と問へば、僕は四年などと愛くるしく答へる。語を通じてすぐ魂と魂とが触れあふ。ほんとに嬉しいものだ。恐らく朝鮮の何処へ行っても吾々一人で用を弁ずるであらう程に国語が普及した。どの学校でも殆んど例外なしに国旗掲揚台を持ってゐる。同じ語で話し合ひ、そして同じ日の丸の国旗を打仰ぐ、もう是だけで初等教育の目的の大半は尽きてゐるのではなからうか。」（前掲『鮮満事情』）

昭和九年といえば、李さんが普通学校に入学した年である。李さんもまた、「ココニ本ガアリマス」「人ガヰマス」と勉強しながら、日の丸を仰ぎ見ていたのだろうか。この報告書によると教授用語は日本語を使っていたというが、この時期には、学校における朝鮮語の使用は、正式には禁止されていないはずである。

李さんの学校は山村にある。日本語の使用といっても教室のなかだけのことであり、家に帰れば、父親の仕事を手伝い、友達とは朝鮮語で遊んでいた。こうした子供たちの二重言語生活を当局は早くから見抜き、子供たちの世界を日本語一色に統一しようとしたのである。

李さんが四年生になった一九三八（昭一三）年、第三次の朝鮮教育令が出された（三月四日）。これは前年の日中戦争の開始とともに、大陸兵站基地としての朝鮮の再編に伴う教育改革であった。「一視同仁」「内鮮融和」をさらにすすめて、朝鮮人を「皇国臣民」としてひたすら天皇に奉仕する人間に育成するための改編である。

小学校規程はその目的をはっきり謳っている。

「第一条　小学校ハ児童身体ノ健全ナル発達ニ留意シテ国民道徳ヲ涵養シ国民生活ニ必須ナル普通ノ知能ヲ得シメ以テ忠良ナル皇国臣民ヲ育成スルニ力ムベキモノトス」

忠良なる皇国臣民を育成するといっても、具体的には何をしようというのだろうか。公州女子師範学校附属小学校が、実習生用の手引書として書いた『新令教育の実践』と題する本のなかには、「忠良なる皇国臣民の育成」とはいかなることか、次のように解説している。

「万世一系の天皇の治しめす国を皇国という。万邦中ひとり我が国あるのみ。義は君臣情は父子の間柄にあって尽忠奉公の誠を致す地位を臣民という。権義の国にこの事実はない。
皇国臣民とは大御宝と宣わせ給う、われ等臣民である。爾臣民と宣わせ給う、われ等臣民である。この尊き臣民をば『海行かば水漬屍山行かば草むす屍』と希う皇国の人柱として、おおし立つることが教育である。」

すべてを天皇に捧げ、天皇のために喜んで死ぬ人間をつくること、これが教育というのである。解説それ自体が抽象的でその理念は一向にはっきりしないが、とにかく天皇帰一の思考の形成をめざしていることだけは、はっきりしている。

李さんの学校生活も変化してきた。一番大きな変化は、朝鮮語の授業がなくなったことである。授業がなくなっただけでなく、学校で朝鮮語を使うことも禁止されていた。校庭で遊んでいる時、朝鮮語を使っておこられたことは、今でも忘れないと言う。

毎朝、朝礼の時は、皇居の方向にむかって恭しく遥拝をし、『皇国臣民の誓い』を斉唱することも、一九三七(昭一二)年よりはじまっていた。

一、私共ハ大日本帝国ノ臣民デアリマス
二、私共ハ心ヲ合セテ天皇陛下ニ忠義ヲ尽シマス
三、私共ハ忍苦鍛錬シテ立派ナ強イ国民ニナリマス

毎朝この誓いを大声で斉唱するのである。それだけでなく、「学校家庭連絡票」には、神棚の有無、家族の神社参拝の有無、国旗の有無の記入の項目があり、子供が「神社参拝ハ喜ンデナスヤ」の記入もある(前掲『新令教育の実践』)。

こうした日課のほかに、教科のなかでもまた皇国臣民の道が教えこまれた。李さんの使った「初等国史」第六学年用には、第二五課「東亜のかなめ」のなかに次のような記述があった。

「朝鮮の政治は、代々の総督が、ひたすら一視同仁のおぼしめしをひろめることに力をつくしたので、わづか三十年ほどの間に、たいそう進みました。したがって、世の中はおだやかになって、産業は開発され、中でも、農業や、鉱業の進みが著しく、近年は工業の発達もめざましく、海陸の交通機関はそなはり、商業がにぎはひ、貿易は年ごとに発展してゆきました。また教育がひろまり、文化が進むにつれて、風俗やならはしなども、しだいに内地とかはりないやうになり、制度もつぎつぎに改められて、内鮮一体のすがたがそなはってゆきます。地方の政治には自治がひろまり、教育も内地と同じきまりになりました。とりわけ、陸軍では、特別志願兵の制度ができて、朝鮮の人々も国防のつとめをになひ、すでに戦争に出て勇ましい戦死をとげ、靖国神社にまつられて、護国の神となったものもあり、氏を称へることがゆるされて、内地と同じに家の名前をつけるやうになりました。今日では朝鮮地方二千三百万の住民は、国民総力朝鮮聯盟を組織し、一斉に皇国臣民の誓詞をとなへて信愛協力し、内鮮一体のまごころをあらはし、忠君愛国の志気にもえて、みなひとすぢに皇国の目あてに向かって進んでゐます。とりわけ、支那事変がおこってからは、朝鮮地方の地位がきはめて重くなり、大陸前進の基地として、東亜共栄圏を建設するもとゐになり、わが国発展の上に大きな役割をになって、内鮮一体のまごころは、ますますみがきあげられて、日に月に光をそへてゆきます。」(朝鮮総督府『初等国史　第五学年第六学年』)

教科書の一言一句が記憶に残っていることなどありえないが、こうした国史を勉強させられた李さんが、朝鮮史を正しく見る眼を持てなかったとしても仕方がなかったのではないのか。

学校では志願兵李仁錫《イインソク》が山西省の戦闘で戦死し、第一七回論功行賞で功七級勲八等を授けられたことも、もちろん先生から聞いている。教室にあった大きな絵めくりに描かれていた李仁錫のことも覚えている。だが、何より李さんの印象に残っているのは、卒業前後、村で急に目につきだした志願兵のことである。

小学校の先輩に志願兵がいた。彼が面に戻ってきた時の歓待ぶりはすさまじく、〝ムラをあげて〟の形容がピッタリするほどだったという。一人、山に登ってラッパをふく志願兵の姿を見て、憧れたのもこの頃である。社会全体が志願兵を持ちあげる雰囲気があり、配給も最優先、役場でも特別扱い、警察も一目おくといった具合で、志願兵は、ムラの英雄のような存在だった。皇国臣民の教育を受けてきた李さんには、そうした志願兵を批判する思考の軸が形成されていなかった。日本の支配者層は全力をあげて、朝鮮人の子供たちを「忠良なる皇国臣民」として育成しようとしていたのである。李さん一人が違った考え方を持つなど不可能だった。

だが、李さんが「皇国臣民」として立派に育っていないことは、卒業後の歩みをみればはっきりしている。「お国のため」といわれても兵隊には行きたくない、志願兵もいや、まして炭鉱はもっといやだというのだから、当局の思惑どおりには、子供たちに天皇帰一の思想が定着していない。しかし、李さんが軍属に志願して「軍人勅諭」を暗唱させられると、何の抵抗感もなく受け入れることができたのは、小学校の皇民化教育の影響を考えることができるだろう。

最年少の李さんは、第三次教育改革にかかったが、三歳以上も年上だった他の軍属たちは、普通学校における皇民化教育を受けずにすんでいる。この時代の三歳という年齢の差は、今日では考えられないほど大きな意味をもっていた。キリスト教徒のある軍属は、軍人勅諭を一通り暗唱はしていても信じていたわけではない。「満州」を放浪してきた人には五族協和の実態が見えていた。世のなかに出て一人前の仕事をしてきた人には、世のなかを上手にわたる知恵が身についている。

三二二四人が一斉に「軍人勅諭」を暗唱したとしても、その許容の仕方にはかなりの差があった。だが李さんは、そんなことを考える余裕すらなかったようだ。年齢のハンディを克服して、何とか脱落しないように、それだけを考えての毎日だった。二カ月の訓練が終わった頃には、立派な体格の堂々とした軍属に変身していた。

俘虜収容所の監視員の募集は、大々的に宣伝された。その条件を見て自ら応募したのだから、彼らは志願してきたのだと日本政府は主張する。確かに形式は志願である。しかし、時代はまったくの閉塞状況にあった。当時の朝鮮の青年にとって、自由な人生の選択はなかった。兵隊に行くか、炭鉱か、それが厭で、応募した人もかなりいたと思われる。鉄砲を持ちたくないから軍属になった人もいる。家庭内のイザコザから応募した人もいた。五〇円という月給に魅力を感じた人、二年という契約に魅力を感じた人、おそらく応募の動機は一人・人異なるだろう。自らの人生を選択できない青年たちが、よりよいと思って選択したのが監視員という仕事だった。物理的に強制されて連れていかれたわけではなかったが、心理的には強制されていた。これを志願と呼ぶにはあまりにも時代は厳しかった。

李さんたちは志願という言葉を使わない。それは、形式は志願ではあったが、志願するように追いこまれた心理的強制を問題にしたいからである。

俘虜収容所の監視員募集は、志願という名の強制徴用だった、それが李さんたち軍属の今日もなお共通した思いである。

Ⅲ　戦争犯罪裁判と朝鮮人軍属

1　戦争犯罪とは何か

さまざまな八・一五

一九四五（昭二〇）年八月一五日、日本の侵略戦争は、無条件降伏という形で終わった。朝鮮人軍属たちの故国朝鮮では、この日、大極旗がはためき、「万歳《マンセー》！」の声が大地にこだました。祖国解放を喜ぶ人々の行列がいくつも生まれ、長い長い冬の時代が終わった喜びが町に村に、全土にあふれていた。

祖国から遠く離れた南の地で、敗戦―解放を迎えた朝鮮人軍属たちは、日本の混乱した戦局そのままに、さまざまな八月一五日を迎えていた。パレンバンにいた鄭殷錫さんは、敗戦を知らずに従来と同じように俘虜を監視する仕事を続けていた。日本人上官と何かにつけてトラブルが絶えなかった同じパレンバンにいた兪東祚さんにとっては、八月一五日は解放そのものだった。上官に反抗して、「軍法会議にまわす」と言われたこともあった。二カ月の謹慎処分をくらったこともあった。みんな上官に口答えしたためである。日本の敗戦を聞いて、彼は、船一隻を何とか調達して、それに食糧、水を積み、機関銃を何挺かもって、島づたいに帰ることを計画した。

兪さんが、この計画を中断したのは、同じ軍属だった松原寶龍さんの忠告に従ったからだ。松原と当時名乗っていたこの人は、兪さんより一〇歳以上も年上だった。俘虜にも大変よくしていた人で、敗戦後、戦犯リストをもってパレンバンにやってきた英軍の中佐が、いの一番に探したのが松原さんだったという。戦犯ではなく、世話になった彼の身を心配してのことである。

中佐は、パレンバン市内の〝トキワ・ホテル〟に陣どっていた。松原さんとともに中佐を訪ねた兪さんは、単刀直入に言った。

「オレは朝鮮人である。自分の国は解放され、これから国づくりに力を注がねばならない。むこうには人材も少ないことだから、一日も早く帰りたい。ついては、自分は船を調達して自力で帰ろうと思っているがあなたのお考えを伺いたい。もし、あなたたちが早く帰す意志があれば、この計画を断念してもよい。」

中佐は、こうした質問に、戦争も終わったことだし、そういう無謀なことはやめるように、何カ月かはかかるだろうが、あなたたちを捕まえることはないからと答えたという。通訳は、兪さんの仲間の軍属平山勝元さんがやっていた。この回答を得て、兪さんはあまり成功の見込みがない、船による自力帰国の道を断念したのである。
中佐の言葉を信用して、パレンバンに待機していた彼を待っていたのは、俘虜虐待の容疑による戦争裁判だった。

敗戦後、パレンバンの俘虜収容所に配属された山内秀敏主計曹長の話によると、八月一五日から四～五カ月間、朝鮮人軍属六四人と日本人一〇人が、オランダなど連合国の俘虜五〇〇人の食糧調達にあたっていた。ある日、朝鮮人軍属たちは「われわれは戦勝国民である。よって、日本軍の指揮下には入らない」と言って出ていってしまった。この六四人のなかに鄭さんや兪さんが入っていたはずだが、お互いに記憶にない。いずれにしてもパレンバンの町では、かつて収容所に勤務していた朝鮮人軍属だけが集まって自活を始めたのである。
日本軍のゆくところどこでも慰安所がついてまわった。パレンバン市内も例外ではなかった。敗戦で、かつての軍隊の階級が崩壊しかかっていた時、軍の慰安所もまた性の「フリーマーケット」のような状態だった。「女」の値段が民族によって決められていたという。

インドネシア人の慰安婦　一円
中国人の慰安婦　一〇円

朝鮮人の慰安婦　一〇〇円
日本人の慰安婦　一〇〇〇円

現実にはこのようになっていたわけではないが、兵隊の間では、「女の値段」がこのように伝えられていた。「大東亜共栄圏」の民族差別の構造が、慰安婦の「値段」のなかにも、はっきり映し出されていた。

自活を始めた朝鮮人軍属のなかには、かねてなじみの女性のところへころがり込んだ者もいた。結婚した者もいたと山内曹長は語っている。

一九四五(昭二〇)年一二月二一日、帰国の乗船命令が出た。帰国を前に、男と女の間に潜在していた亀裂がはっきりしはじめた。男は、朝鮮へ帰るという。女はとても朝鮮へ帰れないから日本へ行きたいという。こうして、何組かの軍属と慰安婦の結びつきがあっけなくこわれた。結婚の意志をもっていた者たちもまた、俘虜収容所に勤務していた軍属全員が、連合国軍に捕らえられたことによって、実質的には離別せざるをえなかった。

一九四六年一月一日、朝鮮人軍属を残して、帰還する日本人、朝鮮人を乗せた駆逐艦が、パレンバンの船つき場を離れていった。残された軍属たちは別途に収容されて、シンガポールへと護送されていった。

シンガポールには、タイのバンコクで解放を迎えた李鶴来さんも送られてきた。一九四六年四月下旬である。

メダンのマレー俘虜収容所第一分所に勤務していた軍属もシンガポールに送られてきた。

ハルク島で飛行場建設にあたっていた李義吉さんは、重大犯罪人のように、分所長の阿南三蘇男中佐、バンブー・モリの名で俘虜におそれられていた森正男曹長と一緒に、飛行機でチャンギへ送られてきた。彼もまた、戦争裁判にかかるなど夢にも思っていなかったので、バンドンで俘虜名簿の整理をし、連合軍にそれを引き渡したのである。その四日後に逮捕されて、シンガポール送りとなった。こうして、シンガポールのチャンギ刑務所には、一時、七二〇〇名にものぼる戦犯容疑者が収容されていたが、このうち朝鮮人軍属の数は六〇〇名にのぼった。

誰もが戦犯になることなど考えてもいなかった。この戦争は日本の侵略戦争である。志願という形だったが植民地の人間として半ば強制的に徴用されていた。今や朝鮮は解放された。自分たちは人を殺した覚えも、個人的なうらみで虐待した覚えもない。日本人ではない、まして軍人でもない自分たちが、日本の戦争責任を裁く裁判とかかわりがあろうはずがないと考えていたのである。帰国の日を心待ちにしていた彼らを待っていたのは、全員収容という名の無差別の身柄拘束だった。罪状は収容後の首実検と告発によって決定していく。

ジャワの第一六軍拘禁所で八・一五を迎えた朝鮮人軍属たちもいた。日本軍政下のジャワで抗日独立組織「高麗独立青年党」を組織して、軍法会議で懲役刑を言い渡された人たちである。湿気と栄養失調にさいなまれ、自力では歩行も困難となっていた彼らが、日本の敗戦を知ったのは、八月も下旬になってからである。

日本帝国主義を打倒し、祖国朝鮮の解放をかちとろうと、ジャワで、抗日秘密結社を組織した。だが、日本に一矢も報いることができないまま獄につながれてしまった。無念の思いを抱いて獄中生活を送っていた党員たちを迎えに来たのが、「在ジャワ朝鮮人民会」に結集した軍属だった。敗戦の年の九月四日である。

ジャワ島にいた朝鮮人はすべて、ジャカルタ、バンドン、スマランの朝鮮人民会へ結集するよう放送が流れた。ジャカルタの人民会には、軍属だけでなく、民間人、慰安婦として連行されてきた女性も集結していた。ジャワの大空に大極旗がひるがえり、この旗の下に、朝鮮人は規律ある生活を送りながら帰国の日を待っていたのである。

バンドンの旅団司令部で主計将校として勤務していた大庭定男氏によれば、バンドンの地に集結した朝鮮人たちは規律もよく、司令部との連絡も十分に行なっており、非常に感じがよかったという。ジャカルタでもスマランでもおそらく同じだっただろう。抗日秘密結社をつくりあげた高麗独立青年党の党員と組織メンバーが、その組織の運営にあたっていた。帰国までの八カ月間、彼らは朝鮮語を学び朝鮮史を勉強するなど、日本の皇民化教育のなかで奪われていた民族の主体性をとりもどすことに力を注いでいたのである。

だが、ジャワでも朝鮮人軍属たちの帰国は許可されなかった。ある者は船でそのままシンガポールのチャンギ刑務所へ、また、ジャカルタのチピナン刑務所に収容された軍属もいた。いずれも戦犯追及のためである。

サイゴン、バンコク、シンガポール、メダン、パレンバン、ジャカルタ、バンドン、スラバヤ……朝鮮人軍属たちは、どの地域においても朝鮮人だけで集結している。それは朝鮮人の側が、われわれは戦勝国民である、もはや日本軍の命令を受ける理由はないと主張したこと、また、戦争中より頻繁にあった日本人下士官や兵とのいざこざから、自分たちを守るために自然発生的にまとまったのである。だが、高麗人会、朝鮮人民会、韓国人会と名前こそまちまちだが、各地でこのように足並みをそろえて自治組織をつくり、集結していることは、朝鮮人側だけの要求とは思われない。敗戦後、日本人の上官から、各自、人民会へ集結するよう言われている人もいる。朝鮮人のみの集結は日本軍の方針だったのだろうか。

厚生省の『続々・引揚援護の記録』によれば、「外地」にあっては、武装解除の直後、連合国軍側の要求によって、朝鮮人・台湾人は日本人から分離して収容され、直接、その本籍地に送還されたとある。たとえば、支那派遣軍に所属していた朝鮮人の軍人軍属は、上海に樹立されていた韓国臨時政府がその身柄を受けとったというし、イギリス軍の管轄下にあった朝鮮人・台湾人も、日本軍隊から分離して収容され、直接、本籍地へ送還された。

日本人と朝鮮人・台湾人の分離集結は、連合国軍の要求として、日本軍へ伝達され、日本軍の指示によって行なわれたと考えるのが妥当なようだ。そして、この分離集結は、朝鮮人の側の要求でもあったので、混乱なく実施されたのである。

日本軍の命令による集結であったからこそ、ジャカルタの貨物廠はトラック九台分もの生活物資をよこしたのであろう。各地とも朝鮮人の自治組織には、大量の食糧、衣服、軍票などが何のトラブルもなく支給されている。

戦争犯罪とは何か

日本軍の最末端で、俘虜の監視をしていた朝鮮人軍属たちには知らされなかったが、日本が受諾したポツダム宣言の第十項には「吾らの俘虜を虐待せる者を含む一切の戦争犯罪人に対しては厳重なる処罰を加えらるべし」との文言があった。俘虜虐待に対する戦犯追及は、連合国の当初よりの方針だったのである。

ドイツ、イタリアの俘虜となった連合国軍二三万五四七三名のうち、収容中に死亡した者は九六四八人、死亡率は四％であった。これに対し日本の俘虜となった米英の俘虜一三万二一三四人のうち三万五七五六人が死亡している。死亡率は二七%にも達した(『速記録　判決速記録』)。

こうした驚くべき俘虜の死亡に対して、連合国は厳しい姿勢で臨んだ。米、英、豪、蘭、比、中国(国民政府)の七カ国が「通例の戦争犯罪」を裁いた裁判(いわゆるBC級戦犯裁判)では、俘虜収容所関係が全起訴件数の一六%を占めている。起訴された人数も全体の一七%、有罪者は二七%、死刑は一一%となっている(法務大臣官房司法法制調査部『戦争犯罪裁判概史要』)。

有罪者の四人に一人が収容所関係者であったことは、連合国によるBC級戦犯裁判のひとつの特徴といえるだろう。この関係者のなかに朝鮮人、台湾人軍属たちがいたことは、すでに述べた通りである。

なお、参考までに憲兵について記せば、全件数の二七%、全被起訴人員の二七%、全有罪者の三六%そして死刑の三〇%を占めている(同右)。

一九四一年一二月、アメリカは、日本政府へ俘虜の取扱いに関する条約(ジュネーブ条約)を遵守するように申し入れてきた。日本が「準用」の回答を送ったことはすでに述べた通りである。それから三年半、連合国は、何回となく日本の俘虜取扱いに抗議を申し入れている。スイス公使を通じて行なわれた俘虜収容所訪問の要請だけでも一三四回も行なわれている。また、ラジオを通じて日本の軍隊によって犯されている残虐行為と、その他の戦争法規違反が放送されていた。こうした行為が、日本政府の戦争責任を問うことになるとの警告もなされていた。

俘虜虐待に対する連合国の公式抗議とラジオを通じての抗議と警告は、詳細かつ具体的なものであった。この公式抗議はもちろん、ラジオでなされた抗議も日本の外務省はすべて記録し、各省に配布していた。たとえば、一九四二(昭一七)年九月一五日、スイス公使から次のような抗議が届いている。

「総理大臣閣下

英国政府より左記抗議を日本政府に提出なすよう要請ありたる事を閣下に御通告致すの光栄を有す。

『確実なる筋よりの報道に依れば蘭貢刑務所(ビルマ・ラングーン)に収容され居る俘虜は次の如き取扱を受く。

㈠糧食は一日二回にして「パン」、塩、水に限られ時折野菜の発給あり。

㈡俘虜は床の上に粗麻布又は板のみを敷き睡眠しあり。

㈢紙巻煙草又は煙草は支給されず。

㈣俘虜の靴は没収され跣足にて重労働を強制さる。

斯かる非人道的取扱いの為俘虜の身体は虚弱となり痩せ衰え元気なき有様なり。英国政府は陸軍現地当局が遠隔の作戦地区にて行い居る野蛮的行為を日本政府が知らざるものと思惟す。

前述の㈠㈡㈢に対しては如何なる申訳あるとも俘虜の靴を没収せる事に対しては申訳ある筈なし。

英国政府は斯かる条約違背行為に対して強硬に抗議し、速なる匡正を要求するものなり。』

日本政府の応答を小官宛御知らせ下さらば幸甚なり。

此の機会に更めて深甚なる敬意を表す。

瑞西公使

東京　総理大臣兼外務大臣　東条英機閣下」

（『速記録』一四八号）

こうした内容の抗議文が中立国を通して頻繁に外務省のもとに届いた。これはすべて各省に配布されていた。日本政府当局は、連合国が何に最も神経をとがらせていたか、よく知っていたことになる。そして、これらの抗議を無視したことによる戦争責任の追及があることも当然、予期していただろう。

一九四五年八月二〇日、俘虜収容所長の名において次の緊急電報が発信された。

「俘虜及抑留者を虐待し或は甚だしく俘虜より悪感情を懐かれある職員は、此の際速かに他に転属或は行衛を一斉に晦す如く処理するを可とす、又敵に任ずるを不利とする書類も秘密書類同様用済の後は必ず廃棄のこと。」(『速記録』一四八号)

あて先は、台湾軍、朝鮮軍、関東軍、北支方面軍等、参考としてマレー、ボルネオ、ジャワの各俘虜収容所長等にも送られている。

危ないと思う奴は逃げろ、また都合の悪い書類は焼却しろとの指令である。この指令が忠実に実行されたか否かはっきりしない。だが、この指令が出された頃は、バンコクでもメダン、パレンバン、ジャカルタ、どの地でも連合国軍の進駐は行なわれておらず、逃げようと思えば逃亡できる状態にあった。しかし、軍属たちは逃げなかった。自分の行為が、他と比べて特別に残虐だとか問題があるとは考えなかったからである。

さらに、「ジュネーブ条約」の存在すらはっきり教えられなかった軍属たちに、連合国からこうした抗議が届いていることも、知らされていなかった。また、逃亡をうながす指令についても知らされていない。

俘虜虐待が追及の重要な位置を占めていることなど、予想もしていなかったのである。

英国の戦犯定義

ところが、連合国の側は、日本軍の武装解除と同時に、〝戦犯狩り〟を開始した。詳細な戦犯リストをもっていたのである。

シンガポールでの〝戦犯狩り〟について、篠崎護は、その著『シンガポール占領秘録』のなかで、戦犯調査班長デービス大佐のリストには、四〇〇〇人の容疑者の名前が記入されていたと書いている。英軍は上陸すると直ちに活動を開始し、一斉に〝戦犯狩り〟が始まった。容疑者はオートラム刑務所とチャンギ刑務所に収容され、被害者からの証拠を集めて、連日の取調べが始まった。

この時の英軍の方針は「目には目、歯には歯」というもので、報復的に、まず俘虜収容所関係と泰緬鉄道関係が、次に憲兵隊と住民虐殺関係が起訴されていった。

バンコクの李鶴来さん、パレンバンの兪東祚さん、鄭殷錫さん、ジャワの李義吉さんたちが、次々とシンガポールへ護送され、取調べを受けたのは、デービス大佐のリストに、その名前が掲載されていたからなのだろう。そして、彼らが俘虜収容所の監視員として勤務中、その名前と顔を俘虜に覚えられていたことが、リストに名前を連ねる原因となったのではないのか。労務や食糧の担当として、三年半も勤務していれば、俘虜との間のいざこざから、殴ることはもちろん、無理に労働に出すこともある。殴られた本

表Ⅲ-1 BC級戦犯裁判判決と朝鮮人戦犯数

裁判国	アメリカ	イギリス	オーストラリア	オランダ	フランス	フィリピン	中国	計
件　数	456	330	294	448	39	72	605	2,244
人　数	1,453	978	949	1,038	230	169	883	5,700
日本人	1,446	896	849	963	230	169	826	5,379
朝鮮人	3	56	5	68	0	0	16	148
台湾人	4	26	95	7	0	0	41	173
人数の内訳								
死　刑	143(3)	223	153	236(10)	63(37)	17	149	*984
朝鮮人	1	10	—	4	—	—	8	23
台湾人	1	6	7	2	—	—	5	21
無　期	162(2)	54	38	28(1)	23(4)	87	83	475
朝鮮人	—	9	1	—	—	—	8	18
台湾人	—	—	—	—	—	—	—	—
有　期	871	502	455	705	112(2)	27	272	2,944
朝鮮人	2	37	4	64	—	—	—	107
台湾人	3	20	84	5	—	—	35	147
無　罪	188	116	267	55	31	11	350	1,018
その他	89	83	36	14	1	27	29	**279
朝鮮人	—	—	—	—	—	—	—	—
台湾人	—	—	4	—	—	—	1	5

注）*（　）内は判決確定後減刑された数．死刑を執行された人員は，920人
**「その他」は公訴棄却，死亡，逃亡等である
極東国際軍事裁判の戦犯(A級)は，絞首刑7名，終身禁錮刑16名，有期禁錮刑2名(20年と7年)

出所）法務大臣官房司法法制調査部『戦争犯罪裁判概史要』1973年，34ページ．『韓国出身戦犯者同進会名簿』『台湾出身戦犯者同志会資料』より作成

表Ⅲ-2　裁判国・刑期別朝鮮人戦犯者数

	アメリカ	イギリス	オーストラリア	オランダ	中国	計
死　刑	1	10		4	8	23
終　身		9	1		8	18
20年		2	1	1		4
18				3		3
15		4	1	9		14
14				1		1
12			2	5		7
11年半				1		1
10	2	13		10		25
9				1		1
8				7		7
7		3		4		7
6		4		6		10
5		2		8		10
4				1		1
3		6		5		11
2年半				1		1
2		2		1		3
1年半		1				1
計	3	56	5	68	16	148人

出所）在巣鴨韓人会『韓国人名簿』1952年より作成

人はもちろん、強制的に労働に出された者は、その加害者の名前を脳裏に焼きつけている。日本の敗戦によって彼我の力関係が逆転すると、監視員が忘れていたような些細とも思われるようなことまで告発される場合もあった。その告発は時には不当と思われることもあるが、自分が被害者、抑圧される側にまわって、初めて事態の深刻さに気づいたのである。

食糧問題はその典型であろう。一日四〇〇グラムで重労働をしいられていた俘虜は、骨と皮ばかりにやせ細った。一〇〇キロ以上の巨体だったあるオランダ人が五〇キロをきっていたというが、チャンギ刑務所で英軍がやったことは、まさに、こうした飢餓への報復だった。鄭さんの記憶によれば、食事は一日二回、朝七時にビスケットが三枚と三分の一、これが途中でなくなって、時には二枚と五分の一とか四分の一、それにお茶が一パイ。午後二時に、皆が〝ドロンコ〟と呼んでいたトウモロコシの粉かタピオカの粉を水でといたようなドロドロとしたものを、飯盒の底に五センチほど、箸もスプーンも使う必要がなかった。その液状のものを一気に飲みほす。これで一日の食事が終わる。もちろん毎日が同じではなく、科学的に殺さぬようカロリーが計算されていて、毎日ビスケットの量が少しずつ増やされたかと思うと、今度は、毎日減少していく。最後には二枚と五分の一になるというような精神的拷問もあった。常に飢餓感にさいなまれるように英国は管理したという。

今度は収容されている日本人と朝鮮人が骨と皮ばかりになり、骨がカタカタと音をたてはじめた。チャンギ刑務所のこうした暮らしと並行して、裁判が進行していったのである。この措置といい、憲兵隊とともに、俘虜収容所関係者が優先された裁判といい、英国のＢＣ級裁判は俘虜虐待を重く見ていたのである。この点は、ジャカルタ（オランダは再占領後、バタビアと改称）でのオランダ（蘭印）法廷にも共通していた。

東南アジア連合地上軍戦争犯罪訓令第一号によると、マイナーな戦争犯罪人（ＢＣ級）を、次のような特定の戦争犯罪を犯した者と定義している。

(a)　正当な理由がなく行なわれた銃殺及びその他の方法による殺害
(b)　俘虜が逃走していたという虚偽の口実による銃殺及びその他の方法による殺害
(c)　暴行による致死及びその他の形態の謀殺又は故殺
(d)　射撃、銃剣による傷害、拷問及び正当事由によらない暴力の行使
(e)　その他の形態の虐待で、重大な肉体的傷害を与えるもの
(f)　金銭及び財物の窃取
(g)　正当な事由によらない拘禁
(h)　食物、飲料水及び衣料の不十分な給与
(i)　医療的配慮の欠如

(j) 病院における不当な待遇
(k) 作戦の遂行に直接の関係ある作業又は不健康若しくは危険な作業への使用
(l) 連合国人を戦闘地域の砲火にさらされた区域に抑留する行為
(m) 俘虜又は一般市民を砲火の遮蔽に利用すること、病院又は病院船を攻撃し、又は生存者に救助の措置を講じないで商船を攻撃するような事件
(n) 「拷問」又はその他の強制的方法による尋問

(法務大臣官房司法法制調査部『戦争犯罪裁判関係法令集』)

収容所に勤務していた者なら、誰でも(h)や(i)に該当する。(d)や(e)は殴打が日常茶飯事であった日本の軍隊のなかでは、常に起こりうるものである。(k)は泰緬鉄道に関わりをもった者なら誰もが該当する。特に鉄道隊はもろにその容疑を受けることになる。

(f)は「窃取」の解釈がむずかしい。俘虜はいつも腹をすかしていた。自分の持っていた時計や万年筆、ライターなどを、食べるものと交換しようとした。交換が正当に行なわれていれば「窃取」にはならない。ところが、ものがほしくて無理に交換させる、交換を強要する監視員もいた。当時は、今のように物が溢れていなかった。最近では、ダンヒルのライターもオメガの腕時計、パーカーやモンブランの万年筆も珍しくはないが、一九六〇年頃までは、舶来品と呼ばれて貴重がられていた。まして、一九四五年以前で

は、こうした品物は、庶民にとって高嶺の花である。

当時、電気もなかった山深い村から徴用されてきた李鶴来さんにとって、ダンヒルもパーカーも名前すら聞いたことのない「文明の品」だった。オメガぐらいは名前を聞いたような気がするというほど、日本とヨーロッパ、なかでも日本の植民地朝鮮の民衆とヨーロッパの人々の間の「生活水準」の差は大きいものだった。自分の管理している俘虜が、未だ見たこともない立派なものをもっている。欲しくなる。それが高じれば、監視員という立場を利用して、俘虜から半ば強制的に物をとることだってあっただろう。交換をしぶる俘虜がいると、「このヤロ！」と嚇《おど》かしたり、殴ったりした監視員もいた。腕に五つも六つも時計をはめていた監視員もいたと李さんは話していた。李さんも腕時計一個と懐中時計一個を買ったことがあるが、敗戦と戦犯容疑で収容されるというゴタゴタのなかで、みんな無くしてしまった。

私たちが、ラジオやテレビから流れるコマーシャルで、冷蔵庫を、テレビを、車を欲しくなるように、初めて見る文明の利器に欲望が刺激されるのは、今も昔も変わりない。自分の立場を利用すれば手の届くところに、腕時計やライターや万年筆がある。何とか理由をつけてそれを巻きあげる。腕に五つも六つも時計をはめてみたところで、何の役に立つわけではないが、そうやって欲望を満たしたかったのだろう。日本人、朝鮮人を問わずおそらく誰もが、この文明の道具を欲したのではないのだろうか。日本の敗戦後、立場が逆転した連合国軍の監視員が、今度はこれらの品物を奪取したことも、しばしば証言されている。

一九四六(昭二一)年一月二一日、シンガポールにおける英軍裁判が開始された。さきの篠崎氏の言によれば初期においては、日本人の弁護士も通訳も、本職は不在だった。形式だけ英軍将校が臨時に弁護人となり、通訳はほとんどが日本で生まれた英人女性とかその他の臨時の者であり、まず言葉の点で被告ははなはだ不利だった。そのために、抗弁したくても、抗弁できないことが多かったという。そして、裁判は、目を移す暇もないぐらいのスピード裁判で、一審即決、簡単に死刑の判決が下された。軍事裁判なので上告審がなく、死刑判決の一週後か長くて二カ月以内に処刑された。

タイ俘虜収容所、ジャワ俘虜収容所、マレー俘虜収容所の監視員だった朝鮮人軍属が法廷に立たされる時がやってきた。

連合国は、朝鮮人、台湾人を日本人と別に集結させ、直接、本国に送還しようとしていた。それにもかかわらず、戦争裁判に関しては、なぜ、日本人と朝鮮人を別個に扱おうとしなかったたか。その経緯については明らかではない。明らかなのは、一九四五年一二月一一日と一三日に、シンガポールで開かれた蘭領印度検事総長と英国当局との会談において、次のことが確認されたことである。

「戦争犯罪に関する限り、朝鮮人は日本人として取り扱われる。」

朝鮮人軍属たちはまさか戦犯に関してのみ、日本人なみになるとは、想像もしていなかった。自分たちの運命にかかわる重大な問題が常に頭越しに決定されていく。知らないところで、自分の運命が変えられていくのは、何もこの時ばかりではなかった。しかし、戦犯追及だけは誰も予想もしていなかった。戦争犯罪人としての追及が始まった。

東南アジア連合地上軍最高司令部などは、新聞に対し、裁判の進行および行なわれようとする裁判に関して「新聞発表」を行なうことにしていた。公衆の関心を維持し、かつ証拠をたずさえて人々が出頭するようにさせるために、新聞などに戦争犯罪裁判を周知させるようにしていた。

被害者の家族が生存している華僑虐殺裁判には、市内のヴィクトリア・メモリアル・ホールが使用されたが、シンガポール全市は凄まじいばかりの反日気運がみなぎっていた。そのなかでの裁判である。法廷を埋めつくした遺族のなかから憎悪の声があふれていたことだろう。だが、収容所関係の裁判の多くは、市内につくられた十カ所の、傍聴人もほとんどいない法廷で開かれた。暑さのため時には眠気をさそうような閑散とした法廷のなかで、判事と弁護士、通訳、検事そして被告人だけの裁判が進められていった。

2　李鶴来さんの場合——シンガポールのオーストラリア法廷

却下された起訴状

泰緬鉄道の建設にあたる俘虜を監視していた李鶴来さんが、バンコクのバンワン刑務所から、シンガポールのチャンギ刑務所に送られてきたのは、一九四六(昭和二一)年四月下旬である。九月中旬にたった一回の取調べを受けただけである。取調べにあたった係官とのやりとりは李さんの記憶によれば次のようなものだった。

調査官「俘虜の患者が多く死亡したというが、そのことを知っているか」
李　「知らない」
調査官「鉄道隊の兵隊が俘虜を殴打して死んだというが知っているか」
李　「そんなことはない」
調査官「正直にいわないと君のためにならないぞ。日本軍宿舎と鉄道隊の距離はどのくらいか」
李　「約四五〇〇メートルで柵で境界になっている」
調査官「臼杵大尉との関係は」
李　「分遣所長であり、私の上官である」

こんな内容の取調べを受けたあと、李さんは特別監視のため独房に監禁された。起訴されたのである。取調べから一週間程たった九月二五日、連絡将校が起訴状をもってきた。それにはオーストラリア人俘虜四名が名をつらねていた。いずれも李さんの知らない名前だった。その内容は次の三点にわたっている。

一、ヒラムラは、ヒントク収容所長で管理将校であった。所内の設備は不備、給養、被服、医薬は不足していた。

二、部下の統御が悪く、部下の暴行を阻止しなかった。

三、患者を就労させた。

いずれも、一九四三(昭一八)年三月から八月にいたるヒントク分駐所での出来事が対象となっていた。ヒラムラとは李さんの日本名ヒロムラをなまって発音したものである。李さんが将校だったことはない。

李さんは、自分は軍属傭人で、将校という身分でもなければ、そういう権限もなかったとして起訴状の内容を否認した。連絡将校は、その日は起訴状をもって帰ったが、三日後ふたたび同じ起訴状をもってやってきた。

「お前がこの起訴状を受けても受けなくても、この起訴状によって裁判をする。」

裁判がいつ始まるか分からない。弁護士も一回会っただけで、何の打合せもなかった。独房のなかの孤独な毎日は、見捨てられたような不安と寂寥感に襲われる。毎晩のように監視兵の暴行が続く。昼は照っても降っても一〇坪ばかりの空き地に出される。二〇歳になったばかりの若い李さんにとって、肉体的拷問よりは、精神的動揺の方が大きかったのではないだろうか。そんな時、分遣所長の臼杵大尉が、証人を引きうけてくれるとの申し出があった。

「広村には何の責任もない。分遣所の責任は私にある。広村は心配するな。しっかり頑張ってくれ」との伝言が伝えられた。誰からも見捨てられたような、不安な独房生活のなかで聞いた大尉の言葉に、李さんは思わず涙を流したという。

忘れもしない一〇月二四日、事務所から呼出しがあった。弁護士がきたのだろうか。それとも、すでに一カ月もたっているので、明日から裁判があるのかもしれない。あれこれ思いめぐらせながら、番兵にせかされるように事務所についていった。

「起訴状が却下された」との言渡しだった。

思いがけない事態に驚いた。だが、単純に却下を喜ぶ気持になれない。なぜ却下されたのだろうか。却下の理由がはっきりしないだけに、新たな不安がつきまとった。独房から雑居房に移され、釈放の日を待った。

その年のクリスマス・イブに、李さんは釈放された。ひとまず、チャンギ刑務所と反対側のシンガポール島の西端ジュロン・キャンプに落ち着いた。ジュロン・キャンプは、日本人引揚げの船待ち場としてつくられ、一時は八〇〇〇人の日本人がここで帰国の日を待っていた。李さんがジュロン・キャンプに入った頃は、日本人の引揚げは、ほとんど完了しており、キャンプには、李さんのような釈放された者やマレー半島、スマトラ、ジャワから移動してきた日本人が集まっていた。

朝鮮人のキャンプは、市の中心部から西北のブキティマの西側のゴム園内にあったが、李さんが釈放された時は、すでに全員が引き揚げてしまったのか、李さんはこの朝鮮人キャンプについては何も知らされていない。

シンガポール日本人社会の歩みをまとめた『南十字星』のなかにわずかに朝鮮人キャンプについて触れた頁がある。それによると朝鮮人はゴム園のなかのインド国民軍が駐屯していたバラックに集結した。その数約六〇〇人、そのなかには慰安婦として朝鮮から連行されてきた三〇〇人以上の若い女性がいたという。彼女たちの多くはシンガポールのケーン・ヒル一帯に設けられた慰安所で働かされていたのである。キャンプ内では、朝鮮が日本の統治から解放されたこともあって、意気盛んだったようだ。キャンプの長には、日本の陸軍士官学校を卒業した白少佐があたっていたという。朝鮮人キャンプの西側に、台湾人のキャンプもあった。

李さんがジュロン・キャンプに移ってきた頃は、キャンプの設備は悪く、天幕を張って、そこに七〜八人が同居した。食糧状態も悪かった。しかし、チャンギ刑務所から釈放されてきた者は、栄養失調でやせ細っていたためだろう、特別に棗《なつめ》の羊かんを配給してくれた。

刑務所からは解放されたものの、いつまた捕まるかも分からない。不安は消えなかった。ジュロン・キャンプには、毎日ジープがやってきて収容者を連行していったからである。サイゴンで逮捕された呉在浩《オジェホ》さんも一たん釈放され、このジュロン・キャンプで帰国を待っていた時に、再逮捕されている。

いつ、自分の番がくるのか、不安に満ちたキャンプ生活が終止符をうったのは、一九四七(昭二二)年一月七日。一日千秋の思いで待った引揚げ船に乗船できた。幸いなことにチャンギからの迎えはなかった。石炭船を改造した引揚げ船は、通風は悪く、乗客は〝モヤシ〟のようにきっちりつめこまれた。食糧は飢えをしのぐ程度、水浴びどころかお茶もろくに飲めなかったが、〝目玉の青い奴〟がいないこととあと少しで家に帰れるとの思いが、皆を明るくしていた。狭い船内では思い思いに麻雀、囲碁、トランプに熱中し、日本へとはやる心を何とか抑えようとしているようだった。サイゴン沖合のサンジャック岬をすぎると、船内にも少し冷気が戻ってきた。

一月一九日、船は燃料の石炭と水や食糧を積むために香港に寄港した。船上から眺める香港の夜景は青い灯、赤い灯が海上に映り、実に美しいものだった。のんびりと潮風にふかれて香港の風景を見ていた李さんのもとに、不吉な話が伝わってきた。英軍将校が三人の召喚状をもってきたというのである。そのなかに、コーリアン・ガードのヒラムラという名前があるという。「やっぱり」と思ったが、ここまで辿りついたのに、と思うと何とも無念だった。

連絡係がやってきて、李さんに実に気の毒そうに伝えた。

「指揮官は、ヒラムラという名前の者はこの船には乗っていないと頑張ったのだが、それでは、その名前に一番近い名前の者を出せ。もし、人違いであれば、出航までに帰してやるというので……。」

二度と見たくないと思ったあの地獄のようなチャンギにまた舞い戻らねばならないとは……、投身自殺がチラッと頭をかすめた。自分が持っていたものを、すべて友人に分けて、着のみ着のままで出頭した。

引揚者に見送られた三人を乗せた水上艇が埠頭に接岸すると、今度はトラックが待っていた。くねくねと曲がった道路を三〇分ばかり走って、港から山一つ越したところにある刑務所にぶちこまれてしまった。そこが大英帝国の香港統治の牙城ともいうべきスタンレー刑務所だった。

三方は奇岩怪石に囲まれ、一方は紺碧の静かな海に面して景色がよい。山をくり抜いた頑丈な鉄の正門がある。周囲は高さ一〇メートルにも達するコンクリートの塀、そのてっぺんにはガラスの破片を埋めこんでいる。その内側は鉄網と垣根で二重に柵がこしらえてあり、四隅には機関銃座と探照灯を取りつけた堂々たる望楼がある。

広大な地域に鉄筋化粧レンガ張りの三階建の建物がいくつか並んでいた。大英帝国の威力を誇示するかのようなスタンレー刑務所といい、東洋一をほこるチャンギ刑務所といい、大英帝国は巨大な刑務所に植民地民衆の声を閉じこめて、万年統治を狙ったのか、刑務所はどこも立派につくられている。

李さんがぶちこまれた頃は、スタンレー刑務所の一画に一〇〇人近い日本人戦犯が収容されていた。李さんは独房だった。間口一間半ぐらいのコンクリートの部屋に、寝台代わりの板と便器、毛布が一枚あった。扉のない鉄格子の高窓から沖を航行する船が見える。今頃は……と考えるとよけい望郷の思いがつのり悲しみも深い。一度釈放されて、香港まで辿りついて、やれやれと思っていた矢先の、不意の逮捕だけに、衝撃も大きかった。三週間もスタンレーで暮らしただろうか。

天気の悪い日は刑務所は昼でも霧のなかに閉ざされてしまう。扉のない高窓から容赦なく冷気が入りこんでくる。夜など毛布一枚では寒くて眠れないこともあった。食事は日に三回、朝はビスケット四枚か五枚とキャベツの浮いたスープ一パイ、昼と夜にお粥の固い程度のメシがコップ一パイとスープ。そのほかコップ一パイの水を甘くするのにも事欠く量の砂糖とごく少量の脂肪類が支給された。作業は所内の掃除の他は特になかったが、強制体操や真ちゅう磨きはやらされていた。

二月一八日、日本から連行されてきた今村均大将らとともに、再びシンガポールの地を踏んだ。二度と戻りたくないと思っていたチャンギ刑務所に舞い戻った。チャンギもまたスタンレー刑務所と同じように、一〇メートル近くもあるコンクリート塀に囲まれている。以前にもまして、この塀は、李さんの心に重くのしかかるような重圧感を与えた。

再び起訴されて

取調べもなく独房に監禁された。三月一〇日起訴状を受けとった。思った通り、以前、却下されたものとほとんど同じだった。ただ、告訴人が四人から九人に増えていたことと、患者を就労させたため多くの者が死亡したことがつけ加えられていた。新たな告発人のなかには、ダンロップ中佐というキャンプ・コマンダーが名をつらねていたが、李さんは彼の名前と顔が一致しなかった。

李さんにとっては、オーストラリア兵から告発状が出たことの方が驚きだった。個人的にはオーストラリア兵に親しみを抱いており、自分の金で患者に卵を買い与えたりしていた。オランダ兵のなかには、つげ口をする者、卑劣なまねをする者も多く、李さん個人としては、オランダ兵によりきびしくあたっていたので、彼らから告発状が出るものとばかり思っていた。天幕を破いたことでビンタをしたのもオランダ兵からだった。食事の時に、残りをもらおうと競って大さわぎをするオランダ兵を、厳しくとがめたこともある。だが、オランダ兵からの告発状はなかった。

証言をしてもらえるはずの臼杵大尉は、一九四六(昭二一)年一一月二二日、絞首刑になっている。本来、李さんの裁判は第四分所の合同裁判になるはずだったが、一度起訴状が却下されたため、一人取り残された形になってしまった。知田外松分所長はすでに懲役一〇年の刑が決まり、オートラム刑務所に服役していた。しかし、相手は少佐である。軍属の李さんが気軽に証人を頼める相手ではなかった。途方にくれた李さんは、同じ分遣所にいた岡田清一衛生曹長がジョホールバルで服役していることを耳にし、証人を依頼しようと思った。岡田曹長も懲役一〇年の刑が決定していた。

エライ人には卑屈だが、自分より下だと思う人には、尊大で、横柄になる人はどこにもいるものだ。李さんの弁護にあたったS弁護士は、まさにそういう人間だった。S弁護士を通じて、岡田曹長を証人に申請したが、弁護士からの返事は「いない」とのことだった。後に、一命をとりとめた李さんが岡田曹長と再会した時に、弁護士からの依頼の件を話したところ、彼は「ずっと、ジョホールバルにいたが、何の連絡もなかった。広村の裁判が行なわれているのも知らなかった」と語っていた。

李さんは、S弁護士が連絡をしなかったのだと思っている。確証はないが、追いつめられた李さんの研ぎすまされた直感だった。仕方がないので、初代の第四分所長石井民恵大佐を証人に申請した。大佐は、すでに死刑の判決を受け、死刑囚房Pホールに移っていた。裁判についての打合せのため、大佐との面談を要求したが、弁護士は取りあわなかった。弁護士が単独で石井大佐に面会したが、その時、どんな話をしたのか李さんには伝えようとしなかった。

弁護士との打合せの時も双方の意思疎通はできていない。李さんが収容所の組織や命令系統を説明しようとしたのに対し、弁護士は事件に直接関係ないと、聞こうともしなかった。また、李さんは、「人員」と言ったつもりだったが、弁護士は「賃金」と聞いて話がくい違ったことがあった。S弁護士は、「君の日本語は非常にへただね」と怒ったという。李さんは涙の出るほど悔しかっただろう、日本語は母語ではない。だがそんな抗議をしても始まらないし、弁護士に自分の感情を爆発させて、弁護をおりられることも怖い。感情をぐっと抑える李さんに、弁護士はさらに追いうちをかけた。

「この起訴状はアブナイ(死刑の意)。」

「私は君の弁護はできないね。」

さすがに感情を抑えかねて、ムッとしたが抗議はできなかった。そんな弁護士にでも、とにかく、誰かにすがって裁判に臨むよりほかはなかったのである。裁判の前に、李さんの心は深く傷つけられており、裁判をのりきる力を失いかけていた。

一九四七年三月一八日、公判が開かれた。シンガポール市内の小さな建物だった。オーストラリア人の判事一人、陪席判事二人、検事一人(オーストラリア人)、S弁護士、日本人通訳二人、そして李さんが出席して開廷した。すでに、裁判に対する市民の関心は薄れてきたのか、傍聴人はいなかった。
李さんは、バイブルをもって宣誓した。裁判官の人定尋問、検事の訊問とすすんでいった。李さんの記憶に従って、その訊問を追ってみよう。

検事「ヒントクの分駐所には、赤痢患者や下痢患者が多くいたというが知らないか」
李「知りません」
検事「見たことはないか」
李「見たこともありません」
検事「作業人員の割出しは誰がやるのか」
李「所長が俘虜の労務係と協議の上でやる。私はその配当表に従って、人員を配当します」
検事「もし四〇〇名の時、三八〇人しか作業に出なかった場合は、どうするのか」
李「過不足はなかったと記憶しています」
検事「もし、あった時はどうするか」
李「所長に報告します」

検事「作業人員は鉄道隊の要求によるのか収容所の就役人員の通告によるのか」
李「収容所の通告によります」
検事「天幕に火事があったというが知っているか」
李「知りません」
検事「鉄道隊の兵隊が俘虜を殴って二名死亡したというが知っているか」
李「そういうことはありません」
検事「鉄道隊とどれぐらい距離があるか」
李「約四五〇〇メートルです」
検事「日本軍は何人いたか」
李「兵隊が五名、軍属が十数名いました」
裁判官「兵隊と軍属の服装は違っていたか」
李「私が現在着ている服装で、兵隊も軍属も同じです。ただ、階級章が違っていました」
検事「俘虜が多く死亡したというが知らないか」
李「知りません」

四〇分ほどで、第一日目の被告に対する訊問は終わった。判事の心証についてはわからないが、李さんとしては精一杯、頑張ったつもりだった。
翌々日、石井民恵大佐が証人として出廷した。

検事「被告を知っているか」
石井「私の部下で、非常に真面目に勤務しておりました」
検事「赤痢や下痢患者が多くいたというが知っているか」
石井「はい、知っておりました」
検事「大本営からこの工事は急を要するから急ぐようにとの命令の伝達を受けたことはないか」
石井「ほかの所長は受けたかもしれないが私は受けておりません」
検事「俘虜の診断は誰がするのか」
石井「俘虜の軍医がやります」
検事「作業の人員の配当表は誰が出すのか」
石井「日本軍が出します」
検事「それでは診断は俘虜の軍医がやって作業人員の配当表を日本軍が出すのはおかしいじゃないか」
石井「それでも日本軍が出します」

検事「作業人員は鉄道隊の要求によるのか、収容所の通告によるのか」
石井「鉄道隊の要求によります」
検事「要求人員より作業に出る人員が足りなかった時は、どうするのか」
石井「それだけで間に合わせます……(後は、つっかえる)」
検事「一二〇余人も死亡したというが、その原因はどこにあると思うか」
石井「労働が激しかったからだと思います」

三〇分で石井大佐の訊問も終わった。

この裁判に関する一問一答は、李さんがスガモプリズンに収容されている時に記録したものである。自分の命がかかった裁判である。こまかい文言に多少のくい違いはあるが、訊問の経緯と答えは違っていないと自信をもって話している。

李さんの裁判の最も重要なポイントは、患者を強制的に作業に出したので、そのために多くの俘虜が死亡した。その責任はヒラムラにあるという点である。この点では石井大佐と李さんの証言は、明らかにくい違っていた。石井大佐は、李さんの証言を終わった六日後に絞首台にのぼっている。

李さんを告訴した九人のオーストラリア兵は、誰一人として出廷しなかった。S弁護士が「重刑を科することは云々」と弁論をしたようだが、石井大佐との証言のくい違いにガッカリした李さんは、そのまったく意味のない弁論を覚えてはいない。もちろん、証人と李さんのくい違いについて、弁護士は何の説明もしなかった。

ついで、検事の弁論があったが、英語なので、李さんにはまったく分からなかった。こうして、裁判はひと通り終わった。

数分後、判決が下った。

「デス・バイ・ハンギング」、絞首刑である。

ボーッとして、頭のなかにポッカリ穴があいたような気分だ。はりつめていた緊張感がゆるんだせいか、何が何だか分からない。頭のなかでちっとも考えがまとまらない。遠くで「デス・バイ・ハンギング」の声が耳鳴りのように聞こえてくる。ぼんやり立っている李さんは、冷たい手錠の感触に、ようやく現実にたち戻った。

死刑囚として

李さんが収監されたのはPホールと呼ばれる死刑房だった。Pホールは他の房とへだてるコンクリートの塀に囲まれており、ちょうど三重の塀に囲まれたかたちとなっている。Pホールのすぐ北側四～五メートルもないところに、絞首台があった。絞首刑の様子は見えなくとも、その一部始終は手にとるように分かる。絞首台にのぼって叫ぶ「天皇陛下万歳」の声、「万歳！　万歳！」と絶叫する声、すべてがPホールで手にとるように聞こえる。万歳に続く、ガチャーンというものすごい音、そのあとの静寂……。房のなかで同じ死刑を待つ者がそれを聞かされる。合掌し、南無阿弥陀仏を唱えながら死刑にたちあうのである。

死刑執行後の二、三日は全員が頭が痛く、耳鳴りがしたという。とても、一人で房のなかにいることに耐えられない。中庭に出してもらうが、気が抜け、虚脱感で全員がボーッとしている。食事も喉を通らないが、麻雀とか囲碁とか何かの娯楽をやって気を紛らそうとする。そうでもしなければ辛くて耐えられないからである。

「自分の番はこの次だろうか」「自分はあのように取り乱さずにいけるだろうか」「あの瞬間はどんな気持なのだろうか」「痛いのだろうか」「苦しむのだろうか」「あの世はどんなところなのか」、考えまいとしても、同じ死刑囚として自分の運命を思えば、ついい今しがた聞いた友人の絶叫とガチャーンという音が思い起こされる。

李さんはPホール入りをした当初は、自分でも思いがけないほど平静だった。むしろ一種の安堵感さえ感じた。もう何も思い悩むことはない。これ以上悪いことはないのだ。何だか肩の荷をおろしたような身軽ささえ感じたという。しかし、こうした感情も日がたつにつれて、次々に襲ってくる不安と入れかわった。なかでも、宝城まで見送りに来てくれた父親、タンスの底からそっと反物を取り出してきてくれた母親の姿を思い起こすと、夜もねむれなかった。この知らせを聞いて両親はどんなに驚くだろうか。日帝協力者ということで周囲の人たちから白眼視されないだろうか。弟は、妹は……。家族に何か不幸なことが起こらなければいいが……、心をかき乱すのは、今は解放された朝鮮に住む家族のことばかりだった。

あの時、募集に応じなければよかった。今さら後悔してもはじまらないが、日本の戦争なのに、なぜ自分たちが戦争犯罪人として殺されなければならないのか。この疑問はいくら考えても解けなかった。日本人の死刑囚のように「天皇陛下万歳」と言っては死ねない。朝鮮人死刑囚の心を悩ませたのは、「なぜ、朝鮮人である自分が」との思いだった。自分の死に、何の意味も慰めも見い出せないことはつらい。特に、祖国が独立した今、日帝協力者として死刑を待つ身に、どんな慰めがあるというのだろう。

李さんは、Pホールで多くの人の死にたちあった。なかでも、同じ軍属だった林永《リムヨン》俊《ヂウン》さんの死は寂しいものだった。最後の別れの握手の時、「ヒロムラさん、減刑になることを祈ります。そして減刑になって出たら、ハヤシという人間が、そんなに悪い人でなかったことを知らせて下さい」と言いのこした。遺書もなく辞世の句もない林さんの最後の言葉だった。林さんは死を共にする仲間もいない一人ぼっちの旅立ちだった。

死刑前夜の送別のための晩さん会には、Pホールに残る李さんとM中佐それに教誨師《きょうかいし》が出席した。次々と死刑が執行され、Pホールに残るのは三人だけとなっていた。収容者が多かった時の賑やかな晩さん会と違い、林さんは食事もとらず、元来、寡黙な彼は、黙々として、ただ晩さん会の終わるのを待っていた。歌も笑いもない寂しい晩さん会だった。

林さんは「天皇陛下万歳」「大韓独立万歳」を絶叫して死んでいった。「皇国臣民」となるべき教育を受けてきた林さんにとって、祖国の独立と天皇が、頭のなかにないまぜになっていたのである。これは林さんだけではなかった。日本人もおよばぬほど、「皇国主義者」だったと日本軍人が賞賛してやまないある朝鮮人軍属は獄中で次のような歌をつくっている。

血涙の詩

一、満獄寂然声もなく
血涙滂沱尽きるなし
怨魂凄烈鬼風を呼び
復讐の念鬼たらん

二、嗚呼壮烈我が友よ
身は刑台に裂くるとも
正義の鉄則誰ぞ断つ

忠魂永く義に生きん

三、暴虐英鬼米犬が

物の力に勢借りて

たとへしばし栄ゆとも

断じて滅せんその邪悪

四、嗚呼我は今ぞ逝く

忠臣楠公住む処

桜よ富士よ永へに

日出づる国に栄へあれ

(『嗚呼戦犯泰俘虜収容所』)

「万朶《ばんだ》の桜か襟の色」ではじまる「歩兵の本領」の替え歌である。彼は死刑前夜も、この自作の歌を歌っていた。朝鮮人四人が同時に死刑の執行を受けるという前夜の晩さん会で、ある者は「アリラン」を歌い、ある者は「トラジ」を歌い、四人そろって「愛国歌」を歌った。そのあとで、日本人と朝鮮人が一緒に合唱したのは「君が代」と「海ゆかば」だった。「天皇」が介在しない、日本人と朝鮮人が一緒に歌える、自分たちの歌を持っていなかったのである。それは、軍隊だけの特別な現象でなく、すべてが天皇に帰一する当時の日本人と朝鮮人の関係を象徴するかのようだった。

敗戦によって「大東亜共栄圏」の虚構がくずれ、「一視同仁」「内鮮一体」の価値観が崩壊したにもかかわらず、朝鮮人軍属たちは「君が代」を歌い「天皇陛下万歳」を絶叫して死んでいく。祖国が日本の植民地支配の軛から解放されたにもかかわらず、自分たちは日帝協力者として死を迎えなければならない。自分にその死をどう納得させることができるのか。

朝鮮人死刑囚の苦渋は日本人にははかりしれないものがあった。納得しかねる死だからこそ、かえって立派な「皇国主義者」の仮面をかぶり通さなければならないこともあったのではないか。それは解放された祖国へしがみつきたくとも、それが許されない彼らの切ないほどの思いを内に密めた「皇国主義者」としての行為だったのかもしれない。同じPホールのなかに暮らしても、その葛藤に気づいた日本人はほとんどいない。

李さんもまた同じだった。錯綜した思いにうつうつとしながらも、李さんがこうした考え方を変えることができたのは、後にスガモプリズンに移ってからだった。

Pホールに二人が残された。今度は間違いなく自分の番だ。この八カ月、「次は自分では」との不安におびえながら過ごしてきたが、二人になってしまえば、どうあがいても、自分が次にあの絞首台にのぼることになる。

中庭の花壇をながめては、次にこの花が咲くのを見ることができるだろうかと思ってきたが、死ははっきりしている。気を紛らわすものもなく、坐してじっと死刑の執行を

表Ⅲ-3　泰緬鉄道建設関係の戦犯裁判（1）　部隊別

判　決	起　訴	有　罪	有罪の内訳	
			死　刑	終身刑 有罪刑
タイ俘虜収容所	66	64	25	39
（うち朝鮮人	30	28	9	19）
患者輸送第19班	14	11	2	9
独立混成第29旅団	6	5	3	2
マレー俘虜収容所	5	5	0	5
（うち朝鮮人	5	5	0	5）
泰国憲兵隊	4	4	0	4
独立工兵連隊	3	3	0	3
鉄道第9連隊	5	5	2	3
第4特設鉄道隊	8	6	0	6
歩兵第8連隊	2	2	0	2
鉄道第5連隊	2	1	0	1
近衛工兵連隊	1	1	0	1
工兵第2連隊	1	1	0	1
建設隊司令部	1	1	0	1
そ　の　他	2	2	0	2
計	120	111	32	79
（うち朝鮮人軍属	35	33	9	24）

出典）広池俊雄『泰緬鉄道』読売新聞社，1971
柳田正一『泰緬鉄道建設の実相と戦争裁判』私家版謄写刷，1954より作成

待つのは、二二歳の李さんには耐えられない思いだ。自殺したいとも思った、しかし、どうせ殺されるなら一日でも長く生きたいとも思う。生と死の間で思いが乱れるが、神にその救いを求めることもしなかった。

一九四七(昭二二)年一一月七日、夕食後、刑務所の監視兵に呼び出された。

「ああ、いよいよ来たか。私の人生も明日の朝までか」。きっと顔が青ざめていただろう。動揺をかくし、監視兵に追われるように歩いて、事務所についた。そこにオーストラリア人の将校がいた。不自由な日本語で、その将校は告げた。

「二〇年に減刑します」と。予想もしていなかった。てっきり「明日の朝、死刑を執行する」と宣告されるとばかり考えていたからだ。茫然と立っている李さんを監視兵がせきたてた。Pホールへではなく既決囚を収容しているDホールへと。死刑房Pホールには日本人がたった一人残された。

チャンギ刑務所のPホール、そこに暮らした朝鮮人は一一人、そのうち生きてPホールを出たのは李さん一人である。あとの一〇人は、ガチャーンという音とともに絞首台の上で若き命を絶っている。一〇人のうち九人までが、泰緬鉄道の建設に従事する俘虜を監視していた。李さんとほとんど同じような立場で仕事をしていた軍属たちである。趙文相《チョムンサン》の

表Ⅲ-4　泰緬鉄道建設関係の戦犯裁判 (2)　階級別

判　決	起　訴	有　罪	有罪の内訳	
			死　刑	終身刑 有期刑
将　官	2	2	1	1
佐　官	11	11	5	6
尉　官	37	33	12	21
下士官	23	20	4	16
兵	12	12	1	11
軍　属	35	33	9	24
計	120	111	32	79

注）軍属は全員朝鮮人
出典）広池前掲書より作成

ように英語が上手で通訳をやっていたことが、仇となっている者もいる。

あとの一人も同じく軍属だった。パレンバンの飛行場建設に使役された俘虜を監視していた張水業、キング・コングとあだ名されていた巨貫の彼もまた、チャンギの絞首台で命を絶った。

李さんが直接見送った仲間は、林さん一人だった。寂しい一人の旅立ちを見送った李さんは、林さんの祈りが通じたのか、奇跡的に死をまぬがれたのである。

3　兪東祚さん・鄭殷錫さんの場合——シンガポールの英国法廷

日本人との確執

「入れかわりたちかわり何度も首実検されたさ。何度か覚えていないぐらいよ。大体、一度はシンガポールへ送られたが、またメダンに送り返され、そこからもといたパレンバンへ連れていかれて、そして、シンガポールに舞い戻ったわけさ。その間、ずっと首実検なわけ。いれかわりたちかわり俘虜がやってきて、自分を殴ったり虐待したりした者を探すのよ。こうやって、手錠をかけられてメダン、パレンバンと、ぐるぐる引っぱりまわされて、やっとシンガポールのチャンギ刑務所に戻ってきたら、翌日検事がやってきて、起訴状を読みあげたさ。そして、これにサインしろというけど、起訴状って何かわからないし、どうしてサインするのかわからないから黙っていたさ。そしたら、検事が『これを認めろ』と言う。『何を認めろというのか、われわれは何もやっていないのに、サインなんかできない』と言ったさ。検事の奴、怒って拳銃を引き抜いて、『ぶち殺してやる』と言った。オレ、笑ったさ。どうせ戦争に負けた方に加担したんだから、死んでもどうということないと言って、サインしなかったさ。結局、オレの起訴状は、サインがないまま裁判が始まったのよ。」

一九四六(昭二一)年七月二〇日、兪東祚さんたちの裁判が始まった。パレンバンの俘虜収容所に勤務していた二六人が一緒に起訴された。分所長の蜂須賀少佐、山川主計中尉、仲井軍医、日本人下士官三人、そして兪さんや鄭さんら朝鮮人軍属二〇人である。パレンバンでは三〇〇〇人の俘虜のうち一割の三〇〇人近くが死亡している。この死亡の原因が問われることになったのである。

蜂須賀少佐は、裁判が始まる前は立派だった。「皆心配するな。過去において、諸君は、私の命令で働いたのであるから、全責任は私にある。私が全責任を負う。」

蜂須賀少佐の立派な態度に兪さんたちは感服した。そこで、「私たちの個人的なこともあるはずだ。自分でやったことは自分で始末しなければならないはずだ。個人的虐待は個人が責任を負いましょう」と述べた。

だが、いかにも日本の武士らしく振る舞う蜂須賀少佐は「いやそうではない」と答えたという。分所長が全責任を負おうというのである。これまでの裁判の経過を見ても、上に立つものが責任を負う姿勢を貫いている場合は、下の者に累が及ぶことは少ない。

パレンバン俘虜収容所関係の判決の前に、刑が確定したジャワ俘虜収容所関係がそうだった。阿南中佐が全責任をとる覚悟でいたので、派遣した俘虜の三分の二が死亡するという、パレンバンと比較にならない数の犠牲者を出しながら、死刑は、分所長、分遣所長そして下士官二人の計五人。バンブー・モリの通訳をしていた李義吉さんは、俘虜にひどく恐れられ、時には憎悪されていたが、死刑をまぬがれている。

パレンバンでも、裁判が始まる前までは、調子がよかった。蜂須賀少佐が日本の武士らしく立派に責任をとるというのだ。戦争中、彼を嫌悪し何かにつけてぶつかっていた兪さんも、この時ばかりは、「わが殿」が立派に見えた。

しかし、裁判が始まると事態は予想もしない展開となった。蜂須賀少佐が前言をひるがえしたのだ。

「過去、部下がやった一切のことは、私に何ら関係ありません。ただ、私は軍の命令に従って、その命令を伝達しただけです。あとのことは、部下が勝手にやったことで、私には一切関係ありません。」

兪さんは仰天してしまった。

「俘虜の食糧を四〇〇グラムと決め、病人の食糧を一八〇グラムと決めたのは、私たちが勝手にやったというのか」「病気の俘虜を殺すと言ったことを証言してやろうか」「私らがやったことが、あんたの命令でないというのか。勝手にやったというのか」

法廷は、命令した、しないで被告人同士のケンカになってしまった。戦争中も分所長が部下を統率できなかったことが、法廷の場でも露呈してしまったのである。

蜂須賀少佐は、日本人は日本人だけ、朝鮮人は朝鮮人だけでやりたいと言い出した。朝鮮人軍属の側も同じだった。朝鮮人だけでやることに賛成だった。同じ事件で起訴されているのに被告が仲間割れしてしまったのである。死刑の判決を受けたあと、減刑されて一命をとりとめた仲井軍医が、両者の間をとりもった。

蜂須賀少佐は当時、まだ、五六歳だったが、戦犯として起訴されたあとは、ボーッとしてしまって、まったくダメだったと仲井さんも語っている。ボーッとしただけならまだ影響は少ない。責任を部下になすりつけようというのだから、軍属たちが怒るのも無理はない。命令の実行者は軍属たちだったのだから。

仲井軍医のとりなしで裁判が再開された。弁護士はAという元の司政官ら二人。弁護士は日本人のところへは出向いたが、朝鮮人軍属のところへは一度も足をはこんでいない。少なくとも鄭殷錫さんは、一度の面会もなかったと語っている。死ぬか生きるかの瀬戸際の時まで、差別されていることが骨身にこたえた。使う時は「天皇陛下の赤子」とおだて、いらなくなれば「伝書鳩以下」とけなされる。そうした軽んじられる自分たちの姿をつくづく感じたという。以前から日本人とケンカをしていた兪さんとて同じ思いだった。

裁判は四六日間、毎日続いた。被告たちは手錠をかけられ、毎日トラックで、市内の公会堂のようなところにつくられた臨時法廷に通った。責任能力を失った蜂須賀少佐は「あることないことを喋った」という。英軍の側の戦術も上手かった。軍属を証人として活用したのである。検事が軍属たちに、こういうことを言えば早く帰してやるとか、管理が悪かったのだから死刑にはしないとか甘言を弄して、検事側の証人に使ったりしたのである。日本人と朝鮮人の間の感情的縺れをうまく利用したやり方である。

たとえば、仲井軍医の場合も次のようなことがあった。

パレンバンの収容所では、自活用に俘虜たちに食べるものや薬草の栽培をやらせていた。仲井軍医は労働時間以外、働かせてはいけないと指示したのに、山川中尉が無理に労働させせようとしたことがあった。仲井さんに有利な証言をしようとしてこのことを語った軍属がいた。だが、これは山川中尉には不利な証言になった。ある軍属がこうした証言をすると、検事は他の軍属に対してこれが事実か否かの確認をしようとする。イエスかノーか問いつめられれば、軍属も答えざるをえない。こうしたやり方が一つ一つのケースで行なわれた。

「蜂須賀のハチに刺されるといたい。われわれに対しても、つらくあたったのだから、まして俘虜に対してどれだけハリで刺したことか」、ある軍属はこう語っていた。その気持の齟齬が、裁判のなかですべて被告に不利を招いている。軍属は弁護士にさえ不信感を抱き、法廷戦術としては最悪な状態で臨んだことになる。

判決は苛酷なものだった。日本人は将校・下士官六人全員に死刑、朝鮮人軍属の判決は死刑三人、終身刑三人、有期刑一〇人となった。一九四六(昭二一)年九月六日である。のちに減刑されて、結果的には、蜂須賀少佐、山川中尉、下士官二人、軍属張水業の五人が死刑の判決を受けている。終身刑は三人、のこる一四人が有期刑となった。兪さんは二〇年、鄭さんも二〇年、仲井軍医は一五年だった。

「人間はおかしなものだ」と、兪さんは言う。自分が生きるか死ぬかの瀬戸際なのに、いざ判決となると、ボーッとしてしまって何が何だか分からなかったという。法廷を出て初めて二〇年の刑を知ったのである。

手錠をはめられ、警備兵の自動小銃に追いたてられて、トラックに乗せられた。車は海岸沿いの広いアスファルト道路を東に向かって走った。湾のなかには、貨物船がたくさん碇泊していた。往き交う自動車の数も多い。シンガポールはすっかり落着きをとり戻し、平和なたたずまいを見せていた。トラックの上から沿道の人々の姿を見ているとつい先刻の「デス・バイ・ハンギング」が遠い世界の出来事のように思えてくる。蜂須賀少佐は町の平和な風景を見て泣いていた。それを見て兪さんは、また蜂須賀少佐に悪態をついてしまった。

「蜂須賀さん、あんた昔、われわれに何といったか。女みたいにメソメソ泣いて！」そんなことを言うことがどんなに残酷なことか、兪さんも知っていた。しかし、「生きていたら、私がただじゃおかないさ」と、三五年たった今なお、兪さんは激しい口調で語る。

植民地の人間として、侮《あなど》られ蔑《さげす》まれた悔しさが、その激しい口調にこめられている。おそらく、蜂須賀少佐には、兪さんのこうした態度が理解できなかったのではないのか。華族の家に生まれ、陸軍幼年学校を卒業し、順調に人生を送ってきた彼にとって、植民地の人間として生きてきた兪さんの屈折した思いは、考えも及ばないものだったのだろう。

なお、彼は遺書のなかで「一番俘虜に理解の深かった私が此の運命に陥るとは全く理非が通らぬ」「個人としては俘虜に常に鷹揚に目をかけてやって居ったので、宣告を受けた後の今日でも頭に一寸本当の様に響いてきません」とその判決に対する感想を述べている(『世紀の遺書』)。

アジア人の血を吸って生きる

植民地の人間として差別に鋭敏な感性をもっていた兪さんは、イギリス人やオランダ人に対しても批判的である。

「私らは、植民地に生まれ、植民地に育って植民地の教育を受けて、奴隷のような扱いを受けてきたさ。だから、オランダ人がインドネシア人を、イギリス人がインド人やシンガポールの人間を、人間扱いしていないのがよく分かる。イギリス人は、紳士的だとか上品だとか言う奴がいるけど、やっていることは紳士じゃない。アジア人の血を吸って生きているのさ。

人の血を吸って、やることがないからスープの飲み方が、ああだ、こうだと言っているのさ。毎日の生活に追われて忙しく働いている人間はスープの飲み方なんかかまってられない。人間が人間の血を吸って生きるのが紳士なのか、同じように働いて、同じように苦しんで、同じように楽しんで社会を築いていくのが人間か。どっちが本当に人間らしいのかと、オレは言いたい。」

兪さんは、イギリス人やオランダ人俘虜と接触するなかで、彼らの支配者としての、どうにもやりきれない傲慢さを感じとっていた。それは時には、日本の植民地の人間である兪さんにも向けられた視線だったのではないのか。兪さんには、イギリス帝国主義、オランダ帝国主義の抑圧の下に呻吟するアジアの人々の姿が見えていた。それは日本帝国主義の下で呻吟する自分の姿でもあったからだ。

判決を受けた兪さんや鄭さんたちは、既決囚の房へ移された。死刑判決のあった九人はそのまま死刑房Pホールへと収監されてしまった。あれほど蜂須賀少佐に楯ついた兪さんだったが、Pホールへと送られた九人を思うと心痛むものがあったという。

刑務所のなかで

朝鮮人と日本人の感情的な縺れは、チャンギ刑務所のなかで、多くのトラブルを生み出していた。戦争中の恨みもある。裁判で責任逃れをする上官への腹いせもある。「上官の命令は朕の命令だ」と散々いばっておいて、裁判になると自分だけ助かろうとした上官は、どう考えても許せない。自分たちが、こんなところに閉じこめられているのも、もとはといえば、あいつのせいだとの無念な思いもある。戦争中、抑圧されっぱなしだった朝鮮人軍属たちにとって、軍隊の階級が崩壊した今、その忿懣を殴るということで晴らそうとしたのである。朝鮮人の日本人への暴行事件が頻発した。刑務所側は日本人を階下に、朝鮮人を二階にと分離収容した。

しかし、それでも暴行事件はおさまらなかった。ある時、日本人のS大尉が、一二、三人の朝鮮人に暴行を受けた。原因は炊事当番に朝鮮人を一人加えるよう要求したところ、ことわられたからだという。ビスケット二枚とか三枚に〝ドロンコ〟と呼んでいたドロドロの粉をといた汁で、一日を過ごさなければならない時だった。空腹のあまり豚のエサだった腐ったコンビーフを食べる者、溝に流れるメシつぶを拾って口に入れる者、誰もが飢えに苦しんでいた。炊事当番になれば何らかの余禄もある。少し、くすねて仲間で食べることだってできる。しかし、炊事は日本人だけで独占されていた。朝鮮人の収容者は六〇〇人もいた。一人ぐらい炊事班に入ってもおかしくないのに、なぜか一人も入れようとしない。われわれを侮っているのではないか、カッときて殴ってしまったのである。

収容されていた朝鮮人全員が、こうした暴行に加わったわけではない。李鶴来さんは一人一人に恨みを晴らしても仕方がないと思って、一人の日本人も殴っていない。こういう軍属も多かったはずだ。しかし、もともと偏見を抱いている日本人の側は、一部の人たちの暴行を目にして、その心情を理解するのではなく、朝鮮人に絶望し、朝鮮人をさけるようになった。下手にさからって殴られてもつまらない、怒らせて不利な証言をされてはこまる、こうした打算もあっただろう。朝鮮人を遠ざけては、日本人同士でささやきあう。

「朝鮮人を軍属に使ったことは、最大の誤まりだった」と。

日本人が朝鮮人軍属に何をしてきたのか、朝鮮人に対してどんな仕打ちをしたのかを考えれば、こうした暴行も、朝鮮人のうっ積した感情の一時的爆発として理解できたはずだ。殴られた恨みは、何も日本人だけが専有する感情ではない。朝鮮人は何倍も何十倍も殴られ続けてきたのである。

また、朝鮮人が不利な証言をした、検察側の証人に立った、そのため死刑になったと朝鮮人を唾棄する日本人もいる。しかし、戦争中の自分たちの行為を棚上げして朝鮮人が検察側の証人に立ったことだけをせめるのもおかしい。戦争中の行為は、はたして戦争責任と無関係といえるのか。戦犯になったのは、朝鮮人のせいなのか。イギリスの、オーストラリアの、オランダの戦争裁判のやり方に問題はなかったのか、日本の大本営の方針に問題はなかったのか。

進行する戦争裁判の渦中にあった人たちが、事態を冷静に判断することはむずかしい。朝鮮人の証言を「裏切り」と感じた人もいただろうし、暴行に「手のひらを返したような忘恩の輩」と感じた人もいた。同じ釜の飯を食っていても日本人には、朝鮮人のことがまったく分かっていなかった。朝鮮人の側も、理解しあえないもどかしさを暴力という形でしか表現できなかった。

チャンギでそしてその後、オートラム刑務所へ移ったのちも、日本人と朝鮮人の間に顕在化した溝は、少しも埋められなかった。日本人は、触らぬ神にたたりなしとばかり近づこうとしない。心を開こうとしないどころか、屈折した思いが内向し、より陰湿な差別へと向かう。朝鮮人の側も、解放国民とはいっても、日本人として刑務所に閉じこめられている。手紙といっても英語か日本語しか使わせてくれないので、十分書けない。屈折した思いが爆発する。

同じ刑務所に暮らしながら、戦後もなお両者の間には、深く鋭い亀裂が走っていた。この溝は、今なお深い傷跡となって、朝鮮人戦犯をとりまく冷淡な視線と差別の厚い壁となっている。多くの元日本人戦犯たちの彼らに向ける目差《まなざ》しは冷ややかだ。

4　崔善燁さんの場合――バタビアのオランダ(蘭印)法廷

全員が戦犯に！

一九八一(昭五六)年五月、光州から一通の部厚い封書が届いた。かつて、ジャワで「高麗独立青年党」を組織したことにより、治安維持法違反の罪に問われた李相汶《イサンムン》氏からである。なかには、バタビア(ジャカルタ)法廷で裁かれた朝鮮人軍属たちの起訴状の写し五通と弁論五通が入っていた。コピーに添えた手紙には、当時の戦犯裁判が、今考えても一方的で、いかに報復感情に満ちたものであったのかと書かれている。そのような裁判を受けている仲間に対して、何の手もさしのべることができなかったことを無念に思い、戦犯となった軍属たちに心からの同情をよせていた。李相汶氏はジャワ島を離れる前に、バタビアにあった弁護団を訪ね、〝同胞〟の起訴状を書き写したのである。

こうしたことをした軍属は、おそらく、他にいないだろう。誰もが、明日の我が身がどうなるか分からない時だった。

敗戦後、オランダ軍が俘虜収容所・軍抑留所に勤務していた者を全員勾留した。この時、李相汶氏も勾留されてしまった。首から名前と勤務地を書いたカードをぶらさげて、前から、横から写真をとられた。人目の多いところに貼り出された写真には、「この者に虐待された者は名乗り出るように」と書かれていた。李相汶氏に対する告発状は一通もなかった。無罪放免になって一九四七(昭二二)年三月、朝鮮へ送り還されたのである。

裁判にかからなかった李さんですら国に帰るまでに、一年半もかかっている。ジャワに限らず南方の俘虜収容所の監視員として送られた朝鮮人軍属は、首実検をくぐりぬけ、「指名手配写真」による被害者探しをくぐりぬけないと帰国できなかったのである。それに要する時間が一年半、朝鮮が独立した後もなお、全員、戦犯容疑者として南方にとどめ置かれていたのである。

自分は釈放されたが、一件でも告発状が舞いこめば、今度は起訴されるかどうか未決のまま勾留される。起訴が決定すれば、裁判にまわされ、有罪になればそのまま刑務所へと放りこまれる。全員の勾留から、告発↓起訴↓有罪判決↓刑務所へと辿る道は、紙一重の差で朝鮮人軍属たちが共有していたものである。告発状が届かなかった李相汶氏は、後ろ髪を引かれる思いでジャワの地を離れた。いつの日か、朝鮮人戦犯たちの恨みと、日帝協力者との汚名を晴らしたいと思い続けてきたという。三〇年も手もとに温め続けたその起訴状のコピーを送ってくれたのである。

それは、日本の侵略戦争の責任を朝鮮人軍属へ転嫁したまま、戦後の繁栄を享受している日本人への告発とも、私には受けとれた。

一九八一年五月、光州市民の蜂起からちょうど一年たった時に届いたこの起訴状は、三五年の歳月を貫いて、国家が民衆に何をしてきたのか、その歴史を照射しているようにも思われた。

この五通の起訴状のなかにジャワのスマランにある抑留所に勤務していた崔善燁さんの起訴状もあった。崔さんの起訴状の全文を次に見ておこう。

「起訴状

被告人　山本善燁

被告人は戦時中なる一九四四年六月十六日頃より一九四五年八月十五日頃までの間『スマラン』において、敵国日本の臣民として『ランペルサリー』市民抑留所の看守たりしものなるところ、其の間、右抑留所に抑留せられありし市民たる婦女子に対し、戦争の法規および慣例に反して、彼等を虐待しかつ彼等に組織的暴虐を行い、もって戦争犯罪を犯し又は犯さしめたるものにして、即ち、故意に彼等を手、げんこつ、棒、竹、鞭その他をもって、何回も烈しく殴打しまたはせしめ、土足にて蹴り、膝の折目に竹を挟んで坐らしめ、または終日太陽の下に立たしめ、かくして実に彼等を、少なくとも彼等の多くを何回も不必要に、ともかくも、懲戒の通常の執行の限界を遥かに逸脱したる方法をもって虐待し又は虐待せしめたるものにして、被告人により又はその命令により行われたる以上の虐待及び暴虐は当該抑留者を死に至らしめ、少くとも重大なる肉体的並に精神的苦痛を与えたるものなり。

以上の事実は蘭印官報一九四六年第四五号戦争犯罪処罰条例第四条以下の規定に該当しかつ之により処罰せらるべきものとす。」

これが、一人の人間の生死を決定する起訴状である。一九四四(昭一九)年六月から四五年八月まで勤務していたことは事実である。この点は私も崔さんから聞いている。抑留者を虐待したというが、五〇〇〇人もの抑留者のうち、誰をいつどこで虐待したのだろうか。死に至らしめたという被害者の名前も記されていない。被害者と犯罪の特定のない起訴状である。

しかし、こうした起訴状のあり方は他の五人もほとんど同じである。

死刑の判決を受け、銃殺された朴成根《パクソングン》の起訴状も「故意に彼等をげんこつ、革帯、棍棒等を以て、長期間にわたり、順次に継続して、何回も烈しく殴打し又は殴打せしめ彼等を土足にて蹴り……」と書いている。

懲役五年の判決を受けた中明休《シンミョンヒュ》の場合は「手、げんこつ、棍棒又は鉄管を以て殴打し、婦女子をして重労働に服せしめ……」とある。

一〇年の刑を受けた韓昌範《ハンチャンボム》は「被抑留者をげんこつ又は棒を以て、何回も連続して殴打し又は殴打せしめ、鋭き木片を膝の折目に当てかつ両腕を高く上げたる姿勢にて彼等を灼熱せる太陽の下に鋭き砂利の上に長時間坐らしめたる上、此の姿勢に耐え得ざる犠牲者を殴打し又は殴打せしめて……」との理由である。

一〇年の刑を受けた金基同《キムギドン》もまた「故意にげんこつ、鞭、竹棒の他を以て彼等を何回も烈しく殴打し又は殴打せしめ」とある。ただ、彼の場合は被害者三名の名が特定されていることが、他の人との大きな違いである。三人の女性を「後手に縛って吊し上げ、少くとも此の虐待行為が自己の面前に於て行わるることを阻止せざりしことによって……」起訴されている。

これら抑留所関係の起訴状には、時と場所と被害者の特定がほとんど書かれていない。ヒナ型があるのではないかとすら思われる。軍抑留所に勤務したこと自体が戦争犯罪であると告発されているともいえるだろう。抑留所の状態がきわめて悪かったことは第Ⅰ章で述べた通りである。食糧事情が悪く医薬品は不足し、衛生状態の悪い抑留所に勤め、日本軍の慣習となっていた殴打をしたこと、それが戦争犯罪にあたる、と告発されていたのである。

崔さんも殴打があったことは認めている。五〇〇〇人が全員、よく規則に従い、命令に忠実なことはありえない。従わない者に〝力〟、具体的には日本軍の権力を背景にした暴力によって、従わせることをやったのである。崔さんも告発がすべて嘘と言ってはいない。しかし、三分の一は嘘だったと言う。

朝鮮人軍属たちがよく口にするのは、同じ殴ったとしても、どの人を殴ったかによって刑が違っていたということである。植民地の高級官僚の妻や子供を殴ったりしていれば、首がいくつあっても足りない。銃殺された朴成根は、運の悪いことにそのエライさんの子供を殴ってしまった。「彼は運が悪かったのだ」と友人は語った。俘虜の場合も同じだった。告発状も将校と兵隊ではその扱いが違ったというのである。

抑留所に勤務して戦犯になった将兵は四四人、うち二六人(一人は銃殺刑)は朝鮮人軍属である。朝鮮人戦犯の数が多いのは、日本人将校の下に、下士官にかわって朝鮮人が配属され、その下にインドネシア人兵補が勤務していたからである。

オランダ(蘭印)法廷は、インドネシア人を「敵国に使用された臣民」とはみなしておらず、戦犯裁判の対象にはならなかった。残る日本人と朝鮮人が責任をとる結果になった。日本人一人、軍属一人で勤務している抑留所で、二人とも戦犯になったところもある。バンドンのある抑留所では、日本人曹長一人、軍属三人が戦犯となっている。

崔さんの勤務した抑留所でも、日本人の所長、警部、そして、崔さん、さきの金基同、金玉銅《キムオクドン》、朴丙讃《パクビョンチャン》が戦犯となっている。抑留所関係の裁判には勤務していた日本人、朝鮮人が全員戦犯となっている事件もあった。

四三人のうち一九人が朝鮮人

俘虜収容所に勤務した軍属は、敗戦後、連合国によって全員勾留されている。告発、起訴ののちに、どこの国の裁判を受けるかは、原告が誰かによる。オランダ人が告発した場合には、オランダ(蘭印)法廷で、イギリス人の場合は、シンガポールの英国法廷でというように、告発した俘虜や抑留者の国籍によって、裁判国が決定する。

泰緬鉄道の建設に従事した李鶴来さんは、オランダ人とオーストラリア人の俘虜の監視をしていたが、告発をしたのがオーストラリア兵九人だったので、シンガポールの豪州法廷で裁かれた。パレンバンにいた兪東祚さんや鄭殷錫さんは、イギリスの元俘虜が告発したので、シンガポールの英国法廷で裁判を受けている。

イギリス人、オランダ人の両方から告発状が出ている時は、両方で裁判を受けることもある。ジャワで敗戦を迎えた金喆洙《キムチョルス》さんは、初めに、シンガポールのチャンギ刑務所に放りこまれ、三カ月にわたってイギリス人俘虜に対する虐待が調べられた。三カ月たってようやく釈放されて、チャンギの門を出たら、今度は、オランダが待ちかまえてい

表Ⅲ-5　俘虜収容所・裁判国別戦犯者(日本人と朝鮮人の比率)

(単位：人)

裁判国	英国・豪州		蘭印(オランダ)			
法　廷	シンガポール		バタビア		メダン	
タイ俘虜収容所						
事　件	泰緬鉄道関係					
有罪者	64 (16)*					
(うち朝鮮人	28 (9)					)
マレー俘虜収容所						
事　件	泰緬鉄道関係	パレンバン**飛行場建設			クタチァネ軍用道路建設	スマトラ横断鉄道建設
有罪者	5	24 (4) ／ 8			16	18
(うち朝鮮人	5	16 (1) ／ 7			12	11　)
ジャワ俘虜収容所						
事　件	泰緬鉄道関係	アンボン・ハルク島飛行場建設	ジャワ俘虜収容所関係	ジャワ抑留所関係		
有罪者	(タイの中に含めて算入)	13 (6)	43 (4)	44 (5)		
(うち朝鮮人		5 (0)	19 (3)	26 (1)		)

注) * (　)は死刑者数

** パレンバン飛行場関係は2カ所で裁判があったので，別個に示した

出所) 法務大臣官房司法法制調査部『戦争犯罪裁判概史要』1973，巣鴨法務委員会『戦犯裁判の実相』謄写刷，1952，韓国出身戦犯者同進会名簿，より作成

て、そこから、ジャワに逆戻りだった。

ジャワのバタビア法廷で裁判を受けた彼は、オランダ人俘虜虐待の理由で一八年の刑を受けた。イギリスとオランダ双方から戦争犯罪の追及を受けたのである。

バタビア法廷の裁判が始まる前に、金喆洙さんは、ボルネオ(今のカリマンタン)島、セレベス島、ジャワ島のスラバヤと、船で一カ月ほどひきまわされている。首実検という名目だが、金さんには、晒しものにするのが目的のように思われた。当時は、インドネシアの各地で、独立運動が展開されており、「日本人」のみじめな姿を見せることで、オランダの力を誇示しようとしたのではないかと言う。

ちょうど、白人俘虜のみじめな姿を見せることで、朝鮮人・台湾人に、日本軍の威力を示し、「大東亜共栄圏」の建設に、彼らを動員しようとした朝鮮軍の発想と同じである。

この船旅は実につらかったという。七人が夜も昼も手錠に繋がれたままだった。トイレに行く時もはずしてくれないので、一人がトイレに行く時は、全員が行くことになる。蚊にさされても、自分勝手にかくわけにはいかない。夜中にトイレにでも行きたくなったら、全員を起こさなければならない。自殺したくても、海にも投びこめない。こんな姿のまま三カ所か四カ所で、首実検を受けた。彼が繋がれていた「手錠仲間」は憲兵だった。

金喆洙さんに限らず、多くの軍属が、時代劇によく登場する囚人の市中引きまわしよろしく、「この者に心当たりはありませんか」と各地をひきまわされて、首実検を受けたのである。屈辱などという生易しいものではなく、緊張と恐怖で命も縮む思いだったと言う。一度、指をさされれば、ほとんど事実関係の間違いを立証できる手段を持たない。弁護士が一人一人の被告について証拠を集める金も時間もなかったのが実情だったからである。

ジャワ俘虜収容所に配属され、ハルク島で飛行場建設にあたっていた李義吉さんの場合、イギリス人俘虜からの告発で、シンガポールへと送られていた。彼は初めからイギリス人俘虜から告発されていたので、各地を引きまわされることはなかった。

オランダによる蘭印法廷は、一二カ所で開かれているが、そのうち、朝鮮人軍属の勤務する俘虜収容所の関係者が裁かれたのは、バタビア法廷とメダン法廷の二カ所。バタビア法廷では収容所関係者四三人が有罪となっているが、そのうちの一九人が朝鮮人軍属である。

フローレス島

なかでも、フローレス島のマウメレで飛行場建設にあたったジャワ俘虜収容所派遣第三分所第二分遣所は、多くの戦犯を生んでいる。分遣所長の芦田昭二大尉は、美校を出たてのまだ若い軍人だった。この分遣所長の芦田大尉と朝鮮人軍属三名が、バタビア法廷で死刑の判決を受けている。一九四七(昭二二)年九月五日、バタビアのグロドック刑務所で四人が一緒に銃殺された。

芦田大尉はこの時三三歳、三人の軍属、崔昌善《チェチャンソン》三二歳、朴俊植《パクジュンシク》三二歳、卞鐘尹《ピョンジョンユン》二九歳と、四人ともに、この世に未練多き少壮の身であった。特に卞鐘尹さんには、まだ見ぬ息子が、故郷の忠清北道清州で父の帰る日を待っていた。

有期刑は日本人下士官一人と朝鮮人軍属九人である。

一四人の戦犯のうち一二人が朝鮮人軍属で占められている。これは、第二分遣所の人員構成に大きな原因があった。

日本人は分遣所長と下士官四人それに通訳一人、朝鮮人軍属は約七〇人である。この人数で二〇〇〇人のオランダ人俘虜を監視していた。オランダ人といってもその多くはオランダ統治に利用されたアンボン人とメナド人、およびインドネシア人との混血のオランダ人だった。

分遣所長は死刑、下士官のうち一人は有期刑、二人は日本軍から逃亡して、オランダと独立戦争を闘っているインドネシア軍に身を投じたが、ゲリラ活動のなかで逮捕され銃殺された。現在、インドネシア独立の英雄として、西ジャワのガルート英雄墓地に埋葬されている。

朝鮮人軍属は七〇人のうち三人が死刑、九人が有期刑となっている。七人に一人が戦犯になったのである。

フローレス島に派遣された軍属の仕事は、ハルク島やパレンバンと同じように、飛行場建設にあたる俘虜の監視だった。李義吉さんや鄭さんたちが、食糧と医薬品の不足で苦しんだように、フローレス島でも食糧と医薬品の不足で、多くの俘虜が「犬コロ」のように死んだのである。

赤茶けた大地に偵察用滑走路二つと爆撃用滑走路を一つ建設するのが仕事だったが、厳しい熱帯の自然のなかで栄養失調と伝染病で俘虜が死亡した。フローレス島自体、地味の豊かなところではない。そこへ二〇〇〇人からの人間がやってきたのである。米や穀類はジャワ島から持参することはできても、野菜や肉は補給できない。制空権と制海権が奪われ、補給網が断たれたことは、ハルク島の場合と同じである。

二一一名の俘虜が死亡した責任を問われて、分遣所長が死刑の判決を受けたのは理解できるが、軍属三名の死刑の理由は何か。おそらく俘虜虐待が理由と思われる。

俘虜がどのような状態におかれていたのか。『速記録』(一四〇号)の証言は、フローレス島もまた、俘虜にとって〝地獄〟だったことを明らかにしている。

「西部チモールのフローレス島においても、状態は恐しくひどいものでありました。最初の何カ月かは何の居住も与えられず、俘虜も病気の者も戸外で休まねばなりませんでした。衛生施設、医療設備はぞっとするような劣悪なものでした。重症患者の室でも便器を用いる事が出来ませんでしたので、各寝床の横に小さな穴を掘り、患者はそこに転がって行かねばならなかったのであります。一日に四十ないし六十回の便通も珍しくなかったので、しばしば新しく患者の周囲に穴を掘らねばならず、遂には、もうどこにも掘る場所が残っておらず、新しく患者の寝床を見つけねばならないという有様でありました。患者が非常に身体が弱っていて、その寝床の隣の穴に転がって行けない場合は、敷筵に穴をあけすぐその下に穴を掘ったのであります。

食事は悪いものでした。その結果健康が衰え半分以上の者は病人でありました。しかもなお、患者は労働を強いられました。これらオランダ人俘虜二千七十九名の中二百十一名が一年の間に病死しました。懲罰は苛酷なものでありました。肉体刑罰はしばしば行われ、その結果傷つけられたり、またそれが原因となって死亡する者さえありました。俘虜に対し防空設備は何もありませんでした。」

戦犯にならずに、無事、韓国に戻ったある軍属は、当時の様子を次のように語っていた。

「一日の仕事の目標をたてるのは飛行場の設営隊だが、それを実際に監視してやらせるのが監視員の仕事になっていました。できなければその責任は監視員がとらなければならないので、どうしても無理して仕事をやらせることになりました。

若い分遣所長は、どこかの名家の出だといっていたが、朝鮮人にまったく理解のない人で、朝鮮人だといって、随分、馬鹿にされました。ちょっとしくじる、酒を飲んで帰隊の時間に遅れる、すべて『朝鮮人は仕方がない』といわれてきました。『朝鮮人だから』といわれ続けて、それが心のなかにいつも、わだかまっていました。だから、よけい命令を忠実に実行しようとしたのではないですか。」

朝鮮人三人の死刑と九人の有期刑の背後に、フローレス島の孤島のなかでも繰りひろげられていた民族差別の影が見えかくれしている。

スマトラのメダン法廷では、マレー俘虜収容所関係者三四人が有罪判決を受けていた。うち二三人が朝鮮人軍属である。シンガポールに比べて絶対数は少ないものの、俘虜収容所関係の戦犯に占める朝鮮人の比率はきわめて高くなっている。

シンガポール地区の英国法廷で有罪となった俘虜収容所関係者一一四人のうち、朝鮮人軍属は六一名であった。

どこの法廷でも、俘虜収容所関係の戦犯追及において、朝鮮人軍属の占める比率が大きい。その主な原因は、日本の俘虜収容所の編成のあり方、連合国が命令者と命令実行者を裁いた裁判のあり方、そして、裁いた米・英・蘭・豪などの裁判に、日本の植民地支配の視点が欠落していたことにあった。

日本は俘虜収容所の編成にあって、将来起こりうるかもしれない責任追及を考慮して、植民地の人間を使ったと考えるのは、うがちすぎだろうか。

サイゴンにあったタイ俘虜収容所第一分所第一分遣所に勤務していた呉在浩さんは、重大な文書を目にしている。

「確か昭和一八年頃でした。機密文書類が送られてきたので、庶務で開封したんです。そのなかに、〝俘虜を虐待しているのは、朝鮮人部隊であって、日本人ではない〟という海外放送をやったことが書かれていました。

このことは誰も知らないと思います。そういう放送を聞いた人がいればいいのですが、私は文書で見ただけです。これを見てから、私の物の考え方は、がらっと変わりました。そして、なぜ、朝鮮人と台湾人を監視員にしたのか。その時わかったような気がしたんです。」

俘虜虐待に対する連合国側からの抗議に、虐待しているのは朝鮮人であって、日本人ではないと日本は回答したという。朝鮮人監視員は、俘虜虐待の責任追及に対する弾よけとしての役割を担わされていたのだろうか。

反植民地闘争と戦争裁判

日本のポツダム宣言受諾が明らかになった一九四五年八月一五日、インドネシアには独立への大きなうねりが渦まいていた。青年たちの突きあげによって、スカルノとハッタが全世界へ向けて独立を宣言したのは八月一七日午前一〇時。独立に熱狂するインドネシア民衆は、あいさつ代わりに右のこぶしを高く振りあげて「ムルデカ(独立)!」と叫び、町には、紅白のインドネシア国旗がいたるところにひるがえっていた。

三五〇年におよぶオランダの統治、三年半の日本軍政の後に、ようやく手にした独立である。熱狂する民衆のエネルギーは、今や日本軍の手でも押しとどめることはできなかった。

スカルノの演説をきこうと、ガンビル広場へ出かけたある朝鮮人は、暴動が起きたと聞いてひき返している。バタビアの町は、独立(ムルデカ)で殺気だっていて、恐ろしくて一人で外へ出られないぐらいだった。一人で外出して帰ってこない仲間もいたし、身ぐるみはがれて、パンツ一枚になった仲間もいた。二、三人でたまに外へ出るほかは、在ジャワ朝鮮人民会の組織の下で、朝鮮語の学習や朝鮮史の勉強をしながら、帰国にそなえていた者も多かった。異国の独立の熱気に触れた朝鮮人たちの帰心は、矢の如きものがあっただろう。

戦闘行為もなくほとんど無傷で残った第一六軍の武器は、休戦協定によって、連合国軍に引きわたされることになっていた。日本軍はこうしたインドネシア民衆の動きに対しても兵力を温存したまま、手を下すことなく傍観していた。

民衆の独立への熱狂は、九月に入って英印軍が上陸すると、武力によって弾圧されていった。オランダは、日本が敗れたあと、権力の空白を縫って宣言されたインドネシアの独立を、認めようとしなかった。再び、自分たちがジャワの地を踏めば、インドネシア人は膝を屈して歓迎すると考えていたのだろうか。

しかし、一度、独立に熱狂した民衆は膝を屈するかわりに、銃を、竹槍をとったのである。「あのおとなしいインドネシア人」が、まったく変貌してしまった。人民治安軍、民衆部隊が結成され、日本軍に武器の供与を求めた。求めに応じない部隊からは実力で奪取した。こうして、宣言を読みあげるところから、独立をわが手に獲得する本格的な戦闘が開始された。一九四九(昭二四)年一二月二七日オランダがインドネシアに政権を委譲するまでの五年にもなんなんとする長い独立への闘いに、インドネシア民衆は踏み出したのである。

一〇月七日インドネシア政府は、かつて日本軍政下で軍事訓練を受けた義勇軍の将兵や兵補たちに、民族軍への参加を呼びかけた。一一月一二日には、ジョクジャカルタで

第一回人民治安軍司令官が一堂に会し、スディルマン大佐を軍の最高司令官として選出している。

おそらく、朝鮮人軍属たちが教育した兵補たちも、この民族軍に参加し、熱い血を流したのであろう。

人民治安軍を中心としたインドネシアの組織的な闘いが始まった。しかし、近代兵器で武装したオランダ軍の前で、人民治安軍は敗北を重ね、首都ジャカルタ(オランダが再占領してバタビアと称す)を、そして西部ジャワの州都バンドンを追われ、次第に中部ジャワのジョクジャカルタへと追いつめられていった。

オランダ軍が再び占領した首都ジャカルタでは、BC級戦犯裁判が開始された。一九四六(昭二一)年八月、一八〇キロほど離れたバンドンでは、未だ反オランダゲリラ活動が続いていた。これには市来竜夫ら日本人で編成した特別偵察隊も加わっていた。朝鮮人軍属もまた、インドネシア独立軍に身を投じている。その正確な数をつかむことはできないが、一九七六(昭五一)年に、インドネシア共和国独立英雄となった梁七星はそのうちの一人である。バンドンで脱走した日本兵が、間違って朝鮮人部隊に入ってしまったとの証言もある。

フローレスの俘虜収容所に勤務していた崔昌善さんは、死刑になるぐらいならと二度もチピナン刑務所を脱走しようとして失敗し、さらに腹をかっ切って自殺をはかったがこれも失敗して刑死している。

アンボン島の俘虜収容所に勤務していた金喆洙さんは、戦犯追及の手をのがれて、インドネシア独立軍に参加しようとした。ジャカルタ郊外の日本人収容キャンプにやってくるインドネシア人の物売りが、熱心に独立軍への参加を勧誘したのである。大尉の階級で迎えるという。当時は、インドネシア軍は劣勢で、誰もがこのまま独立ができるなどと考えていなかった。朝鮮へ帰りたかったが、戦犯で死刑になるよりはと思って、金さんは独立軍に入る決心をした。一週間後に逃亡する手はずをつけたのに、その二日前に逮捕されてしまった。

無事、逃亡してインドネシア軍に加わった朝鮮人も何人かいるが、その一人は崔貴南《チェキナム》、西ジャワで反オランダゲリラ闘争に参加し、密林のなかで人知れず斃れた朝鮮人ゲリラ兵三名シロヤマ、アカキ、マツモトもいる。彼らもまた軍属だった。インドネシア独立軍のなかで活動した朝鮮人軍属は、おそらく一〇人を下ることはないだろう。しかし、彼らの活動の軌跡が、わずかでも判っているのは梁七星一人である。あとの軍属は、故郷の家族にもその思いを伝える術もなく、ジャワの土に還っていった。

オランダの戦犯定義

オランダは人民治安軍、反オランダゲリラの掃討を続ける一方、再占領した地域で、

BC級戦犯法廷を開いていった。法廷には三人の裁判官がおかれ、裁判長は佐官級、陪席判事は尉官級の将校であったが、多くは俘虜収容所にいた軍人であった。そのため「日本人に対する復讐感情、憎悪感情の熾烈な人々であった」という(『戦犯裁判の実相』)。

一九四六(昭二一)年六月一日、蘭領印度副総督ハー・イェ・ファン・モークは、「蘭領印度法令公報」第四四号で、戦争犯罪の概念規定を明らかにしている。その第一条は次のような文章ではじまっている。

「戦争犯罪とは、戦争中敵国の臣民及び敵に使用されている外国人によって、戦争の法規及び慣例に違反して犯された事実をいう。すなわち、一、殺人及び殺人集団、二、組織的暴虐行為……」

このように、戦争犯罪三九項目が列記されている。このなかには「九、非人道的状態の下における市民の抑留」「三一、許容されない方法で俘虜を就労させること」「三五、抑留市民又は被拘禁者の虐待」などとともに「三九、停戦条件に反して、敵対行為を行ない、又は第三者にこれを教唆し、若しくはその目的のために情報、機会若しくは手段を供与すること」の一項目がある。インドネシア独立戦争を念頭においた戦犯規定である(『戦争犯罪裁判関係法令集』)。

第一条で注目されるのは、「敵に使用されている外国人」との表現である。この外国人とは「その者が、継続的に敵に使用されているという意味だけに解すべきである」と限定されている。朝鮮人・台湾人はこの概念に含まれるが、兵補・義勇軍として日本軍に徴用され訓練を受けたインドネシア人は、含まれない。その理由は明らかではないが、おそらく、インドネシア人は自国の植民地人であり、「外国人」としては考えていなかったのであろう。また、朝鮮人に限っていえば、「戦争犯罪に関する限り、朝鮮人は日本人として取り扱われる」との方針が、蘭領印度検事総長と英国との間で了解されていたことは、すでに述べた通りである。

この結果、朝鮮人も台湾人も日本人として裁かれた。オランダによるBC級戦犯裁判で有罪となった朝鮮人は六八人、このうち四人が銃殺刑だった。台湾人は七人が有期刑となっている。

朝鮮人軍属が収容されたチピナン刑務所には、インドネシア独立軍の人たちも多数拘禁されていた。かつての第一六軍軍司令官今村均大将が入獄した一九四八年五月頃には、約二三〇〇人のインドネシア人と華僑、約二〇〇〇人の白人、約七〇〇人の日本人戦犯が収容されていた。この七〇〇人のなかに七〇人の朝鮮人が含まれていた(今村均『幽囚回顧録』)。

蘭印軍当局者は、インドネシアの囚人を単なる泥棒にすぎないと言っていたが、彼らの意気はすこぶる軒昂だったと朝鮮人戦犯は語っている。今村大将の『回顧録』にも、インドネシア民族の気迫が、獄中に浸潤していて、毎夜ムルデカ(独立)の歌の合唱があったとある。看守助手の半数が独立政府側の関係者だったというから、チピナン刑務所には、民族独立の熱い思いがみなぎっていたことだろう。

刑務所内の作業で、この独立軍のインドネシア人と朝鮮人軍属が一緒になることもあった。だが、日本の戦犯になったとの屈折した思いを抱く朝鮮人が、インドネシア独立軍と、つかの間であれ〝連帯〟をつくり出すことはむずかしかった。同じく植民地支配の下に呻吟し、同じオランダ軍の囚われの身となっても、朝鮮人の意識のなかには、どこかにインドネシア人を「原住民」として見下す気持が潜んでいた。こうした考え方は、皇国臣民教育のなかで、「大東亜共栄圏」の中核民族としての意識をたたきこまれたことが影響していたのかもしれない。日本が負けたからといって、「皇国臣民」としての物の考え方をすぐに変えることはできない。

同じように、植民地支配に苦しんだ民族同士が、連帯できるにはまだまだ時間がかかった。インドネシア共和国が、名実ともに独立を獲ちとるため、さらに多くの人々が血を流していった。インドネシア人を横眼で見ながら、朝鮮人戦犯たちは、こうした独立闘争のなかで囚われたインドネシア人を横眼で見ながら、「日本人」としてチピナン刑務所に拘禁されていた。戦犯になったのが自民族の独立のために闘った結果でなかったことは、ジャワの輝く太陽の下で、彼らの心に黒い影をおとしていただろう。

オランダによる戦犯裁判のうち、ポンティアナック、クーパン、メナド、アンボンなど、いわゆる「外島」における裁判で「原住民虐待」「抗日謀略団の検挙処刑」などのケースが多いことが注目される。

アンボン島付近では、オーストラリアの飛行機によるビラまきがしばしばあり、「住民の動揺をおさえるための厳しい取調べがあったことは事実だった」と、ある憲兵曹長が証言している。また、アンボンは「香料諸島」の中心地であり、オランダが植民地統治上、最も力を入れていた地域だけに、アンボン人の「親オランダ」感情は根強いものがあった。ある日本人戦犯はアンボン人を「黒いオランダ人」とすら称していた。こうした地域の抗日運動が、抗日独立運動だったのか、反日親蘭運動だったのか、判断はむずかしい。

モロタイの法廷で、「諜報インドネシア人を命により処刑」したとの理由で八年の刑をうけた元ハルマヘラ憲兵隊長平野幸治は、一九四七(昭二二)年三月一四日自殺したと記録されている。だが、証言によれば、インドネシア独立運動と関連があったために、オランダに虐殺されたという。こうしたケースは他にもあったと思われるが、今のところ明らかにされていない(『われ死ぬべしや——BC級戦犯者の手記』)。

オランダによるBC級戦犯裁判は、日本軍の侵略戦争の責任を裁いたと同時に、インドネシア独立運動との関連をも厳しく裁いている。植民地問題が視野に入っていない点では、オランダも日本と同じだった。

蘭領印度一二カ所で開かれたＢＣ級戦犯裁判が、一体何を裁いたのか。朝鮮人、インドネシア人にとってオランダによる裁判は何だったのだろうか。そして、「鉄鎖の民を解放」せんとした「大東亜戦争」がアジアの民衆に何をもたらしたのか、「原住民の虐待、処刑」の判決の内容の検討が、なされなければならないと思う。

一九四六(昭二一)年八月五日、インドネシア独立軍を、武力で排除したバタビア(ジャカルタ)でオランダは戦争裁判を開始した。そして、一九四九年一二月二四日、インドネシア政府への政権委譲(一二月二七日)を前に、バタビア法廷の幕が閉じた。最後に裁かれた今村均大将は無罪。判決は、インドネシアの完全独立を前にした一九四九年一二月二四日であった。

Ⅳ　戦争責任と戦後責任

1　サンフランシスコ平和条約と朝鮮人戦犯

初めての日本

「ああ、これが畳なのか！」

一九五一（昭二六）年八月、スガモプリズンの房の一隅で、李鶴来さんは、つくづくと畳の手ざわりと坐り心地を楽しんでいた。初めて坐る畳、いや正確にいえば二度目といってよい。最初の畳の上の生活、それは、釜山で初年兵教育にも匹敵する厳しい訓練を受けた、あのバラック建ての臨時兵舎での二カ月の暮らしだった。あの時の兵舎にも、畳が敷いてあった。だが、あのコチコチの畳は、厳しかった訓練の思い出とともに心にざらっとした冷たい感触を残していた。

スガモプリズンの一隅にどっかり胡座《あぐら》をかいた李鶴来さんにとって、畳の柔らかい感触は、生きていることへの実感を呼びおこしてくれた。

「よく、生きて帰れたものだ」

シンガポールのチャンギ刑務所の、冷たい石の床の独房に八カ月間、死刑囚としての身を横たえてきた李さんにとっては、たとえ粗末なものであっても、畳のぬくもりはそのまま生きていることへの実感に繋がるのだろう、四〇年たった今もなお、李さんはあの時の感触を忘れずにいるという。

一九五一(昭二六)年八月二七日、二〇年に減刑された李さんは、他の英国戦犯裁判を受けた二三一人とともに、横浜に送られてきた。このなかには朝鮮人二七人、台湾人七人が含まれていた。皆、はじめての日本だった。

一九五一年三月二七日、シンガポール、チャンギ刑務所のベイリ所長は、収容中の戦犯に次のように語った。

「本日、近いうちに、日本人戦犯を送還させるから、準備を整えておくようにと軍からの指令があった。乗船日は、仮収容地が判明次第、追って通知する。」

夢にまで見た「内地送還」の日が近づいてきた。浮き足だつ日本人戦犯にまじって、李さんは、この日の気持を、次のように書き記している。

「内地送還実現の私の喜びと日本人のそれとはかなりの差があると思う。それは彼等と私の立場が違う点もあるが、民族同士の惨事(朝鮮戦争)が行なわれている点でもある。だが直接祖国に足を踏み入れないにしても祖国に近いところにいるということは嬉しい。足かけ一〇年間の長い熱帯地の生活も遠からず終えると思えば、感無量である。」

「内地送還」は、日本へ送られることであっても、自分の国へ帰れることではない。だが、祖国へ一歩でも近いところへ行けるのは嬉しいという。その祖国は、朝鮮戦争の真っ只中にあった。

李さんが朝鮮戦争の勃発を聞いたのは、このチャンギ刑務所のなかだった。「何でまた」とやりきれない気持だった。自分たちは、日本の戦争責任を負わされて、戦後五年たってもなお、檻のなかで暮らさなければならない。もう、戦争だけは二度とごめんだと思っていたのに、今度はこともあろうに自分の国で戦争がはじまってしまった。遠くシンガポールの地にとらわれている李さんには、くわしい戦争の状況も分からず、焦躁の日が続いた。檻のなかで、イライラするばかりで何もできずにいる自分にまた苛立つ。こうしたイライラが原因なのか、胃痛をおこして二週間も入院してしまった。

八月一四日、いよいよタイレア号(八〇〇〇トン)に乗船、ベイリ所長からの知らせを受けてから五カ月もたっていた。

この間、朝鮮休戦会談が開城《ケソン》で開かれた(七月一〇日)が、戦闘は継続されており、家族の安否もつかめなかった。

八月二七日、李さんは「日本人戦犯」の一員として、初めて日本の地を踏んだ。横浜は、「何だか陰気な港」だと、その印象を記している。

二三一人がようやく生きて帰れたとの安堵感にひたっていた時、彼らを迎えたスガモプリズンは何か重苦しい空気を漂わせていた。

スガモプリズンには、オランダ(蘭印)法廷で戦犯となった六九三人も収容されていた。彼らは、オランダがインドネシア政府へ主権を委譲するのに先立って、日本へ送り還されてきたのである。一九五〇(昭二五)年一月二三日、横浜に上陸している。このなかには朝鮮人六一人もおり、釜山以来のなつかしい顔も見えた。生きて会うことのできた喜びを語りあう朝鮮人の心の底に澱《よど》むしこりは、安否の知れない家族のこと、目と鼻の先にある祖国で今なお続く激しい戦闘のこと、そして、そのなかにあって手をこまねいていなければならない囚われのわが身のことであった。

A級戦犯釈放と再軍備のなかで

釈放の望みのない檻のなかの暮らし、そんな生活のなかで、戦犯たちは、平和条約の成立に伴う戦犯釈放に望みをかけていた。岸信介元商工大臣、青木一夫元大東亜大臣、安倍源基元内務大臣、児玉誉士夫元児玉機関長、笹川良一元国粋大衆党党首などA級戦犯容疑者は、一九四八(昭二三)年一二月二四日に、早々と釈放されていた。A級戦犯七人の絞首刑が執行された翌日である。五〇年一一月二一日には、A級戦犯として七年の刑を受けた重光葵元外相も仮釈放されている。

これらの政治家には、侵略戦争を指導した責任があるはずだが、なぜか、戦犯の釈放は、戦争指導者から行なわれている。抗命権のない日本の軍隊で、命令の実行者として戦犯に問われた人々が、こうした釈放のあり方に激しい憤怒を覚えたのも、けだし当然であろう。その上、レッド・パージが始まり、警察予備隊が発足すると、戦争指導者、協力者への追放解除が次々と発表された。

特に、マッカーサーが、日本の再軍備の必要性を強調した一九五一年には、旧政財界人、軍人等の大量の追放解除が行なわれる一方、平和条約の交渉も大詰に入っていた。敗戦後の米ソ冷戦構造のなかで、戦犯釈放、追放解除と再軍備のための日米安全保障条約、平和条約の草案作成とが並行して準備されていったのである。

六月二〇日、第一次追放解除により、石橋湛山や三木武吉などの政財界人二九五八人の追放が解除され、八月六日には第二次追放解除により鳩山一郎ら一万三九〇四人が追放を解除されている。対日平和条約の最終案が発表された八月一六日には、旧陸・海軍正規将校一万一一八五人の追放も解除されている。この正規将校たちが、発足まもない警察予備隊の強化に利用され、日本再軍備に大きな役割を担ったのである。すでに、この年の三月一日、警察予備隊は旧軍人に対する特別募集を開始していた。

ＢＣ級戦犯の上官であった陸・海軍将校の追放が解除されているにもかかわらず、下級者が戦犯として、スガモプリズンに拘禁されている。日本再軍備に貢献できない下級者が、連合国に無視されたかのように取り残されてしまったのである。

再軍備の進行のなかで自分たちの存在が忘れられたような状況を見つめながら、ＢＣ級戦犯たちの苛立つ日々が続いた。

スガモプリズンに収容されているＢＣ級戦犯たちが発行している『すがも新聞』は、その気持を次のように書き記している。

「公職追放がポツダム宣言の第六条であるならば、戦犯もポツダム宣言の第十条である。公職追放が解除されつつある今日、戦犯にも亦何らかの処置が講ぜられるだろうと云うことは我々の希望的観測ばかりではあるまい。追放解除が戦争協力への責任の軽いものから解除されていると云われているが故に、戦犯者も戦争責任の大物は別としてＢＣ級の雑魚に対しては何等かの考慮が払われるであろうことが期待される。」

（『すがも新聞』一九五〇年一一月一八日付）

一九五一（昭二六）年八月一六日、平和条約の最終条文の全文が発表された。その内容は、ＢＣ級戦犯たちの釈放の夢をみじんに砕く冷酷な内容であった。

戦犯は釈放せず

平和条約の草案第十一条には、条約が発効した後も、戦犯が引き続き刑に服さなければならないことが明記されていた。

日本国との平和条約

「第十一条　日本国は、極東国際軍事裁判所並びに日本国内及び国外の他の連合国戦争犯罪法廷の裁判を受諾し、且つ、日本国で拘禁されている日本国民にこれらの法廷が科した刑を執行するものとする。これらの拘禁されている者を赦免し、減刑し、及び仮出獄させる権限は各事件について刑を科した一又は二以上の政府の決定及び日本国の勧告に基く場合の外、行使することができない。極東国際軍事裁判所が刑を宣告した者についてはこの権限は、裁判所に代表者を出した政府の過半数の決定及び日本国の勧告に基く場合の外、行使することが出来ない。」(傍点引用者)

この条文によると、「日本国で拘禁されている日本国民」に、刑を執行するとなっている。敗戦後からこの時まで、朝鮮人戦犯は「日本国民」として刑の執行を受けてきた。はたして、第十一条に規定する「日本国民」のなかに、朝鮮人・台湾人が含まれるのか否か、微妙な問題であった。しかし、この草案作成の過程で、朝鮮人戦犯の問題が論議された形跡は見られない。李さんたちの問題は宙に浮いたまま、草案が作成されていった。

一〇月に入ると引揚援護庁の法務関係者が、第十一条に基づく日本政府の勧告について研究し、その成案を関係方面に送ったという。この成案のなかに、次のような記述がある。

「(ハ)非日本人に対しては、日本政府としては講和条約発効後はこれを拘置する根拠に疑義を生ずるをもって、処刑国の処置に委ねるよう措置することが適当と考えられる。」(厚生省『続・引揚援護の記録』)

平和条約発効後、朝鮮人戦犯を拘留することに、問題があると認識はしているが、その釈放については裁判国に措置をまかせた方がいいとの勧告である。

この引揚援護庁は、のちに厚生省引揚援護局となる。前身は、陸軍省法務局であり、のちに第一復員省—復員庁—厚生省第一復員局—厚生省復員局とかわった後、引揚援護庁復員局となっている(一九四八(昭二三)年五月三〇日)。

陸軍関係が第一復員局、海軍関係が第二復員局を構成している。

この第一復員局と第二復員局を中心に、すでに条約の草案発表の前年一九五〇年に、戦犯問題に関する四つの希望事項がつくられている。その四番目の希望事項に「台湾・朝鮮籍受刑者に関する釈放の懇請」があげられていた。このように日本政府にとって、台湾人・朝鮮人戦犯の問題は、「頭の痛い問題」として早くから認識されていたようだが、具体的には何の手段も講ずることができなかったのである。

平和条約の発効に先立って、第一、第二復員局が早くから戦犯釈放に関する研究をすすめていたのには理由があった。

在日米・軍事顧問団初代幕僚長として、日本の再武装を担当したF・コワルスキー陸軍大佐によると、復員局は、マッカーサーが「わが愛すべきファシスト」と呼んだウィロビー少将が組織したという。この復員局の表向きの目的は日本軍隊の解体と復員に携わり、元帝国陸海軍将校全員の名簿を保持して、GHQを補佐することにあった。しかし、一九五一年頃には、いつか日本軍隊を再建するためのウィロビーの個人機関となっており、戦犯処刑が終わったのちには、残っていた旧陸海軍将官、佐官組のうちの最も有能と思われる人々が集められていた。そして、ここに集められた旧軍人は、ウィロビー少将の密偵として、政治集会や労働組合の大会に出席してては、その情報をアメリカ側に提供し、占領軍の考え方に重要な影響を与えていたのである。戦犯となってもおかしくない服部卓四郎大佐(大本営陸軍作戦課長、のち東条首相の軍事秘書)も、この復員局に配属されていた(『日本再軍備』)。

このように復員局は、日本再軍備のために有能な軍人の力を温存するかくれみのとして機能していた。彼らは朝鮮人・台湾人の戦犯問題が、日本にとって「やっかいな問題」であることを誰よりも知っていたであろう。植民地支配の責任を鋭く問う朝鮮人戦犯、台湾人戦犯の存在は、できるだけ早いうちに、かたをつけたかったのではないだろうか。

一九五一(昭二六)年九月八日、「日本国との平和条約」が、サンフランシスコで調印された(「日米安全保障条約」も同じ日に調印されている)。平和条約は「和解と信頼」の文書だと吉田茂全権大使は演説しているが、戦犯に関する限り、少しの和解もなく、拘留が日本の独立後も続くことだけが確認されていた。吉田の演説も、スガモプリズンの人々にとっては、空々しく響いた。

この調印式のあった日のスガモプリズンの空気を、『すがも新聞』は次のように伝えている。

「吉田全権がアチソン議長と固い握手をしたとラジオが告げている頃すがもには冷たい愁雨が伸び切ったヒマラヤ杉を濡らしていた▲ひそやかに静かに降る雨の中に沈

澱したように人々の心は競技を見物したり或は演芸を楽しんで別に講和が全く自らの運命に関わりないことを語り合おうともしなかったようだ。」(『すがも新聞』一九五一年九月一五日付)

冷たいコンクリートの塀に囲まれたスガモプリズンのなかで、この日、戦犯たちの心は凍りついていた。ほとばしる怒りの言葉さえ、忘れたかのようだった。

『すがも新聞』には検閲がある。全文を英語に翻訳し、スガモプリズン当局に届ける。その許可を得て初めて発行されることになっている。そのため、占領軍批判や戦犯裁判についての報道はタブーであり、死刑囚についての記述もない。ストレートに真情を吐露することもむずかしい。

七夕の笹につるした短冊は、スガモにいる人間のこうした気持をたたきつけていて興味深い。一九五二年四月アメリカから日本へ管理が移行した年の七夕の短冊をいくつか拾ってみよう。

○天皇も慰問に来いよ終身刑
○星見ればシャクにさわるぞアメ公
○再軍備論者　コイツ以上の兇悪犯があろうか

○穀つぶし予備隊　刑務官もそうだぞ
○植民地軍を何に使うか
○吉田首相を流せ天の川
○ヒロヒトを逆さまに吊したい
○大権を天皇に返せ
○再軍備と引かえの釈放はいやだ
○学生よ　流す血を惜しむな　戦犯を逃れる途はそれだけだ
○ヒロヒト奴　今頃星を見てるだろう
○売国奴　吉田のツラの憎さかな
○再軍備反対　平和だ　平和だ
○裕仁がにくい
○再軍備賛成、条件がある、吉田二等兵　芦田一等兵　荒木上等兵　重光衛生兵　俺は大将
○強盗に縛られながら泥棒の入るのを心配している吉田さん
○日本人には愛想がつきた　食うや食わずで再軍備とは
○学生の頭を割る警官　ひろひとはまた神に　末世だ

（『壁あつき部屋』）

これらの文句は巣鴨の笹竹に吊るされた七夕の句から、ランダムに選んだものである。天皇、A級戦犯への怒り、再軍備反対、進まぬ釈放へのいら立ちを歌った文句が目につく。特に、戦犯をスガモに拘留したまま単独講和に踏みきった吉田への怒りが目立つ。天皇批判が目立つのが、刑死者の遺書を集めた『世紀の遺書』と大きく異なる点である。戦犯としての七年間は、天皇ヒロヒトへの幻想を打破るのに十分な歳月であった。

「日本国民」とは

戦犯の拘留を引き継ぐ平和条約第十一条をめぐって、第十二・第十三国会で論議が続いた。

朝鮮人戦犯たちが何よりも心ひかれたのは、平和条約第十一条の「日本国民」の解釈をめぐる論議であった。

一九五一(昭二六)年一一月一四日の法務委員会において、大橋国務大臣は次のような答弁を行なっている。

「佐瀬委員」　もう一点だけお伺いしておきたいのですが、この条約からいうと日本国民に限られておるようであります。戦時中に朝鮮人あるいは台湾人といったような者で、いわば準日本人として、われわれの立場から見るならば日本の戦争遂行に協力された人たちが、相当戦犯者として収容されておるようにわれわれ聞くのでありますが、この非日本人の取扱いというものは、今後どういうふうになるのか、これを最後に法務総裁にお伺いしておきたいと思います。

大橋国務大臣　御指摘のごとく、日本国民でなく戦犯者として日本国内において現在拘禁されておる者については、直接平和条約十一条には関係ないと思います。しかしこれもおそらく日本政府に巣鴨の刑務所が引渡される場合におきましては、同じように引渡される可能性があるのではないかと存じますので、それを日本政府としてどういうふうに処理すべきであるかという点を、ただいま関係当局と折衝いたしております。」

（『法務委員会議録第十二号』昭和二六年十一月十四日、傍点引用者）

大臣の答弁によれば、朝鮮人戦犯は第十一条に関係ない、言いかえれば条約発効後の刑の執行の対象に入らないものとして、その処遇を検討しているという。同じ趣旨の発言は、すでに一〇日の参議院「平和条約及び日米安全保障条約特別委員会」において、西村条約局長が行なっている。

西村条約局長は、「御指名の日本人にあらざる者、平和条約発効後におきましては日本人でない者、具体的に申しまして、朝鮮人たる戦犯者が平和条約実施後第十一条との関係においてどうなるという問題でございます。私どもと致しましては、第十一条によって日本政府が刑の執行の義務を受けている者は、日本人たる戦犯同胞諸君であると考えているわけでございます」。

日本政府が刑の執行を義務づけられているのは、日本人だけだ。時の外務省条約局長と法務総裁が、第十一条の「日本国民」には、朝鮮人は含まれないと答弁しているのである。李さんたちが、条約が発効すれば、釈放されると考えるのも当然である。

条約が発効する直前の一九五二(昭二七)年四月一二日、衆議院法務委員会が開かれていた。ここで、政府の答弁は、突然次のように変わった。

「**大西(正)委員**　その点はその程度にいたしまして、かつて戦争中に日本の国民として戦争に従事をしまして、そうして戦犯となっておる、現在においては朝鮮人、台湾人となっておられる人々につきましては、字句の上でこの条約に含まれないように思うのでありますが、それはどうなるのでありましょうか。

古橋政府委員　その点は条約十一条の解釈ということに相なるかと思うのでございます。十一条で日本人と定めました者は、その犯罪当時におきまして、日本人として日本の戦争に関与しまして犯罪を犯した、そうして裁判当時にも日本人であった者、それらの者に対しまして、日本が今回さらにその刑の執行をするという建前でございますから、結局その裁判当時に日本人であった者は、刑の執行を負担することになるというぐあいに解釈すべきであると思うのです。従いまして朝鮮、台湾人もここで十一条に言う日本人と解釈するのでございます。また講和条約発効までは、これらの人たちも日本人でございまして、発効いたしましてから後には、朝鮮人になり、あるいはその他の国籍になると思うのでございますが、それまでは日本人としての義務を持っておるのでございます。ただように条約が効力を発生いたしましてから、朝鮮、大韓民国なり、あるいは中国なりの国籍を取得する者に対しまして、日本において刑を執行するということが事情の上から申して、はたして忍び得るかどうかというようなことは、これまた特別に考える必要があると思うのでございまして、そういうものにつきましては、別の方法を考えることが必要だと思うのでございます。」

(『法務委員会議録第三十一号』昭和二十七年四月十二日、傍点引用者)

まわりくどく、イライラする答弁だが、朝鮮人も台湾人も第十一条でいう「日本国民」と解釈して、釈放しないということである。条約発効後、朝鮮人がどこの国籍をとろうが関係ない、それまでは日本人だったのだから、日本人としての義務をはたせ、戦犯としての刑に服せということである。釈放について「別な方法」が逃げ口上にすぎなかったことは、李さんが一九五六(昭三一)年まで、巣鴨に拘留され続けた事実が、何よりも雄弁に物語っている。

この古橋委員は法務府事務官、矯正保護局長である。法務府の見解を代弁したものと考えてよいだろう。

この古橋答弁について、質問者の大西正男は一言の反論も加えていない。

さらに、同じ趣旨の質問を外務省にむけている。

「**重光説明員**　平和条約十一条の『日本国で拘禁されている日本国民』の範囲についての外務省の見解も、ただいま法務府の方から答弁されたこととまったく同一でございます。」

外務省、法務府ともに、「日本国民」に朝鮮人戦犯が含まれるとの意見で統一されている。一九五一(昭二六)年一一月の法務総裁と条約局長の国会答弁が、五カ月後には一八〇度変わってしまった。この間にどのような事情があったのか、まったく説明されていない。

一九五二年四月二八日の平和条約発効までの間、この二人の見解を否定する答弁は、なされなかった。また、さきの法務総裁答弁との間の矛盾を追及する議員もいなかった。朝鮮人戦犯、台湾人戦犯は、何ら納得できる説明もされないまま「日本国民」として、

第十一条による刑の執行を受けることのみが国会で確認されて、四月二八日を迎えた。

この日、朝鮮は日本から独立した。在日朝鮮人は、一九五二年四月二八日をもって、日本政府から一方的に日本国籍を喪失したと見なされて、「外国人」としての取扱いを受けるようになった。(注) しかし、巣鴨のなかにいる朝鮮人戦犯たちは「日本人であった時の義務」をはたすために、拘留され続けている。

(注) 平和条約の発効に先立って、四月一九日、民事甲第四三八号法務府民事局長通達「平和条約の発効に伴う朝鮮人、台湾人等に関する国籍及び戸籍事務の処理について」が出され、次のように規定している。

「(一)朝鮮及び台湾は、条約の発効の日から日本国の領土から分離することとなるので、これに伴い、朝鮮人及び台湾人は、内地に在住している者を含めすべて日本の国籍を喪失する。」

そのため、次の法律で朝鮮人の在留が定められている。

法律一二六号二条六項

「日本国との平和条約の規定に基き同条約の最初の効力発生の日において日本の国籍を離脱する者で、昭和二十年九月二日以前からこの法律施行の日まで引き続き本邦に在留するもの(昭和二十年九月三日からこの法律施行の日までに本邦で出生したその子を含む)は、出入国管理令第二十二条の二第一項の規定にかかわらず、別に法律で定めるところによりその者の在留資格及び在留期間が決定されるまでの間、引き続き在留資格を有することなく本邦に在留することができる。」

戦犯となって初めて日本の土を踏んだ李さんたちは、どのような形で日本への入国が認められたのだろうか。オランダ法廷の戦犯が横浜に着いたのが一九五〇（昭二五）年一月二三日、シンガポールで裁かれた戦犯が日本へ送還されたのが五一年八月二七日、いずれも朝鮮戦争の真っ最中である。韓国からの「不法入国者」の取締りに神経をとがらせていた政府は、朝鮮人の日本入国を特別な場合を除いては認めていない。だが、かつての「大東亜共栄圏」から送還されてくる朝鮮人の入国は特別に取り扱わざるをえなかった。

旅券も持たず、初めて日本に送還されてくる朝鮮人戦犯、台湾人戦犯たち。そこで、一九五〇年一二月一日、オランダ法廷の戦犯が日本に送還されるのを前に、朝鮮人戦犯、台湾人戦犯の入国とその後の在留について決めた業務協定が締結された。この協定は後に改定され、五二年一〇月一七日付入国管理局長通達「引揚者等の取扱いに関する業務協定改正に関する件」となっている。この通達には、「五　第八項（引揚げに準ずる者の在留及び外国人登録は、当該者が終戦前から引き続き本邦に在留するものとして取り扱う――引用者注）は、旧日本軍人、軍属であった朝鮮人・台湾人（外地から送還されて現に服役中の戦犯を含む。）を終戦前から引き続き在留する者と同一に扱う趣旨を明らかにしたものであり、昭和二十七年法律百二十六号第一条第六項（126―2―6）に該当する旨の証印を受けさせることとした」の項が含まれている。

条約発効と同時に、第十一条を実施するための法律「平和条約第十一条による刑の執行及び赦免等に関する法律」が公布された。法律一〇三号と呼ばれるものである。附則を含め全文四〇条からなるこの法律には、「御名御璽」と書かれている。天皇の名において、戦犯の刑の執行を日本政府が行なうことになった。天皇の戦争責任が不問に付されただけでなく、天皇の名で侵略戦争にかり出された日本人、朝鮮人、台湾人が、今度は天皇の名で侵略戦争の責任を問われることになったのである。法一〇三号の第一条は次のように規定している。

「第一条　この法律は、平和条約第十一条による極東国際軍事裁判所及びその他の連合国戦争犯罪法廷が科した刑の執行並びに刑を科せられた者に対する赦免、刑の軽減及び仮出所が適正に行われることを目的とする。」(傍点引用者)

「刑を科せられた者」とは誰か。平和条約第十一条では「日本国民」と限定されていた。それが法一〇三号では「者」に変わっている。「者」である限り、日本人に限定されるとは限らない。「日本国民」の解釈に関するさきの古橋委員の答弁は、法一〇三号の公布を念頭においたものだった。

表Ⅳ-1-a　スガモプリズン 裁判国別・国籍別在所者

(1952. 4. 12. 現在)

	日本人	沖縄人	台湾人	朝鮮人	計
裁判国(法廷)					
極　東	13				13
米　国					
第 8 軍	301	2			303
横　浜	27	1			28
マリアナ	28				28
太平洋方面陸軍	25				25
マーシャル・ギルバート	13				13
カロリン	3				3
比島・琉球	35	1			36
西太平洋方面	4				4
上　海	10				10
南　京	8				8
軍事顧問(南京司令部)	3				3
計	457	4			461
英　国					
シンガポール	58	1		18	77
マレー	25		1	2	28
香　港	31				31
北ボルネオ	9		1		10
ビルマ	9				9
計	132	1	2	20	155
和　蘭	223	3		13	239
中　国	92	4			96
仏　国	43				43
合　計	960	12	*2	33	**1,007

注) * 台湾人戦犯は 173 名(うち刑死者 26 名), 2 名のほかにもオーストラリアのマヌス島に 68 名が勾留中

** この数には、フィリピンのニュービリビット刑務所に勾留中の 111 名(うち 50 名死刑囚), オーストラリアのマヌス島の 210 名(うち台湾人 68 名)が含まれていない

なお, 4 月 28 日には 927 名に減少(うち朝鮮人 29 名, 台湾人 1 名)

出典)『第 13 回国会衆議院法務委員会議録第 31 号』19 頁

表Ⅳ-1-b　階級別人員

(1952.4.12.現在)

大臣級	将官	佐官	尉官	下士官	兵	民間級その他	計
6	51	104	291	240	41	274	1,007

出典）同右議録17頁

日本政府は、いつの時点から、朝鮮人戦犯に対する刑の執行を決意したのだろうか。大橋国務大臣、西村条約局長の国会答弁のあった一九五一(昭二六)年一一月一四日以降、古橋答弁の五二年四月一二日以前であることだけは確かである。この経過は、のちに李さんたちが釈放を要求して裁判を起こした時に、初めて明らかにされた。

怒りを法廷へ

一九五二年四月二八日、平和条約は発効したが、李さんたちの身には何の変化も起こらなかった。ただ、スガモプリズンが巣鴨刑務所と名前をかえ、管理が若干ゆるやかになった。日本側に管理が移った巣鴨刑務所には、朝鮮人二九人、台湾人一人が収容されていた。李さんもその一人である。四月二八日、巣鴨刑務所に拘留されているBC級戦犯は日本人を含め、総数九二七人であった。

日本の独立後もなお戦犯として拘留されていた巣鴨の人々の間には、どうにもならない嗜虐的傾向が目立ち、所内には絶望的な空気が支配的だったという。内に抑えていた感情をむき出しにして、抵抗の弱いところに打ち当ててくる。口論が起き、喧嘩騒ぎがもち上がり、蜂の巣を突ついたような混乱の一時があったと、当時の所長が書いている。日本人BC級戦犯ですら、こんな状態であった。日本国籍を離脱したはずの朝鮮人が、日本の戦犯として獄に繋がれている、その心情は、誰も推しはかることが出来ないほど絶望的なものだったろう。

「日本人の戦犯はまだいいです。県人会や家族の人たちが面会に来ては、いろいろ差し入れてくれます。品物じゃないです。自分たちが忘れられていない、自分たちのことを見守ってくれる人たちがいるというだけで心強く、なげやりな気持になるのを抑えることができます。しかし、私たちには訪れる人もいません。もちろん、差入れをしてくれる家族も同胞もいませんでした。日本人戦犯の人たちから、差入れのタバコを分けてもらって、私たちで二等分、三等分しながら喫ったこともありました。そんな時のみじめな気持、見捨てられて、誰にもかえりみられない寂しい自分たちの存在を痛感しました。」

朝鮮人戦犯のうっ積した思いに、一人の日本人が応えた。一九五二(昭二七)年五月四日、李さんたちは集団で加藤隆久弁護士と面会し、その場で自分たちの怒りをぶちまけた。加藤氏はこうした朝鮮人戦犯の怒りに、「人身保護法」による釈放を請求する訴えを起こす努力をすると確約してくれた。

翌五日、巣鴨刑務所のなかにある「巣鴨テアトル」で、李さんたちは加藤弁護士と松下弁護士に面会している。この時の松下正寿氏の話は、李さんの民族感情を著しく傷つけたようだ。彼の話の概要は次のようなものだった。

「私(松下──引用者注)は三一、三年前、台湾の民政長官をした。統治上、台湾の兄弟分である朝鮮を視察しなければならないと思い各所を視察した。……(略)……さて、朝鮮では多くの人が、日本は朝鮮から搾取ばかりしていると思っている様だが、小鹿島に癩患の収容所を建て、癩病患者を収容したことがある。今は戦乱によって破壊され、困っているだろう。水力工事などして、朝鮮の文化を推進せしめ、一千万たらずの人口が増加し、二千万に達した。あのまま放っておけば、文化も発達せず、人口も増加しなかったであろう。私は朝鮮人の秘書を二人使用していたが、彼らは非常に立派な人で、彼らの中の一人は、私が戦犯容疑者になったということを聞き、密航してきた。こういうわけで、朝鮮人とは因縁が深い。微力ながらも諸君のために努力する。」

植民地支配者の意識まるだしのこの話に、李さんはよっぽど頭に来たらしく、話の趣旨を日記に書きとめていた。そして、この話を痛烈に批判したあと、次のようにその気持を書いている。

「私の率直なる気持は、こういう考え方をもっている人(松下氏をさす──引用者)の援助なら望みたくもないし、受けたくもない。もし、このような人の援助がなくては出られないならば、むしろ私は不自由ではあるが、この生活の継続を選ぶであろう。これが私の偽らざる本心である。実に彼の言辞はシャクにさわる。私はその場で反論することを遠慮したのを後悔している。今でも遅くないから、書面を以って抗議したいが、友達の意見もあり、一般の雰囲気から判断して中止するのやむなきに至る。」

一九五二（昭二七）年六月一四日、朝鮮人戦犯二九人と台湾人戦犯一人は釈放を要求して裁判を起こした。その主な論点は次の二点である。

まず、平和条約第十一条との関係で、「朝鮮人や台湾人で日本の戦争遂行に協力し、現在戦犯として日本国内に於て拘禁されている者については第十一条は直接関係はない」こと。

第二に「国家主権と条約の効力」に言及し、「サンフランシスコ平和条約によっては日本及び日本国民を拘束することはできるが、条約に参加しない朝鮮及び中華民国又はそれらの国民を拘束することはできない。従って条約発効当時又はその後に於て合法的に第三国人となった者には該条約の効力は及ばない。故に、日本の国内法に違反する場合の外平和条約第十一条のみをもってしては朝鮮人及び台湾人は最早これを日本国に於て拘禁することのできないことは自明の理である」こと（韓国出身戦犯者同進会『裁判記録――人身保護法による釈放請求事件』）。

平和条約第十一条の適用、条約当事国でない第三国の国民である朝鮮人・台湾人に、サンフランシスコ平和条約の効力が及ぶか否か、この二点で弁護側は争おうとしていた。

GHQとの折衝

一九五二(昭二七)年六月二〇日、巣鴨刑務所に拘留されていた朝鮮人二九人台湾人一人あてに「審問期日呼出状」が届いた。この呼出状には、六月二八日午前一〇時、東京地方裁判所刑事第一九号法廷で、審問が行なわれることが記載されていた。

朝鮮人戦犯ら三〇人の釈放を求める訴えが起こされたのは六月一四日である。一週間後に、呼出状が届き、一週間後に審問が行なわれることになったわけである。これに先立って、二五日には、訴えを起こされた巣鴨刑務所長の代理人が答弁書を東京地方裁判所に提出した。その趣旨は、「請求者等の請求をいずれも棄却する」「被拘束者等をいずれも拘束者に引渡す」旨の判決を求めるものであった。

なぜ、朝鮮人・台湾人を釈放しないのか、巣鴨刑務所側の主張を答弁書に沿ってみてみよう。

この答弁書に記された「問題の経緯」によると、平和条約第十一条の規定はかねてから問題があったという。

特に、同条約の第二条a項は、日本の朝鮮および台湾の領有を放棄する条文であり、この条項に基づいて、朝鮮人・台湾人は、日本に居住する者も含めて、すべて四月二八日をもって、日本国籍を喪失することになった。また、大橋国務大臣、西村条約局長の国会での答弁は、「十一条によって日本政府が刑の執行の義務を受けている者は、日本人たる戦犯同胞諸君である」ことを明らかにしていた。

政府は、この線に沿って、一九五一年九月頃より、総司令部法務局次長ヘーゲンなどと折衝を続けた。ヘーゲン次長は、戦犯仮釈放委員会の委員長である。

総司令部の見解は「平和条約第十一条の『日本国民』を条約発効時を基準として解釈するのは不当である。戦犯者が、敗戦国の国民に限らないのみならず、戦犯者とは、戦争犯罪を犯した行為者本人を指すのであるから、行為時又は裁判時において日本人であるならば、すべて平和条約第十一条の『日本国民』に該当し、その後の国籍の変更、喪失は、刑の執行の対象たることにおいて何等影響がない。というのであって、この解釈については、日本政府に異論があっても個別折衝を許さず。異論があるならば、総司令部を通じて、関係各国に通知する、旨の強い線が示された」（『裁判記録──人身保護法による釈放請求事件』）という。

その後も日本政府は「種々な角度」から、折衝を続けたが、総司令部法務局は、法律一〇三号「平和条約第十一条による刑の執行及び赦免等に関する法律」の法案第一条に「日本国民」の用語を用いることに強く反対した。

このため、「平和条約第十一条に関する連合国の意思並びに解釈は、最早明白であって疑う余地はなく、日本政府としても種々検討の末、平和条約第十一条にいわゆる『日本国民』は、同条項によって日本が受諾した裁判の裁判時を基準として解釈すべきものであるとの結論に到達したので、同年三月三日右法案第三次案より『日本国民』の用語を削除し」たという。

そして、国会答弁もまた、平和条約第十一条の「日本国民」には、朝鮮人・台湾人も含まれるとの解釈に変更するようになったのである。

総司令部の強い反対にあって、日本政府としては、見解を変更せざるをえず、法一〇三号の条文中の「日本国民」の用語を削除し、「者」と書きかえたのである。

こうして日本政府が、朝鮮人・台湾人戦犯を拘束し続ける法的根拠がつくり出されたのである。

こうした経緯をふまえて、巣鴨刑務所長側は、次のように主張している。

(1) 条約の当事国間で、裁判時において日本国民であるならば、その後における国籍の変更は影響がないとの見解で一致しているのであるから、日本の国内裁判もこの解釈に拘束される。

(2) 条約の英文の解釈によると、「日本国民」は裁判時を基準に決められるべきである。しかも、刑の執行は、受刑者がその後国籍を変更しても、何等影響を受けないと考えられるので、平和条約の発効によって、日本国籍を喪失するに至っても、第十一条の条項の適用より除外されない。

(3)　日本国が承認した国際裁判の刑の言渡しが存する以上、日本が朝鮮人・台湾人受刑者を拘禁する権限がないとしても、無罪又は刑期満了となるわけではないので、裁判所による救済も完全釈放以外の適当な処分によってなされるべきである。

日本は、条約により刑の執行を受諾したのであり、受刑者の国籍変更については、何ら関係ないというのが日本政府の主張である。

裁判の日を待つ李さんたちのもとに、六月二五日、突然、審問取消しの決定が届いた。最高裁が地裁の審問を取り消し、事件送致命令を出したのである。人身保護法によると、裁判所は、「適当と認める他の管轄裁判所に、事件を移送することができる」。だが、李さんたちの訴えは、地裁が移送したのではなく、最高裁が、送致命令を出したのである。下級審の判断を許さず、いきなり最高裁判所に審理がもちこまれたことは、それだけこの釈放請求事件のもつ意味が大きいことを物語っている。

最高裁へ

七月九日、最高裁大法廷には、法律関係者、在日大韓民国居留民団の女性たちがずらりと居並び、このなかには元東京裁判の重光氏の弁護人だったファーネス氏らの外国人の顔もみえたと新聞は報じている。三〇人の請求者たちは、みんなサッパリした服装でいずれも手錠なしで入廷した。そして、李さんたちの代理人加藤、松下弁護士、巣鴨刑務所長の代理人三人が出席。裁判官は田中耕太郎裁判長以下一四人が出席した。まず、田中裁判長が戦犯全員の人定尋問を行なったが、これに対して、戦犯者は「軍隊口調」で答えたという。

はじめに、巣鴨刑務所長の代理人が、さきの答弁書にのっとり、日本政府は刑の執行を引きついだのであって、朝鮮人・台湾人が日本国籍を離脱したか否かは関係ないとの趣旨の弁論を展開。李さんたちの代理人は、この答弁書の内容について一三項目にわたり釈明を要求した。この釈明のなかには、ヘーゲン法務局次長が「平和条約を解釈するにあたって、いかなる国から、いかなる権限が授与されていたか」を問うものも含まれていた。加藤弁護人は、さらに、この平和条約第十一条の解釈についての交渉経過とヘーゲン法務局長の権限について、政府側に書面による回答の提出を求めたが、田中裁判長はこれを却下。松下弁護人は、証人として、当時サンフランシスコ講和会議の首席全権だった吉田茂首相の出廷を求めたが、これも却下されてしまった。

朝鮮人戦犯を代表して、洪起聖《ホンキソン》、高在潤《コジェユン》、金鏞《キムヨン》の三人が、自分たちのおかれている現状と戦犯になった経過を述べている。

なかでも金鏞氏は、皇国臣民教育のなかで日本の鼓舞する東亜解放の「聖戦」を信じて志願した自分たちが、敗戦によって連合国軍の手で裁かれたこと、なかでも、自分たちの信じこまされていた道徳価値、その上に立ってなされた「献身の行為」が犯罪として裁かれた驚愕を語っている。価値観の崩壊のなかで自失しているうちに、ある者は絞首台に、ある者は獄につながれていったという。そして、今、自分たちがそれがために一命を賭した日本国自身の手によって拘禁されている。その胸中、悲痛に満たされ、「忍びえざる義憤と不合理を感ずるのは理由なきことでありましょうか」と訴えている。侵略戦争に大なり小なり協力してきたことは、裁判官も弁護士も変わりがないだろう。軍隊の最末端に置かれた旧植民地の人々の陳述を、一四人の裁判官はどのように受けとめたのだろうか。

朝鮮人戦犯たちの弁護人が弁論を展開したのは七月一四日、第二回審問の法廷においてである。

加藤弁護人の弁論の要旨は次の六点にわたっていた。

(1) 法一〇三号は平和条約第十一条の委任的性格をもっているから、条約に反する解釈は許されない。従って、被拘束者は「日本国民」に限定されるべきである。

(2) 平和条約第十一条の「日本国民」は狭義に解釈すべきであり、条約発効後日本国籍を喪失する朝鮮人・台湾人を含まない。また、条約の解釈について何等の権限ももたない司令部の一官吏ヘーゲンの意見に追従して、条約の解釈をまげることはできない。

(3) 条約は第三国または第三国人を拘束しない。

(4) 条約が第三国人を拘束しないことに関する原則は、連合国も熟知。連合国が日本をして朝鮮人・台湾人を拘禁して、間接的にこれらの国の主権を侵害するようなことは考えられない。なお、請求者のうち五名は人違いによる無実の罪である。

(5) 六月二三日附駐英日本大使から英国外務大臣宛の口上書に対して、英国外務大臣から、「日本国政府の解釈は正当であるから今後もその通り刑を執行するように本条約を解釈されたい」との返事があったというが、英国側に、ヘーゲンによるコントロールが説明されていない。事実関係の説明があれば、英国の返事も異なっていたのではないか。

(6) 平和条約は戦争状態を終結させるものであり、精神的責任、即ち戦争によって生じた復讐心や憎悪、怨恨を背景とする陰影は唯の一つも残してはならない。

以上、六点にわたる加藤弁護士の熱のこもった弁論に引き続いて、松下正寿弁護士は、ヘーゲン折衝が何らの権限も持ちえないものであり、それによって条約の解釈を変更することはできないこと、日本政府の意思は条約交渉時において、調印時において、さらに西村熊雄条約局長の国会答弁のあった一九五一（昭二六）年一一月一〇日および、大橋法務総裁の国会答弁のあった同年一一月一四日までは、「日本国民」に朝鮮人・台湾人を含めていなかったのであり、その了解のもとに条約を調印し、批准したものと考えざるをえない。条約の解釈は勝手に変更することは許されない、など四点にわたって熱弁をふるった。

サンフランシスコ平和条約の条文解釈、占領下日本の最高権力を掌握していた総司令部、その法務局次長ヘーゲンの権限、連合国による戦犯裁判の刑の執行受諾の問題など、李さんたちの釈放には、東西冷戦のなかの複雑な国際関係が反映していた。

警察予備隊が保安隊に編成がえされ、保安庁が設置される情勢のなかで、一九五二年七月三〇日、第三回法廷が開かれた。

「日本国民」として

判決があった第三回法廷は、たった三分で終わってしまった。主文は、

「請求者の請求を棄却する。被拘束者を拘束者に引渡す。本件手続の費用は請求者等の負担とする。」

李さんたちの請求はまったく入れられなかった。請求を却下された戦犯たちは、首をたれ、何事かをつぶやきながら、さびしそうに刑務所へ引き揚げていったと新聞は伝えている。田中耕太郎裁判長のあまりにも素っ気ない却下の言渡しに、加藤・松下弁護人は、「きわめて不人情なやり方である。もっと請求者に分かるようにかみくだいて説明して納得さすべきだと思う」とのコメントを出しているほどである。

だが、判決の内容は、裁判長の態度以上に、冷淡なものであった。

連合国は平和条約第十一条において、極東国際軍事裁判又は連合国の戦争犯罪法廷において宣告した刑の執行を日本国に委ねることに関し規定をおいたのである。

その執行の要件は、

(一) 極東国際軍事裁判所並びに日本国内及び国外の他の連合国戦争犯罪法廷において日本国民に裁判が宣告せられ刑が科せられたこと(すなわち刑が科せられた当時、日本国民であること)。

(二) 右戦犯日本人が平和条約発効の直前までに日本において(日本の刑務所であることを要しない)拘禁されていること(すなわち拘禁されている当時において日本国民であること)、の二点である。

この二つの要件を備えている限り、その後において国籍の喪失又は変更があったとしても、前記条約による日本国の刑の執行義務には影響を及ぼさないものというべきである。

朝鮮人・台湾人戦犯の場合、この二つの要件を備えており、この事実に関しては、当事者間に争いがなく、「従って本件拘束者の拘束は法律上正当な手続によってなされているものといわねばならない。よって、請求者の本件請求は理由」がない。

請求は棄却されたのである（『裁判記録――人身保護法による釈放請求事件』）。

彼らの弁護人は、「この訴訟に敗れても、憲法違反で提訴するつもりだ」と語っているが、釈放への途は実質的に閉ざされたといってもよい。新聞は原告たちがさびしそうに引き揚げていったと報じていたが、その胸中は、怒りと悲憤で煮えくりかえっていたのではないだろうか。

仮釈放された後の、李さん元戦犯たちの執拗なまでの国会要請活動、警官とわたりあう激しいデモ、そして、今なお続けられている政府への請願、こうした活動へとつき動かすエネルギー、それは、戦犯裁判の「不当性」と同時に、日本政府の行政も司法も一体となった仕打ちに対する怨念といったら言いすぎだろうか。

八月九日、加藤、松下、滝川の三弁護人は弁論再開申立の上申書を最高裁へ提出したが、この異議申立も、九月一〇日、裁判官全員の一致で却下されてしまった。法的救済の道はすべて閉ざされたのである。

この日、韓国の釜山放送は、韓国政府外務部が発表した次のような談話を伝えている。
「いわゆる韓国人戦犯者は戦時中日本軍に編入されたとの理由で日本人と同じ裁判を受けているが、連合国の勝利と韓国の独立によって、彼らは自動的に韓国の国籍を回復しただけでなく、対日平和条約の規定にもとづいても日本人ではない。かれらを戦犯として取扱うことは違法である。」（『毎日新聞』一九五二年九月一一日）
韓国政府の談話は、李さんたちの心に、わずかな灯をともすことはあっても、実際には何の力にもなりえない。日本人のBC級戦犯と同じように、朝鮮人・台湾人戦犯は、刑期満了まで、あるいは裁判国による仮釈放が認められるまで、巣鴨刑務所での暮らしが続いていく。

朝鮮人と日本国籍

最高裁の判決は、朝鮮人が戦犯として刑を科せられた時「日本国民」であったこと、また平和条約発効まで「日本国民」として拘禁されていたことの二つの要件を満たしていることを理由に釈放請求を却下している。李さんたちの弁護人もこの点についてはまったく異議をさしはさんでいない。だが、朝鮮人の「日本国籍」とその離脱の時期については、もっと論議が重ねられてしかるべきだったろう。

朝鮮人は、一九一〇（明四三）年八月の「韓国併合」の時から「日本国籍」をもつと考えられている。だが、一八九九(明三二)年に制定された旧国籍法は、「韓国併合」後も植民地朝鮮には適用されていない。朝鮮人は「広い意味の日本人であり、日本国籍をもつものであることはいうまでもないが、日本の国籍法の適用を受けないから、国籍法の意味では日本国籍をもつ者ではなかった」という。それは、あくまで旧国籍法の規定の内容に準じた「慣習」と「条理」によって定まるとされていた。そのため、「朝鮮人は広い意味で日本人であり、日本の国籍をもつ者ではあるが、種族的ないし、民族的には固有の意味の日本人とは明らかに区別され、特別な地位に置かれていた」と解釈されている(江川英文、山田㙻一『国籍法』)。

「慣習」と「条理」ではあれ、日本国籍をもつ、朝鮮人は「皇国臣民」として侵略戦争にかり出されたことはまぎれもない事実である。軍人、軍属として、直接、戦場へ赴いた者三六万四〇〇〇人(二四万二二四一人との厚生省統計もある)、そのうち、厚生省が発表した統計でも二万二一八二人が死亡している。さらに、「慰安婦」、労動者として動員された朝鮮人の数を含めると、その数は一〇〇万を下ることはない。

こうした朝鮮人の動員は、「一視同仁」「皇民化政策」による思想的地ならしの上に実施された志願兵制度や徴兵制と、官民一体となった強制連行によっている。その法的根拠は、「慣習」と「条理」であれ、朝鮮人が日本国籍をもつことにあった。

日本の植民地支配が崩壊した一九四五(昭二〇)年八月一五日以降、彼らの国籍はどのように処理されたのだろうか。

朝鮮人の日本国籍離脱の時期について、三つの時期が考えられる。

① 平和条約発効の時(一九五二年四月二八日)

② 降伏文書調印の時(一九四五年九月二日)

③ ポツダム宣言受諾の時(一九四五年八月一五日)

日本政府が①の見解をとっていることは、法務府民事局長通達において明らかである。また、①の立場をとっているからこそ、最高裁判決は、朝鮮人戦犯の釈放請求を却下したのである。

日本政府は、サンフランシスコ平和条約によって独立するまで朝鮮人を日本国籍をもつとして扱っていたのである。当事者が②ないし③の立場で考えていたのとは六年八カ月もの時間的ズレが生じている。

敗戦という事態のなかで、旧植民地の人々をどのように処遇するのか、大きな問題であった。だが、占領下で日本政府が、朝鮮人の日本国籍離脱について明確な方針を出さなかった。

戦前は、日本の統治の下にいかに朝鮮人を組みこんでいくのか、同化政策を進めてきた日本政府は、一九四五年八月一五日以降は排除の国内体制を整備している。参政権は剝奪(一九四五年一二月一七日)され、憲法発布の前日に施行された外国人登録令(一九四七年五月二日)では「外国人」とみなされて登録を義務づけられた。朝鮮戸籍に登録されている朝鮮人は戸籍法の適用を受けないことを理由に、朝鮮人を日本の機構から排除していく法の整備が進んでいった。

朝鮮人が日本国籍を奪われるのは一九五二(昭二七)年四月二八日であるが、それまでの日本における朝鮮人の地位は、「日本国籍をもつと見なされた外国人」というきわめてあいまいなものであった。

人身保護法による釈放請求裁判は、朝鮮人が「日本国民」であったことを重大な要件としていたことを考えあわせると、朝鮮人がいつ日本国籍を離脱したのかその時期に関して、裁判のなかで論議すべきではなかったか。裁判官も、刑の執行を受諾した政府も、李さんたちの弁護人も、一九五二年四月二八日の国籍離脱を前提に議論していた。当事者たちが、四五年八月一五日に日本の支配から解放されたと考えている事実との落差が一度も論じられないまま、平和条約発効後、外国人となった朝鮮人に、かつて「日本国民」であった時の刑の執行を義務づけたのである。崩壊したはずの日本の朝鮮植民地支配は、このような形で五二年四月二八日まで、在日朝鮮人を支配し続けていた。

表Ⅳ-2　裁判国別朝鮮人戦犯釈放年月日　(単位：人)

裁判国	イギリス オーストラリア	オランダ	中　国	アメリカ	計
1945(昭20)	0	0	0	0	0
46(昭21)	*④	0	①	0	⑤
47(昭22)	1＋⑥	④	⑦	①	1＋⑱
48(昭23)	4	0	0	0	4
49(昭24)	5	3	0	0	8
50(昭25)	7	24	0	0	31
51(昭26)	5	17	0	1	23
52(昭27)	10	10	8	1	**29
53(昭28)	2	3	0	0	5
54(昭29)	0	3	0	0	3
55(昭30)	7	1	0	0	8
56(昭31)	9	3	0	0	12
57(昭32)	1	0	0	0	1
計					
刑　死	⑩	④	⑧	①	㉓
釈　放	51	64	8	2	125

注) * 数字の○印は刑死者数をあらわす
** 29人は全員，平和条約発効(4月28日)以前の釈放
オランダ関係は1950年1月23日スガモへ，イギリス・オーストラリア関係は，1951年8月27日スガモに移送される

出所) 在巣鴨韓国人会『韓国人名簿』1952年8月15日．韓国出身戦犯者同進会『国家補償及慰藉額』1967年8月，より作成

2　生活との闘い

巣鴨を出る

戦犯の釈放は、満期と仮釈放の二種類があり、該当者はそれぞれさみだれ式に、チャンギを、チピナンを、巣鴨をあとにした。朝鮮人の釈放を年ごとに記すと一九四七(昭二二)年一人、四八年四人、四九年八人、五〇年三一人、五一年二三人、五二年二九人(四月二八日以前)、五三年五人、五四年三人、五五年八人、五六年一二人、五七年一人となっている。有期刑一一五人のうち九六人は、平和条約の発効前に釈放されている。巣鴨刑務所を出る朝鮮人に手渡された「釈放証明書」には「二週間以内に外国人登録をなすものである」と記されている。

巣鴨の門を一歩出れば、朝鮮人戦犯は、外国人として外国人登録証を持ち歩かなければならない。しかし、朝鮮本土からそのまま南方へ送られた軍属たちにとって、日本は初めての地である。肉親や知人がいるわけではない。その上、占領下の日本は、日本人、朝鮮人を問わず戦犯者に対して、一切の公的扶助は行なっていない。巣鴨の門を出る朝鮮人戦犯が受けとったものは、それは一枚の引揚証明書と釈放証明書、被服日用品と最寄りの地までの旅費である。朝鮮人にとって、最寄りの地とは韓国への帰国を意味するはずであるが、支給された旅費は都内でいちばん遠い距離分の二〇〇円、これでは韓国へ帰ろうにも帰れない。その上、仮釈放の場合は「保護監察」下におかれ、刑期が満了するまで国外へ出ることもできなかった。

支給された軍服、軍靴、毛布、飯盒いっさいを売り払って三〇〇〇円、それに旅費の二〇〇円、これが一九五二年に釈放された人が手にした金である。

「本当に無茶苦茶だよ。わしら右も左も分からない東京に放り出されて。苦労したなんて生易しいもんじゃない。釈放されたその日から働いたよ。土方、運転手、コック、何でも仕事さえあれば夢中で働いて一日一〇時間、一四時間なんてザラだったね。働くことしか考えなかった。とにかく生きなければ。誰も助けてくれるわけじゃないからね。」(李大興さん)

刑期の軽い人ほど、戦後の苦労は大変だった。敗戦直後の混乱した巷に放り出されて行くあてもない。明日からの生活のメドも立たない。職も住もない異国の地で、涙金だけもらって、「これで生きていけ」といわれても不可能に近い。有期刑になった一二五人の朝鮮人の戦後史は、戦争中と違ってはいるが、一人一人にとっては、新たな生きるための「闘い」の日々であった。

サイゴン(現在のホー・チ・ミン市)にいた呉在浩さんの場合、五年の刑だった。九カ月で一年の計算をしてくれたので、実質的には三年九カ月のチャンギ暮らしだった。一九五一(昭二六)年三月、満期となって、シンガポールで釈放され、そのまま、神戸へと「復員」してきた。未決の期間を含めると五年に及ぶチャンギの生活で、呉さんは胸を患っていた。

肺結核にかかった呉さんを、温かく迎えいれる知人も家族も日本にはいない。上陸したが行くあてがなかった。そんな呉さんに、日本の復員局は、「とにかく、ここに居られては困るからどこかへ行ってくれ」「どこでもいいから行ってくれ。どうしても行かなければ、受刑者の世話をしている施設に、一時、身柄をあずける」という。

実に冷たいその対応に、呉さんはつくづくと、日本政府の朝鮮人に対する冷酷さを見た思いがした。その時の呉さんは、体重が五〇キロしかなく、がりがりにやせ細っていたのである。

せっぱつまった呉さんは、高知県にいる知人に手紙を出した。チャンギの時の知りあいである。ワラにもすがる思いで出した手紙に、友人は温かい返事を送ってよこした。「高知にこい」と。

高知県の中村に辿りつくと、そのまま入院しなければならないほど、病状は悪化していた。私立、国立病院、診療所とあらゆるところに連絡してみたが、どこも満員で引きうけてがない。「とにかく連れていらっしゃい」と言ってくれた医者が一人いた。マレーから最後の引揚げ船で復員してきた崎原英夫医師である。

呉さんの右肺がすでにおかしくなっていた。膿胸で一カ月もの間、四〇度近い熱を出し、ほとんど意識がなかった。後に、担当医師が語ってくれたところによると、毎日のように崎原医師が訪ねてきて「どんなことがあっても、この男を死なせてはならない」とくり返し話していたという。見ず知らずの人ではあったが、共に南方で苦労した体験が、太い絆となっているのか、崎原医師は、呉さんの命を救うことに、心底、力を傾けてくれた。

一年近くの入院、治療のかいがあって、翌年には退院できるまでに体力は回復した。しかし、退院しても行くあてもない。

そんな呉さんを見た崎原医師は、療養しながら、病院の仕事を手伝うよう勧めてくれた。こうして臨床検査を手伝いながらの療養生活が始まったのである。一九五六(昭三一)年には町立病院に勤務、五七年には町立仁淀病院に勤務するようになった。国籍条項がないので、朝鮮人でも臨床検査技士の国家試験を受けることができた。第一回の試験を受けて見事合格。今では臨床検査技士として三〇年のキャリアをもち、協会の理事等を務めるまでになっている。

呉さんが、命の恩人崎原医師の膝元を離れて、広島へ移ったのは一九六八年である。妻の実家が広島だったからだ。ここで、呉さんは在韓被爆者の問題と出会っている。彼の勤務した河村病院は、院長の河村虎太郎氏が、熱心に在韓被爆者の問題に取りくんでいた。日本の戦争にかり出され戦犯になった体験から考えても、広島で被爆した韓国人の問題に目をつぶるわけにはいかない。臨床検査技士として何回か韓国にわたった。

在韓被爆者の悲惨な生活も見せつけられた。伝染病のように忌み嫌われ、被爆者は、被爆の事実をかくしていた。治療のすべもなく放置されている在韓被爆者たちに、わずかな光が見えてきたのは、一九六〇年代後半に入ってからである。六八年には、同盟系の核禁会議が、在韓被爆者救援を決定、約二〇〇〇万円を集めて診療センターを建設した。河村病院はこのセンター建設に協力していた。日本政府が、まったく援助の手を差しのべようとしない時だっただけに、民間の協力機関が必要だった。

センターの建設が終わった時、呉さんたちは、駐韓日本大使館へ挨拶に赴いた。別にねぎらいの言葉がほしくて行ったのではない。礼儀だと思って赴いたのである。だが、返ってきた言葉は冷たかった。

「今さら寝た子を起こすようなまねをして、困りますな。」

呉さんは、日本人は個人的には良い人も多いが、集団になると本当にダメだと言う。崎原医師をはじめ、多くの日本人に支えられて生きてきた呉さんだが、政府の対応は常に冷酷だった。「復員」してきた時のあの冷たい復員局の態度、「俘虜を虐待したのは朝鮮人部隊であって、日本人ではない」との海外放送をしたとの機密文書、そして駐韓日本大使館員の対応、呉さんにとって、日本国家は権力の冷酷な姿をむき出しにした暴力として映っている。一度も日本の政府から温かい思いやりなど示されたことのない呉さんは、日本国籍の取得をすすめられても、「その意志はない」とことわる。

療養中に、多くの本を読んだ呉さんは、自分が監視員に応募したことが、どんなことだったのか、初めて理解したという。皇民化教育一色のなかで、志願兵への道を逃れるために監視員の仕事を選んだのだが、それもまた、日本の侵略戦争に協力し、自分の民族に対する裏切りであったことを知ったからである。自分のいたらなさをつくづくと感じたという呉さんは、韓国国籍を捨てようとは思わないと言う。

そして、自分の過去にやってきたことを考えると、大きな顔をして帰国できるわけではないが、だからといって日本に骨を埋めるつもりもないと語る。

何回も帰ろうと思いながら、自分の国のためではなく、自分たちの支配者のために戦ってしまった過去を考えると、帰るに帰れなかった。三〇年、日本と韓国の間に引き裂かれながら、日本で生きてきた呉さんは、二人の子供を本名で通学させてきた。

兄は沖縄戦で戦死、自分は日本のために戦犯となった。日本国籍を取るには過去の歴史があまりにも重すぎる。しかし、子供のことを考えると迷うこともあったようだ。今では日本に定住する韓国人として、子供たちがどう生きていくのかを考えている。しかし、自分は、いずれの国に骨を埋めるのか、今なお結論は出ていない。

孤独な療養生活

肺結核は、釈放された多くの朝鮮人を悩ませた。磊落な態度で、パレンバンでの日本人とのトラブルを語ってくれた兪東祚さんも、死の一歩手前でひきかえしてきた。やはり肺結核である。

釈放されたのは一九五三(昭二八)年か五四年だった。胸を患っていた。勤めたくてもどこでも身体検査ではねられてしまう。しかし、勤めなければ健康保険にも入れない。「ニコヨン」では、死を待つばかりだ。苦肉の策で考え出したのが、身替り身体検査である。経歴と身体検査をごまかして、やっと入ったところがCIC(連合軍総司令部〔GHQ〕の民間諜報局)である。勤めて一週間目に倒れた。しかし、六カ月働かなければ健康保険の適用はない。指折り数えて日を送った。肺には水がたまっていたが、とにかく六カ月もたせなければ、それだけを考えて毎日を送った。家族も知人もいない東京で、倒れたら誰も救けてはくれない。兪さんの仲間は、誰もが似たりよったりの状態で、とても病人の世話ができる状態ではなかったからだ。

六カ月目、そのまま東大病院に入院してしまった。療養生活が三年以上も続いた。千葉県の柏にある病院だったが、誰も訪れる人のいない療養生活である。本当に孤独だった。

「天涯孤児とはこのことさ」。今でこそ笑って話せるが、当時の兪さんにとっては、本当に寂しい日々だった。そんな兪さんをたびたび見舞ったのが、未だ巣鴨に拘留されていた李鶴来さんだった。日本に管理が移ってからの巣鴨刑務所は、かなり自由に外出できた。李鶴来さんは、巣鴨から港区の田町にあった労働者のための学校へ一年間、通学している。故郷の宝城で小学校を卒業して以来の、学校へ通う夢を果たしたのである。戦犯ということで、何か色眼鏡で見られることもあったが、勉強への夢を捨てきれなかった李さんは、学校を続けていた。

「奴さん、乞食同然よ。電車賃もないのに、週刊誌とちょっとした果物なんか、土産にもってね。わざわざ柏まで来てくれたのさ。今でこそ、千葉県の柏は大した距離じゃないけど、あの頃は田舎さ。そんなところに一人ぼっちで入院している俺を、わざわざ見舞ってくれたのが李さんさ。本当にうれしかったね。だから、親、兄弟のいない俺にとって、李さんは兄弟みたいなもんさ。」

兪さんの柏での療養生活は四年近く続いた。療養所を出たあとの生活も、なかなか落ち着かなかった。転々と各地を歩いたあと、結局、北海道に腰を落ち着けた。一五年ほど前のことである。ようやく生活が落ち着いた兪さんは、今度は肋骨カリエスで手術するはめになった。五時間におよぶ大手術、麻酔がさめかけた彼は、吉田茂の悪口をさんざん言っていたという。なぜ吉田茂の悪口を言ったのか自分でも分からないと言うが、サンフランシスコ平和条約で、戦犯を見殺しにした吉田への忿懣が、心のどこかにわだかまっていたのかもしれない。岸内閣成立の時も、いい気持がしなかったと言う。「植民地の人間として、散々苦労してきた俺たちは、日本人よりもうちょっと政治に対する触覚が鋭敏になっているさ。どうも、今の状態には、火薬の匂いがひそんでいる。日本人は、もっと注意した方がいいね。」

兪さんは、そうつけ加えた。

「俺には青春はなかった。戦争のなかで生きて、異国の北のはてに腰を落ち着けることになってしまった。だまって過去をふりかえってみると、本当に寂しいね。戦争していいことなんか何もないさ。」

陽気に話していた兪さんの顔に、寂寥感が漂った。釈放されてからが本当の戦争だったと語る兪さんは、子供が成長した今、ようやく生活が落ち着いてきた。すでに、六〇歳に手が届く年齢になっていた。

李さんが釈放されたのは一九五六(昭三一)年一〇月六日、同じオーストラリア裁判を受けた朴貞根《パクチョングン》さんと一緒である。巣鴨には、まだオーストラリア裁判を受けた金昌植《キムチャンシク》さんが拘留されていた。最後の金昌植さんが巣鴨を出たのは一九五七年四月五日、平和条約発効から五年が経過していた。第一次岸内閣の時である。

李鶴来さんが釈放の時に受け取った「引揚証明書」には、次の支給金品が記載されていた。

主要食糧特別購入切符「乙」引換券　一枚
帰還手当　一万円
帰郷旅費　千円
応急援護物資　一式

右上に「外国籍」と書かれた第三一三号「引揚証明書」と「釈放証明書」、そして右の支給金品一式が、李さんの一四年の代償であった。釈放の遅かった李さんは、拘禁の代償に三食と寝る場所は保証されていたともいえるだろう。

外の様子が、大分判って巣鴨を出た李さんは、兪さんや呉さんのように肺結核に悩まされることはなかった。仮釈放の日、すでに結成されていた「韓国出身戦犯者同進会」の仲間が出迎えてくれた。皆の心づくしの背広を着て、記念写真をとった。背広が重そうに見えるほど華奢な体に、考え深げな表情を浮かべた細おもての李さんが、中央に立っている。軍隊にとられてから一四年ぶりの自由な空気だった。

李さんより前に釈放された仲間のうちには、出迎えもまったくいない人もあった。

李義吉さんはその時の気持をこう話してくれた。

巣鴨を出たものの行くあてもない。池袋から都電にのって何となく日比谷公園にやってきた。新聞紙を一枚敷いて、三時間ほどボーッと空をみていたが、一人で釈放記念をしようと思いたった。わずかだが、出るときもらった金もある。そこで考えついた計画は、遊郭のハシゴである。まだ、売春防止法の成立していない時だった。とにかく、今日一日で何軒まわれるか、次々と「女」を買ってみようと思った。まず、新宿からスタートした。新宿の赤線で遊んで、次は品川、そして川崎、横須賀と四軒の遊郭をまわったところでその日は暮れた。釈放記念の遊郭のハシゴは四軒で終わった。このような形で心に区切りをつけた李さんは、巣鴨を出たあとは、ひたすら前を見つめて歩み続けてきたという。

家族も知人もいない日本の地に放り出された朝鮮人戦犯たちの、戦後の軌跡は多様である。しかし、裸一貫から生活を築きあげていかなければならなかったことは、皆同じだった。

誰もが、敗戦後の混乱した日本で、生きるための闘いを強いられた。「釈放されてからが、本当の戦争だった」と語る兪さんの言葉は、皆の共通した思いではなかっただろうか。巣鴨を出た二人の仲間が、自ら命を絶っている。自殺した二人は、「闘い」に敗れて生きる気力を失ったのだろう、二人が特別ではなかった。皆が死と隣りあわせのなかで生きていた。日本政府は釈放された朝鮮人戦犯に、援助の手を差しのべようとしなかったからである。日本人との間にある差別に怒り、彼らが行動に起ちあがったのは、一九五二(昭二七)年になってからである。

3　未済の戦争責任

補償からの排除

「今日までは喰うや喰わずで、ようやく生き延びてきましたが、これから先は、お先真っ暗です。どうして一定の収入もなく麦一粒蒔かずに、老いたる母と幼い孫二人の生命を維持していけましょうか。可哀そうに幼い二人の孫たちは今日も〝ごはん、ごはん〟と食べ物をねだり、〝お父さんはいつ帰るの〟ときいてきます。」

「動乱のため二度も避難して家は焼かれ、わずかに持っていた家財道具は何一つ残らず持ち去られて、その上たった一人の働き手でありました弟は、行方不明で現在に至るも全然その消息が分かりません。」

日本へ送還されてから、時どき届く家族の手紙は、朝鮮戦争のさなかで、一家の稼ぎ手を失った家族の悲惨な状況を伝えるものばかりである。

平和条約の発効を待つようにして公布された「戦傷病者戦没者遺族等援護法」(一九五二年四月三〇日公布)は、四月一日にさかのぼって適用されている。

この法律は、国に殉じた者を国が手厚く処遇するのは、元来、国としての当然の責務であるとの「国家補償の精神」に立脚して、戦傷病者や遺族を援護するとの趣旨で制定された。

遺族や戦傷病者は日本人だけではないはずだ。だが、同法の付則2は「戸籍法の適用を受けない者については、当分の間、この法律を適用しない」と定めている。朝鮮人も台湾人も日本の戸籍法の適用は受けていない。この援護法は、外国人となった朝鮮人・台湾人を対象から除外したのである。

また「恩給法」(一九二三年四月一四日)が一部改正され、一九五二(昭二八)年八月　日から軍人恩給が全面復活している。この恩給制度は「世界に類例をみない悪辣極まるもの」とのGHQの見解により四六年に停止制限されていた。制度の復活自体、大きな問題ではあるが、朝鮮人・台湾人はこの恩給からも除外されていた。同法の第九条に「国籍ヲ失ヒタルトキ」はその権利が消滅するとある。戦犯になった朝鮮人は、「日本国民」であった時の刑の執行を受けているが、五二年四月二八日をもって、日本国籍は喪失したとされていることはすでに述べた通りである。「日本国民」として刑の執行を受けながら、日本国籍を失ったことを理由に、補償からは排除される。どう考えてみても納得できるものではなかった。

今日もなお、問題を残している朝鮮人戦犯に対する補償の問題を、敗戦の時点にまで、さかのぼって見てみよう。

平和条約発効までの六年半、GHQは日本人、朝鮮人、台湾人の区別なく、戦犯の公職追放、個人財産の抑留・管理を指令していた。また、「連合国軍によって逮捕された未復員者はその逮捕の日の翌月以降、給与等の支払が停止」された。このなかには朝鮮人戦犯も台湾人戦犯も含まれていた。そのため、「未復員者給与法(昭二二法二八二号)」には、朝鮮人・台湾人を除外する規定はなかったものの、朝鮮人戦犯は、釈放されても同法による給与の支払いをうけることはできなかった。一九五二(昭二七)年四月二八日までは、「戦争裁判関係者が一切の公的援助から除外されていた時期」であったが、朝鮮人戦犯も例外ではなかった(厚生省引揚援護局『続々・引揚援護の記録』)。

日本人戦犯と朝鮮人・台湾人戦犯との間に、補償における差別が生じはじめたのは、平和条約の発効、すなわち日本の主権が全面的に回復したのちである。

日本政府は、日本の戦争責任を負って、日本の刑務所に拘禁されている朝鮮人や台湾人に、援助の手を差しのべるのではなく、そこから排除していったのである。

平和条約が発効すると「特別未帰還者給与法」が改正され、戦犯として拘留されている者も「特別未帰還者」と見なされるようになった。この場合、国籍に関係なく、拘禁されている事実が問題であったので、朝鮮人戦犯二九人にも同法が適用されている。俸給や扶養手当などが支給されるとなっているが、家族が日本国内にいない彼らの場合、実質的に受けとることが出来たのは、月一〇〇〇〇円の俸給だけである。だが、わずか一三カ月でこの法律は廃止された。

かわって一九五三年八月一日から「未帰還者留守家族等援護法」が施行された。この法律では、戦犯として拘禁されている人を「未帰還者」と見なして、留守家族に「留守家族手当」を支給するという。朝鮮人・台湾人戦犯を排除するとはどこにも書いていない。だが、留守家族は、日本国内に居住する者に限ると定められている。朝鮮から直接徴用された朝鮮人軍属が、日本に家族をもっているはずもない。実質的には適用されないのも同じことである。

同じように拘禁されていても、日本人の留守家族には金が支給されるのに、朝鮮人の家族にはナシのツブテである。それのかわりというのだろう、一九五四年七月から「盆暮れに六千円ずつのお見舞を差し上げることにいたしたのであります」という。この金で政府のお見舞いの気持を表わしていると、厚生省の引揚援護局長は国会で答弁している(第二三国会衆院社会労働委員会)。

だが、この見舞金は政府のお見舞いではあっても、朝鮮人戦犯が権利として受けとったものではない。実質的には一九五三年八月一日に「特別未帰還者給与法」が廃止されたことによって、朝鮮人戦犯は、政府の援護対象から法的にはずされたといってよい。

唯一の例外は一九五七年に「引揚者給付金等支給法」により、日本に居住する者に限り、一人につき二万八〇〇〇円が支給されたことである。だが、同法の施行は一九五七年五月一七日である。朝鮮人戦犯のうち、何人が、この法による支給対象になったのだろうか。一九五六年八月に作成した韓国出身戦犯者同進会の「国家補償要請書」によると、在日している者は六四人となっている。一四八人が戦犯となっていることを考えあわせると、支給対象は半数にすぎない。特に、刑死者とその家族に対しては、何の補償もない。

韓国出身戦犯者同進会

政府のこうしたやり方に、朝鮮人・台湾人戦犯たちは黙っていなかった。一度は死を覚悟した人、シンガポールでジャワでさんざん辛酸をなめた人たちである。体を張って抗議行動にうって出た。首相官邸の塀を乗りこえる、坐りこむ、官邸の門に体あたりしたこともある。麹町署員ともみあうことも何度かあった。デモの参加者は朝鮮人戦犯だけなので三〇人、四〇人、六〇人と少なかったが、怒りに満ち満ちた彼らの迫力はすさまじく、「警察なんか、ちっとも恐くない、つかまえるなら、つかまえてみろ」と思っていた。一九五五(昭三〇)年から六〇年まで、仕事とデモ、陳情にあけくれる生活が続いた。

闘わなければ殺されるからである。巣鴨で出した松浦猪佐次の発行する「喫煙室」と題するビラは朝鮮人戦犯たちの様子を次のように書いている。

「朝鮮出身のK君とM君は二回もカルモチン自殺をはかった。K、M、O三君は、また一昨年も、昨年も厚生省を訪れ、とても生きていけないから仮釈放を取り消して巣鴨に帰してくれと歎願した。

F君は、最近居住地も職もなくて、神田の街をさまよっていたとき、ゴロツキに刺されて、瀕死の重傷をうけた」

闘いは、出所拒否という形ではじまった。一九五四年一二月二九日、仮釈放になった朴昌浩《パクチャンホ》さんが、巣鴨を出るのを拒否したのである。朴さんは「法務大臣や刑務所長にあって、住宅のあっせん、被服および寝具の支給、一時生活資金(七万円)を要求して交渉したが、善処するという返答だけで、このまま出るわけにはいかない」。問題は朴さん個人の問題ではなく、朝鮮人・台湾人全体の問題である、巣鴨にいる仲間が声明書を配って、記者団に訴えたが、反応は冷ややかだった。

朴昌浩さんが、出所拒否と同時に出した要求は、すでに一九五二年一二月一一日に、二九人全員の要求として、政府に請願していたものだった。しかし、二年間、日本政府は、無視していたのである。当時者が政府に「哀願」し「請願」している限り、政府は、指一本動かそうとしなかったのだ。

請願ではらちがあかないことを知った朝鮮人戦犯たちは、デモに、陳情に、そして出所拒否にと、その行動をエスカレートさせていったのである。

組織の必要性を感じとったのもこの頃である。李さんたちは、一九五五(昭三〇)年四月一日、「韓国出身元BC級戦犯者同進会」を結成した。この会は「相互扶助の下に基本的人権並びに生活権の確保を目的とする」と謳っているように、生活苦に喘ぐ彼らの相互扶助団体であるが、同時に日本政府へ交渉を行なうことを明記している。

四月二三日、内閣総理大臣と各大臣にあてて「請願書」を提出した。その内容は、

一、早期釈放

二、国家保障の要求

三、日本人戦犯との差別待遇の撤廃

四、出所後の一定期間の生活保障、具体的には①住宅、就職のあっせん(公営住宅又は無料で貸与できる住宅) ②被服寝具の支給 ③一時生活資金の支給 ④官費による羅病者の治療並びに療養 ⑤家族の生活援護 ⑥一時帰国の許可——となっている。

あまりにも当然な要求だが、現実にはこうしたことすらもやられていないことを、請願という形で訴えたともいえるだろう。現に五月三一日には、二人の仲間が居住地が決まらないとの理由で、出所が延期になっている。

出所の延期、一日千秋の思いで釈放の日を待ち望む戦犯者たちにとって、この問題が投げかけた波紋は大きかった。日本人を含めた巣鴨在住者で構成されている「巣鴨運営

委員会」の代表は、六月三日、国会に山下春江代議士を訪ねて協力を依頼、同氏は即日、社会労働委員会でこの問題を質問している。しかし、厚生省の事務官は事実の経過を説明しても、「今後とも関係当局と相談をいたしまして、できるだけ処遇をして参りたい」との答弁の域を出ることはなかった。

さらに九日には田原春次代議士が内閣委員会で質問、しかし、法務事務官は「私たちといたしましては、最大限度できるだけのことをやっておるつもりでございます」「なお一そうの努力をいたしたいと考えております」との官僚答弁に終始している。また、共産党の志賀義雄代議士も法務省に電話で抗議を申し入れたが、らちがあかない。総評、国民救援会、解放救援会も〝全面的協力〟を約束しており、朝鮮人戦犯一人の釈放延期は全巣鴨の問題として、クローズ・アップされはじめた。

そんな動きのなかで、一人の朝鮮人戦犯が首つり自殺をした。生活に疲れはて、数回の服毒自殺が未遂に終わったのちの首つり自殺である。そして一九五六年にも長い結核の闘病生活に疲れた一人が鉄道自殺によって自らの命を絶っている。

政府が「巣鴨刑務所出所第三国人の援護対策について」の申合せを行なったのが、七月二八日。ようやく、重い腰を上げたのである。この申合せの骨子は次の二点である。

一、一時居住施設について……朝鮮人、台湾人の別に一時居住施設をつくる。総額三〇〇万円は補助、別個に三〇〇〇万円を貸付ける。
一、生業資金の貸付について……法人格を有する団体をつくり、これに必要な資金三〇〇〇万円を貸付ける。

一時居住施設の補助金は翌年も四〇〇〇万円が出され、計一〇〇〇〇万円でおのおの三カ所に居住施設がつくられた。仮のすまいではあれ、住む場所が確保されたのである。

生業資金は、一九五五、五六年それぞれ三〇〇〇万円、五七年四五万円の計六四五万円の補助金がおり、一人五万円を限度として貸付が行なわれることになった。闘いのなかから、ようやく住居と生業資金を政府からもぎとったのである。その実現には更生保護司の元村溶三氏や日本建青会の末次一郎氏たちの尽力もあった。

国家補償を要求

一九五五(昭三〇)年一一月二四日、「財団法人清交会」が設立された。朝鮮人戦犯の一時居住施設、生業資金の貸付の窓口となるための財団である。台湾人戦犯の場合は「友和会」と称した。

清交会の結成で、ようやく、巣鴨を出た朝鮮人の住宅、生業資金の貸付、就職のあっせんなどを引きうける団体ができたのである。だが、その会長は、朝鮮総督府の政務総監だった田中武雄。「当局に於て一切を引受けるから後顧の憂なく出征するよう説示」

して、朝鮮人青年を戦場へと送り出した責任者である。戦犯となって田中武雄氏に「再会」した朝鮮人の胸中には、どのような思いが去来したのだろうか。

仮のすまいが定まると「同進会」のメンバーは、国家補償を要求する運動に、本腰を入れて取り組みはじめた。

一九五六年二月二五日、鳩山一郎総理大臣に出した要請書は、二つのことを要求していた。

一、刑死者のために、遺族に対し金五〇〇万円の支給(一人当り)

一、有期刑となった者に対して、逮捕の日から出所日までを通算、日当五〇〇円の割合で支給(一人当り)

この要求は、「日韓条約」の締結によって「一切解決済み」と、交渉すら拒否された一九六六(昭四一)年まで、一〇年間にわたって歴代内閣に対し、くり返しくり返し執拗に要求した金額である。

何も不当な金額ではない。恩給法や援護法で日本人戦犯に手厚い補償を行なっていることを考えれば、当りまえの要求であった。

早朝、総理の私邸に押しかけ、坐りこむ。官邸にとびこむ。鳩山内閣の時も、岸内閣の時も、こうした運動がくり返された。事務次官、官房長官、厚生大臣、法務大臣に面会、総理大臣への面会も要求した。こうした運動を陰になり、日なたになって援助してくれる日本人もあらわれた。

東京の平井で医者をしている今井知文・よし乃夫妻である。自分が、その立場におかれていれば、誰もが戦犯として告発されかねないBC級戦犯裁判であったにもかかわらず、BC級戦犯の問題を、わが身にひきつけて考えようとする日本人はほとんどいなかった。今井さん夫妻は、文字通り寝食を忘れて巣鴨の人々の世話をしていたのである。それが、自分たちが戦後を〝のんびり〟と生きてきたことへの反省でもあるかのように、巣鴨の人々の救援に奔走していた。七夕の短冊に「今井さんを総理大臣にせよ」と書いたのがあった。巣鴨の歴史を語る時、この人の存在を抜きには語れないほど、戦犯の釈放運動に大きな貢献をした人である。

今井さん夫妻は、なかでも、李さんたちの存在に深く心を動かされたようだ。朝鮮人なのに、日本の戦犯となっている、しかも、補償は何もない。「こんな馬鹿気たことを許しておいていいものか」と今井さんは思ったと言う。李さんたちの運動に全面的に協力したばかりでなく、時には夫妻が運動をリードしていった。デモや陳情の前日には、今井さんの家に集まって、作戦会議を開いた。要求を書いた横断幕の準備もした。時にはよし乃さんがレポ役をやったこともある。

こうした心の支えになったばかりでなく、今井さん夫妻は、出所後も行く場所のない李さんたちを心配して、自分の家の一隅にアパートを建てようと計画したこともあった。

真剣にこの計画を練ったが、李さんたちが、これは固く辞退した。個人の善意に頼るのではなく、政府にその出所後の処遇を要求するのが筋だと考えていたからである。今井さん夫妻もその主張に同意した。こうして、デモ、陳情をねばり強くくり返し、自殺という二人の犠牲者を出して、ようやく政府が重い腰をあげた。仕居と生業資金をもぎとってみて、李さんたちは、はじめて、闘わなければ何一つ自分たちの要求は実現できないことに気がついたのではないだろうか。

今度は、国家補償をなんとかして獲ち取らなければならない。デモと陳情と労働に明けくれる日々が続いた。

だが、政府は国家補償の要求に応じようとはしなかった。「善処」と「前むきの検討」をくり返しながら、政府がやったのは、一九五七(昭三二)年に一人五万円の見舞金を支給したこと、五八年の「閣議了解」に基づき、慰藉の措置として一人一〇万円を支給、第二種公営住宅の入居者選考にあたって、優先的に取り扱うよう通牒を出したこと、そして、安保闘争の激しいデモの波に揺れた六〇年に、タクシーの免許を出したことである。

こう並べてみると政府が特別な便宜をはかったかのように見える。だが、五万円、一〇万円の金はともかく、タクシー免許は決して便宜などというものではないという。免許基準に合うよう準備を整え、三〇台の申請をし、運輸省をはじめ主務当局に毎日のように陳情を重ねたが、らちがあかない。結局、田中武雄清交会会長が、岸総理に直訴してやっと一〇台の免許を受けた。やがて、その岸内閣は退陣していった。

「もし、彼らが便宜をはかったというなら、直訴に対して許可したことでしょう。しかし、私たちはすべての条件を、自分たちの力でそろえたのです。基準をゆるめてもらったわけではありません」と同進会の人たちは主張する。

ともかく、一〇台の車で「同進交通」がスタートした。しかし、まだ、信用がなかった。車の月賦も認めてもらえなかったため、一〇台全部を即金で買ったのである。真剣な同進会の人々にうたれた今井知文・よし乃夫妻が私財の一部を抵当に入れて金を貸してくれた。また、商売で成功していた李大興《イデフン》さんらが資金を出してのスタートである。

一九八〇(昭五五)年の創立二〇周年を迎えた同進タクシーは、すでに保有車両も五一台。モスグリーンとオレンジのツートン・カラーの同進タクシーが、東京の町中で頻繁に見られるようになった(今、タクシー会社は同進会の手を離れている)。

「日韓条約で解決ずみ」

全員がハンドルを握って仕事に専念した同進会の人たちが「国家補償要請」の活動を再開したのは、二年後の一九六二(昭三七)年である。要請はさきに示した二点である。

だが、この年の一〇月一一日、内閣審議室は『巣鴨刑務所出所第三国人の慰藉について』をまとめている。それによれば、「政府としては、一般に、補償要求に応ずべき義務はないとしつつ、在日第三国人戦犯者のおかれてきた特殊な事情にかんがみ、これらの者を慰藉するため、各種の援護の措置を講じて今日にいたっている」。義務ではなく、なぐさめるために金を支給しているのであって、金銭で文句があるならば、裁判をおこせばよいとすら述べている。

だが、同進会の人たちの陳情がやむことはなかった。一九六二、六三、六四年の間、毎月のように、時には毎週のように政府に面会を要求して実情を訴えた。この結果、一九六四年には具体的な支給金額の検討にすら入った。もうひと押しで国家補償が実現できる、誰もがそう感じたという。

だが、政府は一枚上手だった。窓口では、いかにも補償に応じるかのような態度を示しながら、日韓交渉をすすめていたのである。

一九六五年一二月一八日、「財産及び請求権に関する問題の解決並びに経済協力に関する日本国と大韓民国との間の協定」が発効。請求権に関しては「完全かつ最終的に解決されたこととなる」ことが明らかにされた。李さんたちは、自分たちの問題が、条約のなかで一括解決されていることなど、まったく考えていなかったのである。あくまで、日本政府との自主的交渉による解決を夢みていた。しかし、条約発効以降は「すべて解決ずみ」の一点ばりで、政府は面会に応じようともしなくなった。そして、補償は韓国の国内問題となったから、文句があるなら、自国の大使館へ訴えろとすら言う。

その韓国国内では、「日韓条約」による「対日民間請求権」の対象は一九四五年八月一五日以前に限定している。戦争裁判における刑死の場合のように、戦後の死亡は、請求の対象からはずされているのである。

事態は日韓両国の間にあって宙ぶらりんの状態になってしまった。どちらの政府にかけあってもらちがあかない。一〇年におよぶ国家補償を求める運動が、「日韓条約」という厚い壁を前に頓挫してしまった。こんな挫折感にさいなまれていた同進会の人たちは、刑死者への宙ぶらりんの補償の状態を何とか解決しようと、再び活動を開始した。一九七八(昭五三)年のことである。

再び国会へ

「朝鮮人戦犯、ああ、その問題ならすでに解決ずみですよ。文句があるなら韓国大使館へ行きなさい。」

「八月一五日以前しか対象にならない? それは、韓国の国内措置だから、日本政府としては、何ともいえませんね。とにかく、日本と韓国の間では、一九六五年六月二二日以前の請求にかかわる問題は一切解決されているのだから、ご自分の国の政府に言えばいいじゃないですか。」

「日本にある遺骨は、御遺族さえ分かれば、いつでもお返ししますよ。御遺族の住所が分かったら知らせて下さい。」

役人から、何度こんな言葉を聞いただろうか。「日韓条約」が成立してからは、どこの役所へ行っても、その対応は同じだった。議員を通じて、何度か政府へ質問書を提出したこともあるが、その答えも、すべて判で押したように同じ答えがかえってきた。

思いあまって、国会請願という行動で、その思いを訴える行動を開始したのが、一九七八(昭五三)年だった。日韓条約で補償については一切解決ずみとの政府のこれまでの答弁を考えて、補償という言葉は使えなかった。

請願事項は二つ。

① 韓国出身戦犯刑死者の遺骨をすみやかに遺族のもとに送還すること。
② 遺骨の送還にあたって、遺族に誠意と儀礼をつくすこと。

日本人戦犯やその遺族たちに、政府が恩給や年金による手厚い補償を行なっているのを見るたびに、せめて韓国にいる遺族にも一言「すまなかった」とわびてほしい。金額はいくらでもよい、戦後三三年も放置してきた遺族に金一封ぐらい出してほしい。葬式を出し、墓ぐらいつくる費用を出してもいいではないのか、そんな気持をこめて、請願書を国会に提出した。

一九七八年の請願は採択されなかった。

刑場のバンザイの声聞きしとき
作業忘れて我は腰抜く
鈴木得治

李さんと同じように泰緬鉄道の建設に従事し、戦犯容疑でチャンギ刑務所に収容されていた日本人下士官は、こんな歌を詠んでいる。

死刑囚のバンザイの声を聞き、バターンと床の落ちる音を聞きながら、腰を抜かすこともなく生き抜いてきた李鶴来さんにとって、請願は心重いものだったが、それでへこたれるような人ではない。黙々と陳情にまわる李さんの後にくっついて、私が国会議員会館をまわって歩いたのは、一九七九(昭五四)年四月、五月だった。

衆議院一三人、参議院一一人の議員が紹介議員となってくれた。自民、社会、民社、公明の各党の議員が、名を連ねてくれた結果、六月一四日、もめる国会の異常な幕切れのなかで、衆議院の社会労働委員会は、李さんたちの請願を採択した。

採択の報を受けた李さんは、喜びの気持を抑えきれない様子で、「これで韓国にいる御遺族にも、少しは顔むけができます」としみじみとした調子で語っていた。二〇年以上も運動をやってきたかいがあったと言う。

だが、日本の請願制度は、採択をもって行政を動かせるようなものにはなっていない。請願採択で事態は何ら変えることはできないとは分かっていても、とにかく一歩前進したことは確かだからと李さんの声ははずんでいた。

「金はビタ一文出せません」

一九七九（昭和五四）年六月二九日、李大興、高在潤、李鶴来さんら同進会メンバー三人が、橋本（龍太郎）厚生大臣（当時）に面会した。

馬小屋みたいなところに友人の遺骨を放置したままでは、私たちは死んでも死にきれないと訴える李さんの言葉に、大臣がカチンと来た。

大臣「あんた失礼じゃないですか。厚生省は、きちんと祐天寺におあずけして、毎年法要もやってるんですよ。」

李　「ちゃんとやっているって、何をやっているんですか。友人の息子が遺骨を引きとりに来た時も、厚生省の地下にほこりまみれになっていたじゃないですか。やっている、やっているというけど、一体、厚生省がこれまで、私たちに何をしてくれたんですか。」

大臣「あなたがたが、そんなことを言うのじゃ、会っても仕方ないですな。せっかくこうして会っているのに。」

会談の途中で、席をけって立とうとした橋本厚生大臣を、同席の代議士がなだめた。彼の怒りが理不尽なものであることは、同席した私たちの共通した思いであった。二〇年、いや三〇年来の怨念が積み重なっている李さんも、一歩もあとに退かない。言葉はおだやかではあるが、厚生省をはじめとする日本政府のやり方が骨身にしみているだけに、最低限、友人の遺骨を送りかえすにあたっての誠意を大臣に要求した。厳しい李さんの口調に、結局、大臣は途中で席をけって退席した。

おさまらない李さんたちは、引き続き河野援護局長(当時)と面会、のらりくらり逃げていた局長が、興奮のあまり怒鳴り出すこともあったが、具体的な事態の進展を見ることはなかった。

局長「私たちも誠意を尽くして遺骨をお返ししております。」

李　「誠意を尽くすとは具体的にどういうことですか。」

局長「御遺族の要求があれば、係官が遺骨をもって韓国に行っております。」

李　「犬や猫の遺骨とは違うんですよ。日本が徴用して、しかも、日本の戦犯となって帰る遺骨を、はい、これがそうですと渡すんですか。それがあなたたちの言う誠意なんですか。」

局長「とにかく、私共は誠意をもってお返ししております。」

李　「だから、誠意とは何かを聞いているんです。」

局長「とにかく、丁重に法要をして、係官が、韓国までおもちしております。」

李「遺族にあって、ただハイといって渡すんですか。韓国でも法要をやり、墓をつくらなければならないんですよ。」

局長「お金を出せということですか。それなら、日韓条約ですべて解決ずみだと思っております。」

李「いくらいくらの補償金をよこせなどとは言っていません。日韓条約で解決ずみだという、あなたたちの言い分も、耳にタコができるほど聞きました。補償だとか何とか言わなくても、遺骨を返すにあたっての当然の礼儀というものがあるでしょう。」

局長「だから、誠意を尽くしていると言っています。」

李「その誠意の中味が問題なんですよ。具体的に、あなたたちがどんなことをやってきたか言ってごらんなさい。一体、私たちにどんなことをやってきたか言ってごらんなさい。私たちはそれでも生きのびたからいいですよ。戦犯として死んだ仲間に、あなたたちは何をしたと言うんですか。厚生省の地下室に遺骨を放り出しておいただけじゃないですか。それで誠意を尽くしてきたというんですか。せめて、遺骨を返す時ぐらい、人間らしい誠意を見せてもいいじゃないですか。」

局長「だから、誠意は尽くしていますと申しあげております。」

李「だから、その中味が問題なんだとさっきから言っているんです。」

局長「具体的に何を要求しているんですか。」
李　「法要や墓をつくる費用ぐらい出してほしいと言っているんです。私たちは国籍が違うといって遺族年金も、恩給ももらっていない。せめて遺骨を返す時ぐらい誠意を見せてもいいでしょ。」
局長「補償ならすべて日韓会談で解決ずみです。」
李　「あなたは日韓会談で解決ずみだと言うけれど、韓国政府はそうは言っていませんよ。一九四五年八月一五日以前に死亡した者しか『対日民間請求権』に含めていないんですよ。」
局長「それは韓国の国内法的処置でしょうから、私たちには分かりません。日本側は少なくとも、日韓条約で解決ずみと了解しております。」
李　「それじゃ、私たちの場合は、どうなるんですか。戦犯はみな戦後に刑死しているんですよ。両方の政府が、お互いにどう決めたか知らないけれども、現実に私たちの問題は宙に浮いてしまっているじゃないですか。」
局長「とにかく、日本側は日韓条約ですべて解決ずみだと了解しているので、私共に言われても分かりません。」
堂々めぐりのやりとりが続く。「日韓条約で解決ずみ」「お金は一銭も出さない」「気持だけですむなら、いくらでも『誠意』を示しましょう」というのが厚生省の態度である。こうした事態を打開するために、「請願」を出し、その採択を得たのだが、厚生省の態度は何らの変化も見せていない。国会請願は一体何のために設けられた制度なのだろうか。

未済の戦争責任

厚生省から、採択された請願に対する回答が送られてきた。その書面はきわめて冷淡なものであった。

「処理意見

韓国出身戦没者の遺骨については、韓国政府との間で、遺族が韓国内に居住している場合は、当該遺族の申し出により日本国政府から遺骨を送還する旨の了解がなされており、この方式ですでに多くの遺骨を送還したところである。したがって、未送還の韓国出身戦犯刑死者の遺骨についても、遺族から申し出があればこの方式で送還してまいりたい。

また、送還にあたっては、日本国政府が韓国まで丁重に遺骨を護送するなど儀礼をつくしているところである。」

従来の厚生省の態度とまったく変わらないこの回答に、李さんたちは落胆した。

日韓ロビイストに話をもちかけたら、と提案した日本人もいたらしい。児玉誉士夫氏に話をつけてやると、もちかけた日本人もいた。二〇年以上にわたる運動のなかで、そうしたさそいが、いく度かあったが、そのたびに李さんたちはことわってきた。「自分たちは物乞いじゃない。日本政府にきっちり責任をとってほしいだけだ。一言『すまなかった』と頭を下げさせたいだけだ。それが、自分たちを徴用し、しかも、戦犯にまでした日本の責任だと思うからだ。都合のいい時は日本人、都合のわるい時には朝鮮人・韓国人といって、私たちを使ってきて、用がなくなればポイッと捨てる。そんな日本政府のやり方に、私たちは怒りを覚えるから、筋を通したいだけだ」と李さんは言う。

韓国大使館の対応も決して好意的なものではなかった。「日韓条約で全部終わった」との見解をもっている点は日本政府と変わらない。だが、私の会った係官は「戦犯」に対して何かわだかまりをもっているように思えた。日帝に協力しただけでなく、日本の戦犯にまでなったのは、韓国の恥と思っているふしがあった。また、戦犯になったのは、よほど悪いことをしているのではないかと考えている様子だった。A級とBC級をごっちゃにして考えていたのは、日本人と同じく、BC級戦犯裁判に対する無理解から出ているように思われた。

請願が採択された後も、解決の方策をさぐるために何度か国会を訪れ、役所を訪ねた。議員の部屋には元号法制化を推進するためのポスターがはられ、北方領土返還が声高にうたわれていた。日韓議員連盟の華やかな写真も掲げられていた。だが、刑死者の七体の遺骨を返還することを、誰もが真剣に考えようとしていない。三六年前の戦争が終わっていない李さんたちは、再び軍事力増強が語られ、急速に擡頭する軍国主義にとまどいを感じながらも、最後の望みをかけて、黙々と国会へ足を運び続けてきた。

しかし、どうにもならない現実のなかで、同進会の人たちは、せめて自分たちが生きているうちに、自分たちの手で遺骨を返そうと決めた。それが共に苦労してきた私たちにできる最後のことだという。一九八一(昭和五六)年の秋には、ささやかな慰霊祭を開き、心づくしのカンパをもちよって遺骨を送還することを、会で正式に決定している。これが戦後二五年にわたる血のにじむような国家補償要求の闘いの結論である。

［付章］
V　植民地責任への問いかけ

同進会の結成

二〇一五年四月一日、衆議院第二議員会館で韓国・朝鮮人元ＢＣ級戦犯者「同進会」結成六〇年の集まりが開かれた。

二度と「殺されまい」「何としても生きていこう」と、異郷の地で相互扶助と親睦のために「会」を結成したのが一九五五年四月一日、それから六〇年。七〇名でスタートした同進会の会員はいまでは五人になってしまった。大韓民国や朝鮮民主主義人民共和国へ帰国した者もいた。在日の仲間の多くが鬼籍に入ってしまったのである。

発足時の共同代表の一人、金鏞《キムヨン》は政府との交渉やデモや座り込みでも頼りになる存在だったが、共和国へ帰国した後、音信がない。同じく共同代表の李大興《イデフン》は、エネルギーにあふれていた。清交会の力添えもあって戦犯仲間でタクシー会社を設立した後は、運転手としてはたらき、会社を切り盛りしてきた。韓国ソウルの繁華街にもビルを購入するなど、抑えられていたエネルギーを爆発させるように、旺盛な活動を続けてきた。その李大興もすでに鬼籍に入っている。『壁あつき部屋——巣鴨BC級戦犯の人生記』(理論社理論編集部編、理論社、一九五三年)に金起聖《キムキソン》のペンネームで「朝鮮人なるがゆえに」を書いた洪起聖《ホンキソン》は、韓国に帰国したが、一九八〇年代に自殺したとの報が入った。最も年の若い共同代表李鶴来《イハンネ》も九〇歳になった。(本章では敬称略)

この六〇年の運動で「会」の要求は、どこまで実現されたのだろうか。

李鶴来は、杖を突きながら、今も国会議員の部屋をまわっては謝罪と補償を求める法律を成立させようと、請願を続けている。しかしこれまで理解を示し協力してくれた議員の多くが議席を失ったり、引退してしまった。立法はさらにむずかしくなっているが、李鶴来はあきらめない。刑務所で生死をわけた友人の「無念な死」に立ち会った、あの時の思いが彼の背中を押す。彼らの「死」を背負って六〇年間、運動を続けてきた。

戦後の混乱が少し落ち着いたとはいえ、一九五〇年代の日本社会に放り出された者は、異国で困窮にあえいでいた。早く出所した者ほどその生活は苦しかった。自殺者が出るに及んで、釈放になった者と巣鴨(日本に移管した後、巣鴨刑務所と改称)にいた者が結束して韓国出身元BC級戦犯者同進会を結成した。出所後、どこへ行けばいいのか。布団や身の回りの生活必需品を調達し、受け入れ先も探さなければならない。一日も早い釈放を待ち望みながら、巣鴨を出るのも怖かった。巣鴨にいればとりあえず三食と寝る場所は保障されるからである。しかし、一日も早く「娑婆」に出たい。揺れ動く思いの

中で、その不安と不満を「要請書」という形にまとめて政府に提出した。鳩山一郎首相に提出した要請書では、

①早期釈放、日本人戦犯との差別待遇撤廃
②出所後の生活保障
③遺骨送還

この三点を要求していた。生活の基盤がない日本で、釈放後の生活が困窮を極めていたことを訴えたのである。

一九五四年一二月に朴昌浩《パクチャンホ》、一九五五年五月には尹東鉉《ユンドンヒョン》たちが受け入れ態勢、住居、就職、当面の生活費を要請して、出所を拒否した。出所した「仲間」が自殺した知らせが巣鴨にも届いていた（一九五五年一月）。生活苦と厭世感、失恋が原因だったという人もいたが、いずれにしても日本での生活に疲れ果てての自殺だった。九死に一生を得て日本にたどり着いた仲間の自殺は、戦犯たちには衝撃だった。自分たちもまた似たりよったりの境遇だったからである。だが、政府への要望が実現しない中で、また一人、仲間が自死した（一九五六年一〇月）。

同進会は生きるために闘った。必死だった。これ以上の自殺者を出さないためにも謝罪と国家補償、何よりも生活の援護が必要だった。一九五六年以降は首相官邸前で座り込みやデモを行なった。鳩山一郎、石橋湛山、岸信介首相らの私邸前で座り込みをした

図V-1　岸信介首相の私邸前で座り込む同進会の会員たち．中央・後ろ向きの人物の肩越しに立っているのは李鶴来(1957年8月14日)

こともある。

残された数枚の写真には警官と渡り合う自信に満ちた表情の金鏞がいる。笑顔に若さがあふれる金完根《キムワングン》が座り込んでいる。李鶴来もデモの中にいた。こうした実力行使が功を奏したのか、鳩山一郎首相に面談し、直接、要請することもできた。鳩山首相は「善処する」ことを約束した。

二〇一〇年一月一五日、孫の鳩山由紀夫首相宛に「韓国・朝鮮人元BC級戦犯者問題の早期解決を求める要請書」を提出した。この時、鳩山首相は「祖父の代からの問題ですから何とかしなければ」と話していたが、何もできないうちに、鳩山内閣は退陣してしまった。

法務省、厚生省、内閣審議室にも要請

をくり返してきた。陳情が功を奏したのか、一九五五年七月、九八年一二月の次官会議、閣議了解を経て、財団法人清交会(朝鮮人戦犯)、友和会(台湾人戦犯)が設立されることになった。この財団を通じて仮設住宅、公営住宅への入居、生業資金(五万円)の貸付、見舞金の給付などを行なうことになった。清交会会長には朝鮮人軍属を送り出した当時の責任者だった田中武雄朝鮮総督府政務総監が就任している。

これらの措置がもっと早く講じられていれば、釈放拒否も自殺者も出なかったのでは——李鶴来はそう悔やむ。

彼らは精神病院に入院したままの仲間もかかえていた。

戦犯に問われた衝撃からか、二人が精神病を発症していた。二人とも日本に送還された後、米軍管理下のスガモプリズンに収容された。その一人、李永吉《イヨンギル》は、一九五一年一一月九日、仮釈放のまま国立下総療養所の精神病棟に隔離入院させられた。戦争が終わったのも、日本に来ているのも知らず、夏の花火を見ては艦砲射撃だと怯えていたという。家族はどこでどうしているのか、連絡もとれないまま、四〇年の歳月を病棟で過ごしてきた。この間、訪れるのはかつてスマトラ俘虜収容所で勤務し、ジャワのチピナン刑務所に勾留されていた時の仲間たちだった。同じオランダ裁判を受けた文済行《ムンジェヘン》や金完根、それに文泰福《ムンテボク》や李鶴来たちが定期的に見舞っていた。スマトラでの勤務の記憶からか、バナナが大好物だった。私が一緒に訊ねた時も、土産のバナナをうまそうに、二、三本、またたく間に平らげていた。

一九四二年六月に釜山《プサン》の野口部隊の営門をくぐってから、軍隊と刑務所と病院暮らしが五〇年続いた。九一年八月二一日、七八歳で永眠した。

俘虜たちの憎しみ

李永吉の訃報を聞いたのはオーストラリアのキャンベラだった。オーストラリア国立大学でG・マコーマックが中心になって泰緬《タイメン》鉄道に関するセミナーを開催した。その席で、李鶴来は、戦後、一時たりとも忘れたことのないあのダンロップ軍医と対面していた。李鶴来の戦犯の決め手となった供述書にサインをした相手である。タイのジャングルの中で、労働に出す俘虜の数をめぐって対立し、憎しみをぶつけ合った二人が、お互いの話に耳を傾けていた。

李鶴来はダンロップに謝罪し、ダンロップも李の言葉を受け入れるとともに、李の死刑判決を知らなかったと話していた。そして、「戦争直後の憎しみに満ち満ちていた時、冷静な判断は難しかったのです」と言葉をつないでいた。

その憎しみがどれだけ強烈なものか。

一九五一年一月、対日平和条約の草案をもってオーストラリアを訪問したJ・F・ダレス国務省顧問は、元俘虜たちの強烈な憎しみを見せつけられている。在郷軍人会は日

図V-2　ダンロップ中佐と対面する李鶴来(左から2人目，オーストラリア・キャンベラ，1991年8月20日)

本に「峻厳な講和」を求め賠償を要求していた。条約第十六条に賠償が挿入されたのも、オーストラリアの強い意向があったからである。

一九五二年一二月、初代オーストラリア大使として赴任した西春彦は、俘虜虐待などに原因するオーストラリア人の対日感情は予想以上に厳しく、いろいろな試練にぶつかったという。

例年四月に挙行されるアンザック・デーの式典に、日本大使が出席して花環をささげるなら、キャンベラの在郷軍人会は、この儀式をボイコットすると決議した(『毎日新聞』一九七一年一二月四日付)。

オーストラリア人の「深刻な対日憎悪感」は西が赴任する前に想像していたより「はるかに悪かった」という(西春彦『回想

の日本外交』岩波新書、一九六五年）。

ダレス特使や西大使が激しい憎悪を突きつけられてから四〇年近い歳月が経過していた。だが、元監視員と俘虜とが、戦後初めて顔を合わせたのである。セミナー会場の空気が張りつめていた。そこに李永吉の訃報が伝えられた（内海愛子、G・マコーマック、H・ネルソン編著『泰緬鉄道と日本の戦争責任——捕虜とロームシャと朝鮮人と』明石書店、一九九四年）。

俘虜たちの日本に向けた憎悪は、戦争裁判で裁いただけでは消えなかった。日本は講和によって戦犯を一括釈放することを望んでいたが、その要望は拒絶された。

サンフランシスコ平和条約の発効後も戦犯の刑の執行は続いた。戦犯の赦免、減刑などは、裁判当事国が裁判記録をもとに検討して決定することになる。旧植民地出身者も例外ではなかった。

サンフランシスコ平和条約第十一条による残刑の執行は「日本国民」が対象だったが、朝鮮人戦犯たちは釈放されなかった。第Ⅳ章で述べたように、日本弁護士連合会の協力を得て、人身保護法により即時釈放を求めた。最高裁は「科刑時が日本人であったから残刑の執行は支障がない」と、釈放請求を却下している。

日本政府は当初、釈放すると国会で答弁していたが、条約の発効直前に答弁を変更した。ＧＨＱのヘーゲン法務部長が釈放に強く反対していたのである。

一九九八年、外務省が所蔵する極東国際軍事裁判、ＢＣ級戦犯裁判、平和条約発効から釈放までの文書が公開された。その中に、李鶴来たちの釈放をめぐるやりとりの資料が入っていた。

文書を見ると、日本政府も旧植民地出身の戦犯をどう取り扱うのか、頭を悩ませており、裁判国と非公式に折衝を続けていた。

一九五二年四月二五日、外務省欧米局第三課員が、イギリス大使館に、ウォーター・フィールド書記官を訪ねている。その中で「日本側としては管理の権限がないとの解釈に成り立つ。ついてはイギリス側でこれら戦犯を条約発効の日に釈放して貰えないだろうか」と申し出ている。

書記官は非公式に答えるという前提で「イギリス政府は一般的見解としては戦犯の問題を非常に重大に考えているので、法律上の技術的な点、或いは抜穴を利用して戦犯を釈放するような申出を好意的に考えることはできないであろう」と述べている。

日本側は釈放を問題にしているのではなく、第十一条によってこれら戦犯を止めておく権限はないにもかかわらず、戦犯を釈放しないのは不当ではないかということを関係者から問題にされた場合に、苦しい立場になるので、このことを持出したのである。

「日本の拘置所から出した後、イギリスの監獄に入れようと、中国、朝鮮の監獄に入れようとそれはこちらとしては何等関知しないことなのだ」、こう答えている（「朝鮮人、台湾人戦犯釈放の件」『講和条約発効後における本邦人戦犯取扱関係雑件　各国の態度並びに措置関係　英連邦諸国の部　英国』外務省外交史料館蔵)。

裁判国との折衝は、李鶴来たち三〇人(朝鮮人二九人・台湾人一人)が釈放を求めて提訴した後も行なわれた。特に「日本国民」をどう解釈するのかが問題だった。イギリスは日本の最高裁判決を「正当」と支持している。オーストラリアも日本国民であったのであるから、当然、服役すべきであると回答、オランダは例外は認められないと回答している。フランスだけが第十一条にいう「日本国民」という用語は、条約により日本国籍を失った者には適用しないとの解釈だった。だが、フランス裁判の被告の中に旧植民地出身者はいない。

大韓民国、中華民国も自国の戦犯にほとんど無関心だったようだ。それどころか一九四七年三月一七日「南朝鮮過渡立法議院」に「対日協力者　民族反逆者　戦犯　奸商輩に対する特別法律条例草案」が出されているが、その第十条には戦争犯罪と認定する行為が挙げられている。その第一が「連合軍俘虜を虐待した者」とある。この草案は立法院を通過しなかったが、米軍政下の南朝鮮では俘虜虐待が戦争犯罪の第一にあげられていた(『南朝鮮過渡立法議院速記録』驪江出版社、復刻版、宮本正明氏提供)。

一九五三年一一月一七日には、オランダが日本に「南鮮《ママ》政府から何か申入れがあったか」と質問しているが、日本側の土田豊中央更生保護審査会委員長は「今日迄朝鮮政府は全く無関心の様に見られ何の申入れもない」と答えている（「戦犯問題に関するオランダ外務省との会談要旨」『講和条約発効後における本邦人戦犯取扱関係雑件　各国の態度並びに措置関係　オランダの部』第二巻）。

建国間もない大韓民国政府は日本の刑務所にいる二九人の処遇にまで配慮できなかったのか、自国民が戦犯として裁かれたことに無関心だった。また、裁いたイギリス、オランダ、オーストラリアなどには植民地支配の視点はなかった。国籍は関係なく裁判はあくまでも個人の行為を裁いた、これが裁いた側の論理であった。

サンフランシスコ平和条約によって戦犯の一括釈放ができないなか、管理を引き継いだ政府は、四月二八日、出所中の戦犯管理に関する基本法「平和条約第十一条による刑の執行及び赦免等に関する法律」（「法一〇三号」）を公布し、施行した。この法律は戦犯裁判がその本質において国内裁判とは異なるものであり、「戦犯裁判の刑は、国内法上の刑ではない」ことを明記していた。

これを受けて五月一日には木村篤太郎法務総裁は戦犯は国内法上の刑に処せられた人と同様に扱わないと通牒している。戦争犯罪人は「犯罪人」としては扱わないというのである。

裁判国による（仮）釈放、赦免の決定まで戦犯たちの巣鴨暮らしが続いた。その一方で、援護態勢は着々と整備されていった。だが、これらの措置には国籍・戸籍条項があり、朝鮮人戦犯たちは排除されていた。日本人として服役していた同進会のメンバーは「納得できない」と、要請運動を続けた。政府は「とりあえずの措置」をとる一方、善処、検討をくり返し言明してきたが、日韓会談が妥結すると一転、「解決済みだ」と態度を変えた。

一方、韓国政府は、一九五二年に日本から釈放問い合わせがあったのに関心も示さなかったが、その後の会談でも、ＢＣ級戦犯の問題は「日韓会談の対象外」という見解だった。同年二月、予備会談の際、韓国側は「現在、巣鴨刑務所で服役中の韓国人戦犯者に対して、日本政府の方針の如何」と問うている。これに対して、日本側は「それは別個の問題だから別途研究したい」と答弁していた。これが二〇〇五年、韓国で公開された日韓会談の議事録で明らかになった。だが日本政府が「別途研究」した形跡はない。

日韓の間で翻弄されてきた李鶴来たち同進会は「われわれの問題は日本政府の責任である」と、その後も日本政府に要請し続けてきた。

国会請願へ

補償問題が進展しない中で刑死者の遺骨送還も遅れていた。補償の要求が埒があかない中で、一九七〇年代の後半、同進会は遺骨送還の運動に力をいれてきた。日本政府の責任で遺骨を遺族の元に送り還すことを求める「請願書」を提出した。土井たか子衆議院議員が紹介議員になってくれた。村山富市議員も名前を連ねた。

「請願」の主旨は、政府の責任で遺族に遺骨を送り届けること、政府からの謝罪の意味を込めた補償を求めた。解放から四〇年、遺骨、それも刑死した遺骨となって祖国に帰る仲間に、駐韓日本大使からの香典一万円ではあまりにも悲しい。だが、一九七八年の請願は採択されなかった。「補償」という二文字が不採択の理由だった。

怒りと無力感にとらわれたが、苦肉の策で「補償」にかわって「誠意ある措置」とかえて、一九七九年に二度目の「請願書」を提出した。同年六月一四日、衆議院社会労働委員会で遺骨送還の請願は採択された。遺骨を送還する時、日本政府はどのような「誠意」を示してくれるのか。「請願」をふまえて、これまでより一歩踏み出した政府の対応を期待した。だが、「解決ずみ」との壁はあつかった。厚生省は従来通り、誠意をもってお返しするというのである、何のために「請願」したのか。

三年後の一九八二年一二月六日、厚生省援護局が主催して、「韓国出身戦争裁判刑死者還送遺骨慰霊祭」が行なわれた(目黒祐天寺)。厚生大臣が弔慰のしるしとして三〇万円の「香典」を支給、七体の遺骨を韓国へ送り届けることができた。遺族の判明しない残る五体の遺骨は池上本門寺照栄院から祐天寺に移管されている。

韓国に送り届けられた遺骨の中に「きんごろうのおじちゃん」と呼ばれていた李善根《イソングン》がいた。家族は共和国にいる、日本には同進会の仲間以外の身寄りがない。李善根の遺骨は出所を拒否して運動をした朴昌浩の息子朴來洪《パクネホン》に抱かれて朝鮮半島の地を踏み、天安の望郷の丘に埋葬された。

中国裁判で刑死した八人の遺骨の所在はいまも不明である。北京で戦犯の援護を続けてきた小川武満医師をたずねたこともあった。小川医師は地域医療に取り組み、ベトナム戦争の時は脱走米兵をかくまっていたこともあった。キリスト者として日本の戦争責任について積極的に発言し、行動してきた氏は、朝鮮人戦犯の問題にも心を寄せてくれたが、処刑の状況や遺体の埋葬地などの情報はなかった。

アメリカのマニラ裁判で刑死した洪思翊《ホンサイク》中将の遺骨の所在も不明である。

遺骨送還が終わった後、一九八三年三月同進会は会の名称を「同進会」に変更した（会長＝李義吉《イイギル》・文泰福）。いつまでも「韓国出身元BC級戦犯者」の枕言葉をつけるのが重くなってきた。思いは同じだが今は「一緒に歩む仲間たちの会」の意味で「同進会」と改称したのである。だが、政府への「要請」活動は続いた。

あきらめない、しつこく要請行動を続けたが、同進会が政府に要請してきた問題は、何も解決していなかった。にっちもさっちもいかない状況が続いた

「条理」裁判にかけた希望

一九八〇年代の日本では弁護士と市民グループが、アジアの被害者を支え個人補償を求める裁判に取り組み始めていた。

一九九一年三月二六日の参議院内閣委員会で、外務省欧亜局高島有終審議官が「日ソ共同宣言」第六条で日本とソ連がお互いに請求権を放棄したがこれは「我国国民個人からソ連またはその国民に対する請求権までも放棄したものではない」と答弁していた。「宣言」で放棄したのは国家間の賠償であり、シベリアに抑留された日本人の強制労働に対する個人の請求権は残るとの答弁である。

一九九一年八月二七日の参議院予算委員会では、柳井俊二条約局長が「日韓請求権協定におきまして両国間の請求権の問題は、（中略）日韓両国が国家として持っております外交保護権を相互に放棄したということでございます。したがいまして、いわゆる個人の請求権そのものを国内法的な意味で消滅させたというものではございません」と答弁している。

一九九〇年代に入ると日本ではアジアの被害者からの補償、賠償を求める裁判がつぎつぎに起こされていた。

その中で同進会も、一九九一年一一月一二日、日本政府を相手に国家補償と政府の謝罪を求めて提訴した。この日は東京裁判の判決言い渡しの日である。「条理」（正義・公平の原理）にもとづく損害賠償の支払い、謝罪文の交付の請求である。二次的請求には国が補償立法を制定しないことの違法確認を求めている。

弁護団長は津の地鎮祭違憲訴訟や自衛官「合祀」拒否訴訟など、少数者の人権のために戦ってきた今村嗣夫、今村と長年、難しい裁判を共に闘ってきた小池健治、これに平湯真人、木村庸五、和久田修、秀嶋ゆかり、上本忠雄の七人である。原告も七人、団長は文泰福である。（裁判については、今村嗣夫「韓国・朝鮮人BC者訴訟――人間の尊厳侵害に対する謝罪のしるし　象徴的補償を求めて」瑞慶山茂責任編集『法廷で裁かれる日本の戦争責任』高文研、二〇一四年。）

原告たちは身分は軍属傭人であり、もともと恩給対象ではなかった。「戦傷病者戦没者遺族等援護法」には戸籍条項があり、朝鮮戸籍に登録されている原告たちは対象にはなっていなかった。刑死した仲間のことを考えると、「日本人並み」の補償ではなく、政府の謝罪が欲しかった。このような原告たちの条件を考えると請求が難しい裁判だった。弁護団は、会議を重ねた上で成文の法律や慣習がないときに第三の裁判の基準とされる「条理」という論理で、損失補償請求を行なった。

一八回の口頭弁論では、植民地政策や俘虜の三人に一人が死亡したほどの日本の劣悪な捕虜の処遇、責任が現場に問われたこと、その業務に意図的に植民地出身者があてられたこと、一四八人の朝鮮人戦犯のうち一二九人が俘虜監視員だったように、個々人の行為の前に日本の俘虜政策の構造的な問題があったことなどが述べられた。

親が刑死した原告の一人卞光洙《ピョンガンス》は「セッキ　タン」（動物の子供）とはやされた苦い思い出や「親日派だ」と減刑嘆願書に署名ももらえなかったことなど、その心情を涙ながらに証言した。

一九九六年九月九日判決の日、東京は久しぶりの雨。九時過ぎから地裁前には原告の家族や同進会の仲間が集まってきた。地裁七〇五号法廷で、判決の言い渡しが始まった。法廷に緊張がはしる。主文は、第一次請求は棄却、第二次請求は却下である。国側の代理人の一人があわただしく席を立つ。裁判長が判決要旨の朗読を始めた。主文で負けても中味で勝つこともある。そう思って最後まで希望をつないだ。

だが、歴史認識を欠き、戦争裁判を理解しない判決だった。閉廷しても原告尹東鉉は口をへの字に曲げて動かない。金完根は憮然としている。文済行《ムンジェヘン》は姿を消してしまった。「条理」裁判の二本柱である朝鮮支配と皇民化政策、日本の俘虜政策の構造的な欠陥について、判決はこれを無視した。歴史認識を無視しては「条理」の訴えは届かない。戦争責任を肩代わりさせられたとの認識も出てこない。

そのうえ戦争という国家存亡の事態での被害は、国民として等しく受忍すべきとの従来の最高裁判決をふまえて、戦犯としての身体・生命の損失も「受忍」すべき戦争犠牲と「同視すべきもの」と断定した。国民ではない韓国人・朝鮮人の刑死も「受忍せよ」という。そのうえで犠牲者の救済は「高度の政策的裁量判断」であると逃げた。

二年間の契約の不履行との訴えは、戦場では契約は履行されなくても仕方がないと、被告の国すら主張していないことに、あえて言及している。とりわけ問題なのは、容疑者の特定は、首実検によって行なわれたのであり「原告らが無実の事実につき有罪判決を受けたとは認め難い」、無実の「的確な証拠は存在せず、その立証はない」と言及した。

李鶴来は、「連合国の戦争裁判について言いたいことはある。でも私たちにも反省すべきことはある。ただ、日本政府のあまりにも身勝手なやり方はどうしても許せないので提訴したのに――。無実だと言い難いなどと言われて黙っていられない」と怒りをあらわにした。

司法に不条理を糺《ただ》すことを期待したが、歴史の不条理に苦しむ人々に、司法が追い打ちをかけた判決だった。それでも「わが国の軍人軍属及びその遺族に対する援護措置に相当する措置を講じることが望ましいことは言うまでもない」と言及したが、それも「国の立法政策に属する問題」と逃げている。

九月一九日、控訴した。高裁での一年一〇か月の審理で、一九九八年七月一三日、控訴審も棄却の判決だった。だが、高裁の判決は、地裁の「お前らは戦犯だろう!」とばかりの冷酷な判決に比べれば、戦犯たちの状況に理解を示していた。

「戦犯者控訴人らについてみればほぼ同様にあった日本人、更には台湾住民と比較しても著しい不利益を受けていることは否定できない。

このような状況の下で、戦犯者控訴人らが不平等な取り扱い受けていると感じることは、理由のないことではないし、その心情も理解し得ないものではない。

この問題について何らの立法措置が講じられていないことが立法府の裁量の範囲を逸脱しているとまではいえないとしても、適切な立法措置がとられるのがのぞましいことは、明らかである。第二次大戦が終わり、戦犯控訴人らが戦犯者とされ、戦争裁判を受けてから既に五〇年余の歳月が経過し、戦犯控訴人らはいずれも高齢となり、当審係属中にも、そのうちの二人が死亡している。国政関与者において、この問題の早期解決を図るために適切な立法措置を講じることが期待される。」

高裁は、解決は立法府が適切な措置をとること、すなわち立法による解決を促したのである。しかし、訴えが棄却されたことは間違いない。

一九九八年七月二四日最高裁判所に上告したが、九九年一二月二〇日　上告け棄却された。

「昭和一七年ころ、半ば強制的に俘虜監視員に応募させられ、（中略）有期及び極刑に処せられ、深刻かつ甚大な犠牲ないし損害を蒙った。

上告人らが蒙った犠牲ないし被害の深刻さにかんがみると、これに対する補償を可能とする立法措置が講じられていないことについて不満を抱く上告人らの心情は理解し得ないではないが、このような犠牲乃至損害について立法を待たずに戦争遂行主体であった国に対して国家補償を請求できるという条理はいまだに存在しない。

立法府の裁量判断にゆだねられるものと解するのが相当である。」

八年あまりの裁判闘争のなかで、原告たちは戦犯に問われた因果関係や日本政府の不当な処遇について証言し、訴えた。しかし、戦争被害は国民等しく受忍しなければならないという受忍論や戦後補償立法がないという理由で棄却になっている。

それでも付言のなかで「国政関与者においては、この問題の早期解決を図るため適切な立法措置を講じることが期待される」と、立法措置を促していたことがわずかに救いだった。

「あきらめない」李鶴来たちは、付言をうけて再び闘いの場を国会に移し、立法活動を始めた。

立法に夢をつないで

二〇〇八年五月、民主党はＢＣ級戦犯問題解決のための「特定連合国裁判被拘禁者等に対する特別給付金の支給に関する法律案」を国会に提出した。提出議員は大畠章宏、泉健太ほか二一人である。

法案の骨子は、

1　特定連合国裁判被拘禁者（朝鮮、台湾出身の元戦犯者）が置かれている特別の事情にかんがみ、人道的精神に基づき、本人と遺族に特別給付金を支給する。

2　特別給付金の額は特定連合国裁判被拘禁者一人につき三〇〇万円

だが、法案は一回も審議されないまま、二〇〇九年七月、突然衆議院が解散してしまった。提出した法案は廃案になってしまった。新たに立法に向けての運動の仕切り直しである。

この間、議員立法で台湾人元軍人・軍属に弔慰金を支給する立法が実現している。台湾人元日本兵の問題は、一九七四年にモロタイ島で高砂族の中村輝夫（李光輝・原住民名スニオン）元一等兵が「発見」されたことから表面化した。戦後三〇年近くを経ての帰国だが、日本国籍が亡くなったとの理由で軍人恩給も、未帰還者手当もなかった。未払い給与など七万円たらずが支給されただけで、インドネシアから台湾に送られた。ルバング島の小野田寛郎少尉、グアム島の横井庄一軍曹への処遇とあまりにもことなる。台湾人元日本兵への補償が問題となった。

一九七七年八月に台湾人元軍人・軍属一三人が一人当たり五〇〇万円の国家補償を求める裁判を東京地裁におこした。一審で請求は棄却され、高裁も原告の訴えを斥《しりぞ》けた。だが、判決理由の中に原告の受けている「著しい不利益」を改善するように、国政関与者すなわち国会議員に期待すると付言していた。原告は最高裁に上告した。朝鮮人戦犯の場合と同じである。

高裁判決の付言を受けて国会議員が動いた。判決の二年後には議員立法で「台湾住民である戦没者の遺族等に対する弔慰金等に関する法律」(一九八七年九月二九日公布)が成立した。台湾人元日本兵の遺族と重傷者には弔慰金・見舞金二〇〇万円(国庫債券)の支払いが決まり、八八年から支払いが始まった。一九九二年の最高裁の判決は敗訴だったが、議員立法でこのような措置がとられていた。

朝鮮人BC級戦犯の場合も裁判では負けたが「付言」では立法解決が期待されている、とある。台湾の例もある。立法での解決はやろうと思えばできるのではないのか。同進会は二〇一三年六月、安倍晋三首相にも要請書を提出した。鳩山一郎首相以来、二九人目の首相への提出である。

付言判決から一六年が経過した。

韓国――強制動員の被害者として認定

「感無量です」。

二〇〇六年六月二〇日、東京、麻布の大韓民国民団八階で開かれた記者会見の席上、李鶴来はこう話し始めた。右手には、羅鍾一《ラジョンイル》大使（当時）から手渡された「日帝強占下強制動員被害審議・決定通知書（二〇〇六年五月二六日）をかざしていた。「被害事実が認定された者として決定する」との通知書である。長年の願いが込められた紙を手に、李はこうもつけ加えた。「日帝下で抗日烈士がいたのに、日本軍に徴用されて申し訳なく思っている。こうした民族的な負い目をもっている私たちに、韓国政府が強制動員の犠牲者と認定してくれた」と。同じことは羅鍾一大使にも話したという。同席していた政務調査員の洪宗郁《ホンジョンウック》は「親日派」の研究をしている研究者でもある。洪には、李の言葉の重みが理解できたのだろう、感動したと話していた。

「民族的負い目」、李はこの言葉をよく口にする。そのわだかまり・負い目とは、軍属への志願が、強制だったのかどうかである。徴兵ではない。志願者の募集という形をとっていたので、韓国社会ではなかなか「強制動員の犠牲者」とは受けとめられなかった。「強制だった」と当事者が主張すればするほど、聞く者には「志願だったのでは」という疑惑がわきあがってくる。そのため、時には「半ば強制」という表現を使っていた人もいた。

「強制か志願か」――それは志願という形をとった強制だったといえるだろう。東条英機陸軍大臣が「特殊部隊」を編成することを決定し、それをうけて陸軍参謀次長が朝鮮軍に朝鮮人傭人三二二四人の差出しを命じたのである。

朝鮮総督府の行政の末端は、決められた数を決められた期日までに集めなければならない。強制したところもある、懐柔したところもある、志願した者も当然いただろう。朝鮮の閉塞状況を逃げ出したいと思った者もいた。三二二四人には三二二四通りの「志願」の理由がある。すでに間島パルチザンも金日成もその名前さえ聞くことがなかったという。中には、のちにジャワで「高麗独立青年党」を組織した李活《イファル》や李相汶《イサンムン》のように、独立の志をもって朝鮮脱出のために「志願」した者もいた。だが、巡査や面長による脅迫めいた勧誘、ジワーッと真綿で首を絞めるようなやわらかな強制など、閉塞状況のなかでの消極的な選択として「志願」をした者も多いだろう。「抗日闘争をしなかったから――」「募集に応じたから――」と、誰が指弾できるだろうか。

李鶴来たち同進会の人たちは、その負い目を胸に戦後を生きてきた。日本政府に執拗に要請書を出し続けながらも、韓国政府に何の要請もしてこなかったのは、その生き方の反映であり、責任の引き受け方である。そして日本の責任の問い方である。

認定した委員会の中には、BC級戦犯を「犠牲者」と認定することに、反対意見もあったという。「三二二四人が行ったのに、戦犯になったのは一二九人だけだ。やはり何か特別にやったのでは――」、このような意見を述べる委員がいた。なぜ、三二二四人のうち一二九人なのか。勤務が楽なところでは問題は起きていない、捕虜に顔を知られていない事務室勤務の監視員は戦犯になっていないなどの説明もできる。しかし、それだけではない。日本軍の俘虜の取扱い、連合国からのくり返される抗議、これを無視・軽視した日本――交戦国間の俘虜虐待をめぐる熾烈な闘いの最前線に、朝鮮人や台湾人監視員がおかれていたのである。

英米は一九四四年二月、日本軍が俘虜を虐待しているという事実を公表した。これまでは俘虜への報復を考えて事実を伏せてきたが、もはや改善が見込めないと、事実を公表したという。この時、フィリピンの「バターンの死の行進」も国民に公表されている。この報道が日本軍への激しい怒りをよびおこした。

アメリカやイギリスは開戦直後から俘虜の情報を収集していた。俘虜虐待の事実がつぎつぎと明らかにされてきた。日本政府に安否を問い合わせ、虐待に抗議してきたが、その回答は納得できるものではなかった。連合国は数ある日本軍の戦争犯罪の中から俘虜虐待に追及の焦点を絞り込んでいった。李鶴来たちはその最前線にいたのである。

敵国の民間人を抑留した軍抑留所もまた、俘虜収容所と同じような状況にあった。敗戦後、ジャワ、スマトラでは俘虜収容所と民間の軍抑留所に勤務していた日本人、朝鮮人が全員拘留されている。

俘虜の考え方について日本と連合国との落差もある。そのためか、連合国の追及した「犯罪」が、日本軍の将兵や俘虜監視員に、必ずしも「犯罪」と受けとめられていない。釜山の野口部隊での教育はもちろん日本軍では、俘虜はその人権を尊重するような存在とは考えられていない。自国の兵士に「捕虜になるなら自決せよ」と強いている軍隊で、俘虜は国際法に則《のっと》って人道的な取扱いをするようになどという教育はできない。外務省のキャリアでも、「捕虜は生きていてはいけない人」そう考えていたと話している。

追い詰められた状態のなかでも人間としての共感をいだいて俘虜と接した人ももちろんいる。李鶴来も「捕虜は気の毒だった」「本当に状態はひどかった」と話している。だが、極限状況の泰緬鉄道や飛行場建設の現場で、「捕虜を国際法に則って取扱う」などは、絵に描いた餅に過ぎなかった。泰緬鉄道建設の時、鉄道小隊長だった樽本重治は、東大法学部出身で、ジュネーブ条約の存在を知っていた。しかし、条約など問題にしていられないほど現場は逼迫《ひっぱく》し、俘虜との緊張関係が続いていた。俘虜将校に労働を強制せざるを得なかった。それが樽本の戦争犯罪のひとつである。労働の強制・殴打・食糧医薬品の不足など、戦争犯罪に問われる行為は、現場が苛酷であればあるほどおこる。虐待を受けた俘虜にとっては、日本軍の政策や俘虜取扱いなどではなく、一人一人のその犯罪行為が問題だった。その行為を告発したのが戦争裁判である。たとえ上官の命令であったとしても、違法な命令に従って戦争犯罪にあたる行為を行なったことが問われた。労働を強い、時には殴打・拷問し、虐待したことは、被害を受けた俘虜の側からは許すことはできない。

戦争裁判の記録にはこうした事実が詳細に書かれ、加害者が忘れているような事実も証拠として提出されている。これら証拠・証言のすべてが間違いと考えることはできない。被害者は被害事実を詳細に記憶している。しかし、すべて事実とも断言できない、加害者を特定できない行為も一緒に書き込まれている場合もある、思い違いや人違いも当然あるからである。

戦争裁判の記録をどう読み解くのか。裁判記録は現在、ほとんど公開されている。アメリカ、イギリス、オーストラリア、オランダ、中国などの公文書館に保存されている裁判記録には、こうした日本の俘虜虐待の「事実」がこと細かく記されている。一人一人の戦争犯罪の記録である。記録は詳細である。証言もある。樽本は「あんなのは裁判ではない」と怒りを示していた。裁判がどのように行なわれたのか、記録に書き込まれている証言や事実はどのように集められ、被告の行為として認定したのか、問題が残る。樽本はそのために自分の「戦争犯罪」を詳細に書いた手記で残している。

しかし、多くの証言や記録からは日本軍の戦争犯罪が浮き彫りにされてくる。そこに書き込まれている事実の検証はもちろん、「戦争犯罪とは何か」「裁かれた戦争犯罪を私たちはどう考えるのか」が問題である。なぜ、このような「事件」がおこったのか、問われている日本の戦争犯罪とは何かを考えていくことが重要だろう。

戦犯を強制動員の被害者と認定できるのか、委員会の内でいろいろ議論があったようだ。その議論をふまえた上で、「強制動員の犠牲者」と認定したのである。その意味は大きい。

委員会の報告書は「委員会の決定は、韓国政府が戦争裁判の結果に関係なく、これらの被害の事実を公式化したという点に意義がある。しかし、委員会のこのような活動の裏には、これまで強制動員の事実を無視して補償を回避してきた日本政府の歴史に対する傲慢と無責任がある。日本政府はいまだに沈黙したままだ」。そして「朝鮮の青年たちを戦場に追いやり、法廷に立たせながらも、戦後の朝鮮人青年への支援を拒否してきた日本政府が、歴史的責任を無視し続ける限り、韓国と日本はもちろん、日本の過去の侵略戦争で被害を受けた多数の国民との和解は不可能である」、こう結んでいる。（国務総理室対日抗争期強制動員被害調査及び国外強制動員犠牲者等支援委員会真相調査報告書「朝鮮人BC級戦犯に対する真相調査――捕虜監視員の動員と戦犯処罰の実態を中心に」大畑正姫・森川静子・兵頭圭児訳、二〇一〇年一二月二三日承認、刊行）。

俘虜監視員として刑死した一四人のうち一三人が被害者として認定され、有罪となった俘虜監視員一二九人のうち　八六人が被害者認定を受けている。

朝鮮人ＢＣ級戦犯、その存在は、日本の問われなかった植民地責任を象徴している。日本政府から一言、謝罪の言葉を求めてきた李の裏切られ続けた日本国家への尊厳をかけた闘い、不条理への、時には激しく、時には静かに燃やし続けた怒りが、日本という国家にその処遇を是正させようとあらゆる可能性を追求してきた六〇年だった。日本国家の戦争責任、植民地責任が残されている。東京裁判・ＢＣ級戦犯裁判で戦争犯罪の追及を終わらせた日本は、戦後、いつどの時点で自ら侵略戦争の責任を問うてきたのだろうか。

韓国の憲法裁判所に訴願

六〇年ものあいだ日本政府に謝罪と補償を求めて運動を続けてきたが、その解決の兆しがみえない中で二〇一四年一〇月、李鶴来たちは、韓国の憲法裁判所に訴願した。見解の相違を抱えたままこの問題を放置してきた韓国政府の不作為を糺すための訴願である。

一〇月一四日　韓国の憲法訴願の原告は〔日本〕李鶴来、朴來《パクネ》洪《ホン》、丁廣鎮《チョングァンジン》、〔韓国〕姜道《カンド》元《ウォン》、朴粉子《パクプンジャ》、卞光洙、朴一濬《パクイルチュン》、朴書慶《パクソキョン》、鄭昌洙《チョンチャンス》、金眞亨《キムジンヒョン》の一〇人である。韓国の国会内で集会をもち、一九五二年以降、韓国政府が日本政府と外交折衝してこなかったのは重大な不作為であり、憲法違反であると訴願した。一二月二日付けで正式に審判に回付されることが決まった。

祖国を訴えることに李鶴来は躊躇してきた。だが、日本政府の現状に失望する中で、民主化闘争後の韓国に新しい希望を見出し、「訴願」という行動をとったのである。

主な参考文献・資料一覧

俘虜収容所・戦犯関係(シンガポール・ジャワ関係を中心に)

俘虜情報局『俘虜ニ関スル諸法規類集』　一九四三

宗宮信次『アンボン島戦犯裁判記』　法律新報社　一九四六

花山信勝『平和の発見』　朝日新聞社　一九四九

手記集『忍従――アンボン戦犯者悲録』　一九五一(謄写刷)

朝日新聞調査研究室編『極東国際軍事裁判記録　目録及び索引』　朝日新聞調査研究室　一九五三

『われ死ぬべしや――BC級戦犯者の手記』　巣鴨文化会　一九五二(謄写刷)

『南十字星(チピナン刑務所)』(画集)(謄写刷)　不詳

『すがも』(版画集)　不詳

『試練のアルバム』　一九五二(謄写刷)

高在潤「韓国人戦犯の手記」『KIP通信』　一九五二年九月二六・二七・二九日(三回連載)

巣鴨遺書編纂会『世紀の遺書』　巣鴨遺書編纂会刊行事務所　一九五三

理論社編集部編『壁あつき部屋』　理論社　一九五三

『秘録大東亜戦史　東京裁判篇』　富士書苑　一九五三

『秘録大東亜戦史　蘭印篇』　富士書苑　一九五三
柳田正一『泰緬鉄道建設の実相と戦争裁判』　一九五四（謄写刷）
厚生省引揚援護局総務課記録係編『続・引揚援護の記録』　厚生省　一九五五
『喫煙室』　一九五五・六・六（謄写刷）
韓国出身戦犯者同進会『第三国人戦犯者（韓国）の国家補償要請について』　一九五六（謄写刷）
ルイス・ブッシュ著、明石洋二訳『おかわいそうに』　文芸春秋新社　一九五六
韓国出身戦犯者同進会『在日韓国出身戦犯者名簿』　一九五七（謄写刷）
韓国出身戦犯者同進会『裁判記録――人身保護法による釈放請求事件』　一九五七（謄写刷）
巣鴨遺書編纂会編『死と栄光――戦犯死刑囚の手記』　長崎書房　一九五七
清交会『清交会概要』　一九五八（謄写刷）
片山日出雄『愛と死と永遠と』　現代文芸出版　一九五八
内閣審議室『巣鴨刑務所出所第三国人の慰藉について』　一九六二・一〇（謄写刷）
巣鴨会『巣鴨会全国名簿』　一九六三
厚生省引揚援護局庶務課記録係編『続々・引揚援護の記録』　厚生省　一九六三
丸山眞男『現代政治の思想と行動　増補版』　未来社　一九六四
南友会『インドネシア地区戦争裁判死没者名簿』　一九六五
法務大臣官房司法法制調査部『戦争犯罪裁判資料　戦争犯罪裁判関係法令集』（全三巻）　法務省　一九六三～六七
今村均『幽囚回顧録』　秋田書店　一九六六

作田啓一『恥の文化再考』筑摩書房　一九六七
ジョナサン・ウェーンライト著、富永謙吾・堀江芳孝訳『捕虜日記――敗北・降伏・捕虜　屈辱の四年間』原書房　一九六七
坂邦康編著『戦争裁判南洋群島』東潮社　一九六七
同右『横浜法廷　戦争裁判史実記録』一九六七
同右『比島戦とその戦争裁判惨劇の記録』一九六七
同右『史実記録戦争裁判　英領地区』一九六七
同右『上海法廷　戦争裁判史実記録』一九六七
同右『蘭印法廷　戦争裁判史実記録』一九六八
『パレンバンの医療団』久留米大学図南会　一九六八
鶴見和子「極東国際軍事裁判――旧日本軍人の非転向と転向」『思想』一九六八年八月号
極東国際軍事裁判所編『極東国際軍事裁判速記録』(全一〇巻)　雄松堂書店　一九六八
日本テレビ社社教第一部「二十四年目のBC級戦犯」(20世紀アワー企画構成案)　一九六九
F・コワルスキー著、勝山金次郎訳『日本再軍備』サイマル出版会　一九六九
清水寥人『石の床』毎日新聞社　一九六九
上野英信「爆弾三勇士序説1・2・3」『辺境』一九七〇・六、九、十二月
李基東著、金熙明訳「悲劇の将軍『洪思翊』」『東洋経済日報』一九七一・二―一〇月(二〇回連載)
ジョン・フレッチャー・クック著、江藤潔訳『天皇のお客さん』徳間書店　一九七一

広池俊雄『泰緬鉄道――戦場に残る橋』読売新聞社　一九七一
神山誠『悲憤の碑文』行政通信社　一九七一
「天皇に忠誠を誓わされ、祖国を追われた朝鮮人戦犯」『潮』一九七二年八月号
村松武司「忘れえぬ《皇軍》兵士」『別冊経済評論　日本人と朝鮮人』一九七二年九月
杉松富士雄編著『サイゴンに死す』光和堂　一九七二
D・バーガミニ著、いいだもも訳『天皇の陰謀　前・後篇』れおぽーる書房　一九七三
実松譲『巣鴨』図書出版社　一九七二
思想の科学研究会編『共同研究　日本占領』徳間書店　一九七二
長谷川静馬『或る虜囚の死』三崎書房　一九七二
法務大臣官房司法法制調査部『戦争犯罪裁判概史要』法務省　一九七三
法務大臣官房司法法制調査部『戦争裁判記録関係資料目録』法務省　一九七三
会田雄次『アーロン収容所』中央公論社　一九七三
禾晴道『海軍特別警察隊――アンボン島BC級戦犯の手記』太平出版社　一九七五
大沼保昭『戦争責任論序説』東京大学出版会　一九七五
赤道会『赤道標』赤道会事務所　一九七五
国立国会図書館調査立法考査局『靖国神社問題資料集』一九七六
日本遺族会編『英霊とともに三十年――靖国神社国家護持運動のあゆみ』一九七六
アーネスト・ゴードン著、斎藤和明訳『死の谷をすぎて――クワイ河収容所』音羽書房　一九

加納明弘・高野孟『内幕』 学陽書房 一九七六
篠崎護『シンガポール占領秘録』 原書房 一九七六
鈴木得治編『嗚呼戦犯泰俘虜収容所』(自費出版) 一九七七
爪俘会『爪哇俘虜収容所略歴』 一九七七
松浦攻次郎『インドネシア三十年』 実業之日本社 一九七七
厚生省援護局援護課編『援護法令ハンドブック』 ぎょうせい 一九七六
千田夏光『俘虜になった人本営参謀』 毎日新聞社 一九七七
オーテス・ケーリ編訳『天皇の孤島』 サイマル出版会 一九七七
岡本愛彦『日本人への遺書』 未来社 一九七八
厚生省援護局『引き揚げと援護三〇年の歩み』 ぎょうせい 一九七八
千田夏光『あの戦争は終ったか――体験伝承の視点』 汐文社 一九七八
岩井健『C56南方戦場を行く――ある鉄道隊長の記録』 時事通信社 一九七八
L・ヴァン・デル・ポスト著、由良君美・富山太佳夫訳『影の獄にて』 思索社 一九七八
『南十字星――シンガポール日本人社会の歩み』(創刊十周年記念復刻版) シンガポール日本人会 一九七八
台湾人元日本兵士の補償を考える会『台湾人元日本兵の訴え』 一九七八
大谷敬二郎『捕虜』 図書出版社 一九七八
清水寥人編『遠い汽笛――泰緬鉄道建設の記録』 あさを社 一九七八
韓国出身戦犯者同進会『私たちが戦犯になった経緯』 一九七九(謄写刷)

池田徳真『日の丸アワー　対米謀略放送物語』中央公論社　一九七九
中村八朗『シンガポール収容所』現代史出版会　一九七九
茶本繁正『獄中紙「すがも新聞」』晩声社　一九八〇
石川達三『包囲された日本――仏印進駐誌』集英社　一九七九
キリスト者遺族の会『石は叫ぶ』第一集・第二集　一九七五、一九七九（謄写刷）
高射砲第一〇三連隊戦友会事務局『高射砲第一〇三連隊史』田中書店　一九七九
全国憲友会連合会編纂委員会編『日本憲兵正史』研文書院　一九七六
レオ・ローリング著、永瀬隆訳『泰緬鉄道の奴隷たち』青山英語学院　一九八〇
スミルノーフ・ザイツェフ著、川上洸・直野敦訳、粟屋憲太郎解説『東京裁判』大月書店　一九八〇
内海愛子・村井吉敬『赤道下の朝鮮人叛乱』勁草書房　一九八〇
渡辺清『私の天皇観』辺境社　一九八一
山崎三朗『海軍設営戦記』図書出版社　一九八一
リンヨン・ティッルウィン著、田辺寿夫訳『死の鉄路　泰緬鉄道――ビルマ人労務者の記録』毎日新聞社　一九八一
読売新聞戦後史班編『「再軍備」の軌跡』読売新聞社　一九八一
粟屋憲太郎編集・解説『資料　日本現代史2　敗戦直後の政治と社会①』大月書店　一九八〇
同右『資料　日本現代史3　敗戦直後の政治と社会②』一九八一
Nelson, David, *The Story of Changi Singapore*, changi Publication Co., Australia, 1974.

Velden, D. van, *De Japanse Interneringskampen voor Burgers Gedurende de Tweede Wereldoorlog*, tweede uitgebreide druk, J. B. Wolters N.V., Groningen, 1977

Pritchard, R. John, "The Nature and Significance of British Post-War Trials of Japanese War Criminals, 1945–1948", in *Proceedings of the British Association for Japanese Studies*, vol. 2, Part 1: History and International Relations University of Sheffield: Center of Japanese Studies, 1977.

Nish, Ian (ed.), *Indonesian Experience: The Role of Japan and Britain, 1943–1948* (Papers by Sadao Oba, Roger Buckley & Gordon Daniels), International Centre for Economics and Related Disciplines, London School of Economics, 1979.

Picingallo, Philip R., *The Japanese on Trial: Allied War Crimes Operations in the East, 1945–1951*, University of Texas Press, 1979.

Oba, Sadao, "My Recollections of Indonesia, 1944–1947", Paper Presented to International Center for Economics and Related Disciplines Symposium on Indonesia, January 12 th., 1979, London School of Economics.

Allen, Louis, "Not so Piacular —— A Footnote to Ienaga on Malaya", in *Proceedings of the British Association for Japanese Studies* vol. 5, Part 1, History & International Relations, 1980.

Oba, Sadao, "My Recollections of Java during the Pacific War and Merdeka", *IC* No. 21, Mar. 1980.

C. G. Thompson, "*Rōmusha —— Kisah Seorang Tawanan Jepang*", Penerbit Sinar Harapan, Jakarta 1980.

戦犯関係国会議事録

『第十二回国会衆議院法務委員会議録第十二号』　一九五一年一一月一四日
『第十二回国会参議院法務委員会会議録第六号』　一九五一年一一月二〇日
『第十二回国会参議院外務委員会会議録第五号』　一九五一年一一月二六日
『第十二回国会参議院法務委員会戦争犯罪人に対する法的処置に関する小委員会会議録第一号』
　一九五一年一一月二二日
同、第二号　一九五一年一一月二七日
『第十三回国会参議院法務委員会戦争犯罪人に対する法的処置に関する小委員会会議録第一号』
　一九五一年一二月一二日
『同　第二号』　一九五一年一二月一四日
『同　第三号』　一九五二年三月二八日
『同　第四号』　一九五二年四月二日
『同　第五号』　一九五二年四月四日
『同　第六号』　一九五二年四月一四日
『同　第七号』　一九五二年四月一七日
『同　第八号』　一九五二年四月一八日
『同　第九号』　一九五二年四月二一日

『同　第十号』　一九五二年四月二四日
『第十三回国会衆議院法務委員会議録第十三号』　一九五二年二月一四日
『第十三回国会衆議院法務委員会議録第二十八号』　一九五二年三月二九日
『第十三回国会衆議院法務委員会議録第三十号』　一九五二年四月一一日
『第十三回国会衆議院法務委員会議録第三十一号』　一九五二年四月一二日
『第十三回国会衆議院法務委員会議録第三十一号』　一九五二年四月一四日
『官報』号外第四十四号　一九五二年四月二八日
『第二十二回国会衆院社会労働委員会議録第十八号』　一九五五年六月三日
『第二十二回国会衆議院内閣委員会議録第二十号』　一九五五年六月九日
『第二十二回国会衆議院法務委員会議録第四十五号』　一九五五年七月三〇日
『第二十二回国会衆議院会議録第五十一号(官報号外)』　一九五五年七月三〇日
『第二十六回国会衆議院予算委員会議録第四号』　一九五七年二月九日
『第二十六回国会衆議院予算委員会第一分科会議録第二号』　一九五七年二月一二日

〈戦争関係〉

服部恭大『南方飛行戦隊――ボルネオ戦記』富士書房　一九五三
防衛庁防衛研修所戦史室編『蘭印攻略作戦』朝雲新聞社　一九六七
同右『西部ニューギニア方面陸軍航空作戦』朝雲新聞社　一九六九
同右『豪北方面陸軍作戦』朝雲新聞社　九六九

同右『南西方面陸軍作戦』 朝雲新聞社 一九七六
中田忠夫『大日本帝国陸海軍――軍装と装備』 中田商店 一九七四
木村秀政『世界の軍用機――第二次世界大戦編』 平凡社 一九七七
『一億人の昭和史 日本の戦史8 太平洋戦争2』 毎日新聞社 一九七八

〈個人手記〉

李鶴来『私の手記』

朝鮮、インドネシア関係

『文部省推選派遣教育家の見たる鮮満事情 昭和十年版』 福徳生命保険株式会社 一九三五
全羅北道『全羅北道要覧』 一九二七
公州女子師範学校附属小学校編『新令教育の実践』 朝鮮図書出版株式会社 一九三九
高松健太郎『朝鮮ッてどんなところ』 京城大阪屋号書店 一九四一
朝鮮総督府『半島ノ国民総力運動』 一九四一
細川嘉六『植民史』 東洋経済新報社 一九四一
朝鮮総督府『朝鮮事情』(昭和一七年版) 一九四一
嶋元勧『朝鮮農業の道』(興農読本第一輯) 京城日報社 一九四一
朝鮮総督府法務局編『兵事関係法令及例規集』 朝鮮戸籍協会 一九四三
在上海日本総領事館警察部第二課『朝鮮民族運動年鑑』 東文社(ソウル) 一九四六

大蔵省管理局『日本人の海外活動に関する歴史的調査　朝鮮篇(第九分冊)』　一九四七
『日本に存在する非日本人の法律上の地位(特に共通法上の外地人について)』(司法研究報告書第二輯第三号)　司法研修所　一九四九年一〇月
出入国管理庁『個人の日本出入国に関する法令及び解説』　一九五一年四月
公安調査庁『在日朝鮮人の概況』　一九五三（謄写刷）
森田芳夫『在日朝鮮人処遇の推移と現状』(法務研究報告書第四三集第三号)　法務研修所　一九五五
近藤釼一『太平洋戦争下の朝鮮及び台湾』　朝鮮史料研究会　一九六一
全禎根『赤道をこえて』　南星文化社　一九六三（ソウル）
近藤釼一『太平洋戦争下の朝鮮(五)』　朝鮮史料編纂会　一九六四
森田芳夫『朝鮮終戦の記録』　巌南堂書店　一九六四
朴慶植『朝鮮人強制連行の記録』　未来社　一九六五
山口盛演述『宇垣総督の農村振興運動』　友邦協会　一九六六
坪江汕二『朝鮮独立運動秘史』(改訂増補版)　日刊労働通信社　一九六六
小沢有作『民族教育論』　明治図書出版　一九六七
都竹秀雄「帰化事務と在留資格」『民事月報』第二十二巻二号　一九六七年二月
呉林俊『記録なき囚人』　三一書房　一九六九
朝鮮総督府『初等国史　第五学年第六学年』　リプリント版　一九七〇
呉林俊『朝鮮人のなかの《天皇》』　辺境社　一九七二

朴慶植『日本帝国主義の朝鮮支配』 青木書店 一九七三
池原季雄・江川英文・山田[竜+尞]一『国際私法総論 国籍法』 法律学全集59 有斐閣 一九七三
千田夏光『従軍慰安婦』 双葉社 一九七三
田中宏「日本の植民地支配における国籍関係の経緯――台湾・朝鮮に関する兵役義務と参政権をめぐって」『愛知県立大学外国学部紀要』第九号 一九七四
小林英夫『「大東亜共栄圏」の形成と崩壊』 御茶の水書房 一九七五
田中宏編著『アジア人との出会い』 田畑書店 一九七六
吉田清治『朝鮮人慰安婦と日本人』 新人物往来社 一九七七
法務省民事局『国籍・戸籍法規便覧』 一九七八
大沼保昭「出入国管理法制の成立過程――一九五二年体制の前史」『国際法学の再構築 下』所収 東京大学出版会 一九七八
吉岡増雄編著『在日朝鮮人と社会保障』 社会評論社 一九七八
日弁連人権擁護委員会『樺太帰還在日韓国人会申立事件調査報告書』 一九八〇(謄写刷)
磯谷季次『朝鮮終戦記』 未来社 一九八〇
大沼保昭「在日朝鮮人の法的地位に関する一考察(一)～(六)」『法学協会雑誌』九六巻三〇号―九七巻第四号
磯村生得『われに帰る祖国なく 或る台湾人軍属の記録』 時事通信社 一九八一
千田夏光『従軍慰安婦・慶子』 光文社 一九八一
早稲田大学大隈記念社会科学研究所編『インドネシアにおける日本軍政の研究』 紀伊国屋書店

一九五九
佐藤隆『花の弧島』　東京信友社　一九六一
増田与『インドネシア現代史』　中央公論社　一九七一
宮元静雄『ジャワ終戦処理記』　ジャワ終戦処理記刊行会　一九七二
スバルジョ著、奥源造編訳『インドネシアの独立と革命』　龍渓書舎　一九七三
西嶋重忠『証言　インドネシア独立革命――ある日本人革命家の半生』　新人物往来社　一九七五
東門容『ムルデカ――日本占領下でのインドネシヤ人の戦い』　鳳出版　一九七五
後藤乾一『火の海の墓標――ある〈アジア主義者〉の流転と帰結』　時事通信社　一九七七
和田久徳・森弘之・鈴木恒之『東南アジア現代史I　総説・インドネシア』　山川出版社　一九七七
ジョージ・S・カナヘレ著、後藤乾一・近藤正臣・白石愛子訳『日本軍政とインドネシア独立』　鳳出版　一九七七
村井吉敬『スンダ生活誌――変動のインドネシア社会』　日本放送出版協会(NHKブックス)　一九七八
タン・マラカ著、押川典昭訳『牢獄から牢獄へ1』　鹿砦社　一九七九
丸山克彦編著『日本インドネシア関係年表』　明治図書出版　一九七九
栃窪宏男『日系インドネシア人――元日本兵ハッサン・タナカの独立戦争』　サイマル出版会　一九七九

新聞

朝日新聞、毎日新聞、読売新聞、京城日報、ピキラン・ラヤット(*Pikiran Rakyat*)、すがも新聞、など。

あとがき

「戦争中、日本人は私たちに、おまえたちも同じ日本人だ、国に命をささげるのは日本男児の無上の光栄だ、と教えたではありませんか。こんな血も涙もない判決をきくとは思わなかった。日本の道義は、どこにあるんですか。」(一九八二年二月二六日『朝日新聞』)

台湾人元日本兵鄧盛さんの血涙をしたたらせるような訴えは、多くの日本人の胸に、忘れかけたあの戦争を蘇らせた。日本軍に徴兵、徴用され、戦死、戦傷したにもかかわらず、戦後、鄧さんたちは、一切の補償から排除されてきた。一九七七年に補償請求の訴えをおこしていたが、一九八二(昭五七)年二月二六日、東京地裁は、この請求を棄却したのである。

テレビの画面に映し出された鄧さんたち五人の深いしわが刻まれた顔には、失望と、やり場のない怒りがあった。自国民には軍人恩給を出し、遺族年金を支給しても、日本国籍を離脱させた台湾人には何の補償もしてこなかった。『日韓条約で解決ずみ』とされている朝鮮人の場合も、問題があることは戦犯たちの訴えにも明らかである。

台湾人元日本兵の血の叫びに応えて、議員立法で「日本国との平和条約の発効により日本国籍を失った旧軍人軍属等に対する特別交付金の支給に関する法律案」の要綱がまとめられた。

三月一一日付の『読売新聞』に、この法律案の要綱が掲載された。

その日の朝、李鶴来さんから、電話があった。電話口のむこうの李さんの声は、いつになく明るかった。議員立法は、どこにも台湾人と限定していないし、法案の要綱を読むかぎり、私たちも対象になるのではないのか、とにかく、もう一度、この議員立法に賭けて、私たちも運動をやっていこうと思う。二〇年以上も運動を続けてきたのだ。何とか刑死した人たちに、日本政府の補償をとりつけるまで努力したい。請願書をもって、各議員に要請して歩きたい。そんな内容のことを李さんは一気に話した。

何をやってもダメとの失望感から、李さんたちは、自分たちの手で刑死した友人の遺骨を送りかえすことを決めていた。仲間で金を出しあって墓もつくろうとしていた。「日本の道義」にかすかな期待をかけて、二十余年にわたり補償と遺骨返還を求める運動を続けてきたが、その力も半ば失いかけていた。台湾人元日本兵の訴えの棄却は、胸にこたえた。「やはりダメだったか。」

鄭さんたちの失望と怒りを共有していた李鶴来さんにとって、三月一一日付の『読売新聞』の報道は、一条の光がさす思いだったようだ。

半ばあきらめていた李さんたちは、再び国会請願にむけて動き出そうとしている。朝鮮人BC級戦犯の「問題」は、今なお解決していない。

本書は、さきに刊行した『赤道下の朝鮮人叛乱』の続篇ともいうべき性格の書である。編集も引き続き富岡勝氏のお世話になった。

本書ができあがるまでには、実に多くの方々の御協力をいただいた。特に「韓国出身元BC級戦犯者同進会」の方々には、忙しい仕事の合間をぬって、インタビューに快く応じていただいた。本書に収録できなかった話も多く、特に李大興《イデフン》氏、高在潤《コジェユン》氏の貴重な証言は別の機会に活かしたいと思っている。

韓国の李相汶《イサンムン》、朴昶遠《パクチャンツォン》の両氏には、前書に引き続きお世話になった。李相汶氏からは貴重な起訴状や判決文をお送りいただいた。

ロンドンに在住している大庭定男氏には、貴重な資料をお送り下さったばかりでなく、日本に一時帰国中の多忙な時間をさいて、インタビューに応じていただいた。軍医だった篠崎俊樹氏、仲井公輔氏、タイ俘虜収容所の副官だった矢代良亀氏、ジャワ俘虜収容所の熊沢六朗、鎌田忠人の両氏、パレンバン高射砲連隊にいた山内秀敏氏、憲兵だった松浦猪佐次氏、外務省職員だった柴健二氏、これらの方がたも私のぶしつけな質問にも快く応じて下さった。

いちいちお名前を挙げないが、爪俘《ジャフ》会、泰俘《タイフ》会、巣鴨会、東京裁判研究会など、実に多くの方の御協力をいただいて本書を書きあげることができた。ここに名前を挙げなかったが、多くの先輩や友人の援助をいただいたことはもちろんである。あわせて感謝したい。

なお、本書の第Ⅳ章は『記録』『朝鮮研究』『軍事民論』『三千里』に発表したものに、加筆修正したものである。

「同進会」の方々の親がわりともなって、彼らの運動を陰になり、日なたになって援助してこられた今井知文氏は、一九七九年の元旦の賀状に「過去を忘れる者は必ず過去の過ちを繰返す」と書いておられる。画家でもある氏のこの書を机の前におきながら、本書を書きあげた。今井知文・今井よし乃御夫妻に心から御礼を申し上げたい。

一九八二年三月一〇日

内海愛子

岩波現代文庫版あとがき

二〇一五年六月、「戦争をさせない」「九条まもれ」の声が国会を取り巻いている。その中を、九〇歳の李鶴来さんが議員の部屋をまわって、陳情している。東京高裁が付言で立法解決をうながしてから一六年以上の歳月が経過している。今年が正念場、事実上、最後の闘いになると思い定めての行動である。

二〇〇八年五月には民主党がＢＣ級戦犯問題解決のための法案（「特定連合国裁判被拘禁者等に対する特別給付金の支給に関する法律案」）を国会に提出したが、一回も審議されないまま、二〇〇九年七月の解散総選挙で廃案になってしまった。動かない国会、冷え込む日韓関係、政府間の対話も進んでいない。それでも李鶴来さんは、支援する日本の友人たちと国会に足を運び続けている。被害者の執念と熱意に応えて、国会も少し動いている。

二〇一五年三月二七日、藤田幸久参議院議員が参議院予算委員会で「朝鮮人ＢＣ級戦犯者問題の解決」に向けて、岸田外務大臣に質問をしている。また、四月七日の参議院外交防衛委員会でも藤田議員が質問をしているが、大臣の答弁は「解決済み」の域をでない。その中で、外務大臣が自信をもって答弁しているのは元捕虜への招請事業である。

「戦後、日本は、痛切な反省に基づき、一貫して平和国家の道を歩んでまいりました。日米両国は、戦後和解して強固な同盟国となり、共に地域と世界の平和と繁栄に貢献してきました」と述べ、「外務省としましては、今年が戦後七十年という特別な年であることを考慮し、先般も答弁したとおり、平成二十七年度の政府予算において例年の水準以上の米国の元ＰＯＷ(Prisoners of War 戦争捕虜)の方々の招聘予算を計上したところです。例年の二割増しの予算を用意しております」と答弁している。

日米との「和解」を強調する政府は、連合国の元捕虜の招聘事業に力をいれ、二〇一五年は予算を二割増しにしている。

この連合国の元捕虜にはサンフランシスコ平和条約の第十六条で「個人賠償」を支払ってきた。日本の在外資産を売却した金額(約四五〇万ポンド＝約五九億円)を赤十字国際委員会を通じて、一九五六年と六一年に一四カ国の元捕虜二〇万三五九九人に支払った。だが、この金額ではイギリス人捕虜の場合、一人が受けとる額は七五・五ポンド(当時一ポンド＝一〇〇八円)、七万六一〇四円にすぎなかった。その金額があまりにも少なかったので、「賠償」とは認められないとの主張もあった。その中で村山内閣の「平和友好交流計画」(一九九五―二〇〇五年)の一環として、元捕虜の日本への招聘事業が行なわれてきた。

岸田外務大臣は、アメリカから累計六九人、そしてオーストラリアから一〇四人の元捕虜とその家族など関係者を日本に招聘していると答弁し、「この事業を通じて日本に対する親近感や好感を持つことができたなど、本招聘を高く評価する感想が寄せられているところであり、対日理解の促進が着実に図られていると受け止めています。また、米国務省も本事業を高く評価」しているという。

オーストラリアとの間でも「相互理解及び友好関係の強化に貢献している」と受け止められてきた。「高い評価」から二〇〇五年でいったん終了したこの「交流計画」は現在も継続している。イギリスから七八四人、オランダから四二五人の元捕虜・抑留者たちも招かれて来日している。

連合国捕虜にはこうした和解事業を実施するが、その捕虜たちを監視する任務につかせ、戦後、戦争犯罪人として処刑された朝鮮人、有期刑になった朝鮮人戦犯たちにはどのような政策を講じてきたのだろうか。

本書で述べてきたように、当事者が政府と交渉し、デモや陳情を繰り返す中でようやくかち取った「当面の措置」はいくつかあった。だが日韓条約が締結された後は「解決済み」と門前払いが続いた。

一抹の虚しさと寂しさを抱きながら、陳情を続ける李鶴来さんのもとに、韓国の光州高裁が「韓国挺身隊訴訟：三菱重工に賠償命令」とのニュースが飛び込んできた。名古屋市の三菱重工業で働かされた元女子勤労挺身隊の梁錦徳《ヤンクンドグ》さんや遺族計五人が損害賠償を求めた裁判の判決である。

六月二四日、光州高裁は一審判決を支持し、同社に計約五億六〇〇〇万ウォン（約六三〇〇万円）、原告四人に一人あたり一億二〇〇〇万ウォン（約一三二〇万円）〜一億ウォン、遺族一人に一億二〇八万ウォンの支払いを命じたのである。

判決は、(1)一九六五年の日韓請求権協定は植民地支配による賠償を請求したものではなく、日韓間の債権債務関係に関する合意である、(2)日本政府は植民地支配の不法性を認めなかった、(3)国家と個人は別で個人の同意なく個人請求権を消滅できるとの見方は近代法の原理と合わないなど、個人請求権は消滅していないと判断した。また、原告らは一〇代前半だった当時、進学できるなどとだまされて連行され、劣悪な環境で働かされたと、企業に賠償責任があるとも述べている（『毎日新聞』二〇一五年六月二四日）。

三菱重工側は、日韓請求権協定（一九六五年）で個人請求権は消滅したと、上告する方針だという。

韓国の大法院（最高裁）は二〇一二年五月、別の徴用工の訴訟（被告＝新日本製鉄（現・新日鉄住金）と三菱重工業）で、初めて個人の請求権を認める判断を出している。韓国では「請求権協定で個人の請求権が消滅していない」との判決が続き、賠償を命ずる高裁判決は三件目になる。

「日韓条約で解決済み」――この言葉にいくども歯がみをし、涙した被害者たちに、韓国の司法はこのような判断を示したのである。ようやく戦争被害者の賠償への道が開けてきた、そう思った被害者は多いだろう。日本で六〇年にわたって運動を続けてきた朝鮮人ＢＣ級戦犯たちもこうした韓国の歴史への取組みに励まされた。一条の光を見た思いがしたのだろう、こうした判決をうけて二〇一四年一〇月、李鶴来さんたちＢＣ級戦犯の当事者と遺族が韓国の憲法裁判所に訴願した。訴願は受理され、今後、憲法裁判所がどのような審理をするのか、原告たちもこの問題に心を寄せてきた人たちも見守り続けている。

一度戦争を起こせば七〇年たってもその処理が終わらない。そのことはＢＣ級戦犯や戦時性暴力の被害者などの問題を見れば明らかである。五月一五日、安倍内閣は安保法制関連法案を一挙に国会に上程し、成立させようとしている。その中には捕虜の関連法案もある。捕虜の取扱いが悪かった日本は、捕虜に多くの犠牲を強いただけでなく、その管理にあたった軍人や軍属の中から多くの戦争犯罪人を作り出している。日本政府に「謝罪と補償」を求めてきた朝鮮人元ＢＣ級戦犯の運動は、日本にまだ「終わらない戦争」を問いかけ、植民地支配の責任を問い続けている。七〇年前の戦争被害者たちの振り絞るように語る声の背後から「戦争をさせない」との声が、聞こえてくる。

一九八二年に本書が刊行されてから三〇年あまりが経過した。問題が解決していれば本書を再び世に問う必要もなかったかもしれない。だが、この六月の梅雨空の中を李鶴来さんは議員会館を訪れては、関係者に要請し、陳情にまわっている。問題はこの三〇年、当事者が納得するような解決はしていない。だが、この間日本や韓国の間でもこの問題を理解し、同進会の運動を支え、一緒に活動する人々の輪が広がってきた。世代と国境を超えて創意工夫を活かした運動が積み重ねられてきた。朝鮮人BC級をテーマにした演劇が上演されたり、写真展が東京・ソウルで開かれている。その運動を担ったのは戦後世代、李鶴来さんたちの孫の世代の若者たちである。

政府の「解決済み」の壁はまだ崩せないが、それでも事態は動いている。李鶴来さんは希望を棄てていない。

「戦争はさせない」市民のシュプレヒコールに、「被害者に補償を」のつぶやくような声が重なる。

一九八二年に本書が刊行されてからの軌跡は、以下の書を参照されたい。

今村嗣夫「韓国・朝鮮人BC級戦犯者訴訟――人間の尊厳侵害に対する謝罪のしるし象徴的補償を求めて」瑞慶山茂責任編集『法廷で裁かれる日本の戦争責任』(高文研、二〇一四年)

岡田泰平「朝鮮人BC級戦犯運動の現在」和田春樹・内海愛子・金泳鎬・李泰鎮編

『日韓　歴史問題をどう解くか――次の一〇〇年のために』(岩波書店、二〇一三年)
大山美佐子「「日本の戦犯」にされた朝鮮人たち――求められる朝鮮人BC級戦犯の人権救済」田中宏・中山武敏・有光健他著『未解決の戦後補償――問われる日本の過去と未来』(創史社、二〇一二年)
内海愛子『キムはなぜ裁かれたのか――朝鮮人BC級戦犯の軌跡』(朝日新聞出版、二〇〇八年)
内海愛子『日本軍の捕虜政策』(青木書店、二〇〇五年)
木畑洋一・小菅信子・フィリップ・トウル編『戦争の記憶と捕虜問題』(東京大学出版、二〇〇三年)
田口裕史『戦後世代の戦争責任』(樹花舎、一九九六年)
『死刑台から見えた二つの国――韓国・朝鮮人BC級戦犯の証言』(文泰福・洪鐘黙述、内海愛子・韓国・朝鮮人BC級戦犯を支える会編、梨の木舎、一九九二年)

文庫化にあたり川田恭子さんと編集部の平田賢一さん、上田麻里さんにお世話になりました。心から感謝します。

二〇一五年六月二五日

内海愛子

本書は一九八二年六月に勁草書房より刊行された。本書編集にあたっては、勁草書房版一九九三年五月発行の第一版第五刷を底本とした。

岩波現代文庫への収録にあたり、大幅な加筆修正を行い、新たな地図や付章を加えた。

なお本書には、今日の観点から見た場合、不適切な表現があるが、本著作の背景となる時代性を考慮して、原文どおりとした。

岩波現代文庫創刊二〇年に際して

二一世紀が始まってからすでに二〇年が経とうとしています。この間のグローバル化の急激な進行は世界のあり方を大きく変えました。世界規模で経済や情報の結びつきが強まるとともに、国境を越えた人の移動は日常の光景となり、今やどこに住んでいても、私たちの暮らしは世界中の様々な出来事と無関係ではいられません。しかし、グローバル化の中で否応なくもたらされる「他者」との出会いや交流は、新たな文化や価値観だけではなく、摩擦や衝突、そしてしばしば憎悪までをも生み出しています。グローバル化にともなう副作用は、その恩恵を遥かにこえていると言わざるを得ません。

今私たちに求められているのは、国内、国外にかかわらず、異なる歴史や経験、文化を持つ「他者」と向き合い、よりよい関係を結び直してゆくための想像力、構想力ではないでしょうか。

新世紀の到来を目前にした二〇〇〇年一月に創刊された岩波現代文庫は、この二〇年を通して、哲学や歴史、経済、自然科学から、小説やエッセイ、ルポルタージュにいたるまで幅広いジャンルの書目を刊行してきました。一〇〇〇点を超える書目には、人類が直面してきた様々な課題と、試行錯誤の営みが刻まれています。読書を通した過去の「他者」との出会いから得られる知識や経験は、私たちがよりよい社会を作り上げてゆくために大きな示唆を与えてくれるはずです。

一冊の本が世界を変える大きな力を持つことを信じ、岩波現代文庫はこれからもさらなるラインナップの充実をめざしてゆきます。

（二〇二〇年一月）

朝鮮人BC級戦犯の記録

2015年7月16日　第1刷発行
2025年4月15日　第2刷発行

著　者　内海愛子《うつみあいこ》

発行者　坂本政謙

発行所　株式会社　岩波書店
〒101-8002 東京都千代田区一ツ橋 2-5-5

案内 03-5210-4000　営業部 03-5210-4111
https://www.iwanami.co.jp/

印刷・精興社　製本・中永製本

ISBN 978-4-00-600329-6　Printed in Japan

朝鮮人BC級戦犯関係年表

＊朝鮮総督府 → 総督府と略

年	
1910	**8月22日** 韓国，併合に関する条約に署名
1937	**10月2日** 総督府，「皇国臣民の誓い」(児童用)，「皇国臣民の誓詞」(中学生以上)制定
1938	**2月22日** 陸軍特別志願兵令公布，**3月4日** 総督府，改正朝鮮教育令公布．4月から朝鮮語が随意科目になり実質的廃止，**5月5日** 国家総動員法を朝鮮に施行
1939	**9月30日** 総督府，国民徴用令公布，(10月1日施行)，**11月10日** 総督府，改正朝鮮民事令公布，朝鮮人の氏名に関する件公布
1940	**2月11日** 総督府，創氏改名の実施
1941	**4月1日** 朝鮮国民学校令施行，**12月8日** 日本，米英に宣戦布告・アジア太平洋戦争開始，**12月23日** 「俘虜収容所令」公布・即日施行，**12月27日** 「俘虜情報局官制」公布・即日施行
1942	**1月29日** 東郷茂徳外務大臣「俘虜の待遇に関する1929年7月27日条約」の「準用」を米英に回答，**3月31日** 「俘虜取扱に関する規定」公布．陸軍省軍務局俘虜管理部を設置，**4月21日** 「俘虜取扱規則」公布，**5月5日** 陸軍省兵站総監部「南方に於ける俘虜の処理要領の件」通牒．俘虜収容所の警戒のために朝鮮人・台湾人の特種部隊を編成．朝鮮人軍属の募集はじまる，**5月8日** 東条内閣，朝鮮に徴兵制施行を閣議決定，**6〜8月** 朝鮮人軍属3224人，陸軍釜山西面臨時軍属教育隊(隊長 野口譲中佐)で訓練，**7月5日** 朝鮮俘虜収容所編成を完了(所長 野口譲中佐)．仁川分所長(奥田辰夫少佐)，**8月15日** タイ，マレー，ジャワ俘虜収容所を開設．朝鮮人軍属が監視業務．俘虜を軍用道路・飛行場・鉄道建設などに使役，**8月17日** 訓練終了後，3016人を南方に派遣，タイ，マレー，ジャワ俘虜収容所に配属

1943　**3月2日**　兵役法改正公布，朝鮮に徴兵制施行，8月1日実施，**10月25日**　泰緬鉄道開通式(俘虜の犠牲者約1万3000人)，**10月30日**　モスクワ宣言発表(ルーズベルト，チャーチル，スターリン署名)，残虐行為に関する声明，**12月26日**　陸軍省俘虜管理部部長浜田平少将，俘虜収容所長会議で俘虜に対する私的制裁を中止するよう指示

1944　**1月29日**　ハル米国務長官，「日本軍の手中にある俘虜取扱に関する声明」放送(サンフランシスコから)，**2月5日**　アメリカ，日本の俘虜，民間抑留者の扱いがジュネーブ条約に違反していると抗議．18カ条を提示，**2月24日**　陸軍次官「俘虜の待遇に関する件」通牒．私的制裁を厳禁，**3月17日**　陸軍次官「情勢の推移に応する俘虜の処理要領」通牒，**9月11日**　陸軍次官「情勢激変の際に於ける俘虜及軍抑留者の取扱に関する件」通牒．情勢激変の際の準拠を示す

1945　**2月3日**　米比軍，停戦申込み．44年3月17日の「処理要領」に基づき俘虜を解放，**3月17日**　陸軍次官「情勢の推移に応する俘虜の処理要領に関する件」通牒．「日本軍は捕虜を皆殺しにする計画だった」と俘虜が主張する根拠の通牒，**8月8日**　米英仏ソ「欧州枢軸諸国の重要戦争犯罪人の訴追及び処罰に関する協定」(ロンドン協定)を締結，**8月15日**　天皇「終戦の詔書」を放送．敗戦，**8月16日**　俘虜情報局長官，内・外地各軍参謀長，内・外地俘虜収容所長宛に，俘虜・抑留者の取扱いについて通牒．「敵側は重大な関心を有しあるを以て之か取扱に関しては万慰労なき様注意せられ度し」，**8月28日**　陸軍次官通牒．降伏文書の調印時に俘虜・抑留者を解放する，**9月11日**　第1回戦犯容疑者逮捕令，東条英機，東条内閣の元閣僚，俘虜収容所関係者等39人，**9月17日**　下村定陸軍大臣「俘虜取扱関係連合側訊問に対する応答要領等に関する件達」を関係部隊に通達．訊問には俘虜収容所の編制素質(朝鮮人・台湾人)が悪かったことを説明するように指示，**9月20日**　陸軍省「俘虜関係調査委員会」設置，**11月8日**　米第8軍，俘虜収容所所員300人に逮捕

状，**11月24日**　GHQ覚書(11月12日)により，同日以前に戦犯容疑者として逮捕された者は12月より，同日以降に逮捕された者は逮捕の日の翌日より給与の支払い停止，**12月8日**　米軍管理によるスガモプリズン開設，東条ら戦犯容疑者移管，**12月13日**　蘭印検事総長・英国との会談で戦争犯罪に関する限り，朝鮮人を日本人として取り扱うことを確認

1946　**1月4日**　GHQ，戦犯容疑者の公職追放を指令．52年4月21日の同令廃止まで，**2月1日**　GHQ，軍人恩給は傷病恩給を除いて全面停止を指令．戦犯指名を受けた者はすでに1945年11月24日に恩給・扶助料などの諸給与は差し止められている，**4月23日**　GHQ，戦犯容疑者として逮捕，拘禁，抑留，あるいは今後，検挙収容される者の財産は，通貨，預貯金そのほかすべての動産・不動産を封鎖し，差し押さえると指令．刑期終了，無罪判決などの場合に解除．「恩給法ノ特例ニ関スル件」(昭和21年勅令第68号)．「特定財産管理令」(勅令第286号)，**4月29日**　極東国際軍事裁判検察団，東条ら28人の起訴状提出．**5月3日**　開廷(東京・市谷台)

1948　**11月12日**　極東国際軍事裁判所，判決言渡し．7人絞首刑，16人終身刑，2人有期刑

1949　**10月19日**　GHQカーペンター法務部長，戦犯裁判の終了・未逮捕者の捜査打切り，未逮捕者の逮捕令削除など発表

1950　**1月23日**　オランダ関係戦犯693人，チサダネ号で横浜に到着，スガモに移送．うち朝鮮人64人．61人はスガモに収容される(3人はジャカルタで釈放)．オランダ裁判の在スガモ朝鮮人戦犯50名で「郷愁会」結成(世話人 高在潤)，**6月25日**　朝鮮戦争勃発(～1953年7月朝鮮戦争休戦協定成立)

1951　**8月27日**　イギリス・オーストラリア関係戦犯231人，タイレア号で横浜に到着，スガモに収容．朝鮮人27人を含む(19人は釈放済み)，**9月8日**　サンフランシスコ講和会議．49カ国調印．朝鮮と韓国は招請されず．日本，戦犯の刑の執行を引き継ぐ(第11条)

1952　**3月**　在スガモ朝鮮人70名で「韓人会」結成(代表 洪起聖・

朴洹教)，**4 月 28 日**　サンフランシスコ平和条約発効．朝鮮人，条約発効と同時に日本国籍喪失(法務省民事局長通達)，日本政府が刑の執行を引き継いだ 927 人(在スガモ)と仮出所中の 892 人の戦犯の管理に関する基本法「平和条約第 11 条による刑の執行及び赦免等に関する法律」(法 103 号)公布，施行．戦犯裁判がその本質において国内裁判とは異なるものであり，「戦犯裁判の刑は，国内法上の刑ではない」と明記．戦犯は「特別未帰還者給与法」(昭 23・12・29 法 279 号)による未帰還者と見なされる．国籍条項なく，朝鮮人・台湾人も俸給・扶養手当など支給される(1953 年 7 月 31 日まで)．スガモ，日本の管理に移り，巣鴨刑務所と改称，**4 月 30 日**　「戦傷病者戦没者遺族等援護法」公布，4 月 1 日に遡及して適用．戸籍法の適用を受けない朝鮮人・台湾人は対象外．**5 月 1 日**　法務総裁，戦犯は国内法上の刑に処せられた人と同様に扱わないと通牒，**5 月 10 日**　「戦争受刑者世話会」発足．発起人 600 人超す．理事長 藤原銀次郎，同代理 止力松太郎，井野頌哉．世話人 石原広一郎，岩村通世，岡村寧次，緒方竹虎，村田省蔵，宇垣一成，野村吉三郎，有田八郎，青木一男，鮎川義介，清瀬一郎，重光葵，下村宏，杉道助ら，**6 月 14 日**　洪起聖ら朝鮮人 29 人，台湾人 1 人，東京地裁に人身保護法に基づき釈放請求を提訴，**7 月 30 日**　最高裁「科刑時が日本人」であると請求却下，拘禁が継続，**8 月 1 日**　法務省入国管理局・厚生省引揚援護庁援護局「引揚者に準ずる者の在留及外国人登録については，当該者が終戦前から引き続き本邦に在留するものとして取扱い，戦犯釈放証明書又は引揚証明書に入国審査官からその旨の証印を受けるものとする」，**8 月 5 日**　「日華条約」発効．中華民国関係の戦犯は全員釈放．朝鮮人 8 人を含む．「未復員者給与法」(昭 22・12・15 法 182 号)の一部改正．外地服役戦犯に対して，日本上陸と同時に巣鴨刑務所を釈放される者に対してはその釈放の時をもって，未帰還者が帰還したものと見なし，特別未帰還者給与法の適用を受けられることとする，**8 月 20 日**　鈴木一

入国管理局長「釈放戦犯外国人の取扱に関する件」，矯正局長に通牒，**12月1日**　政府に要望書を提出(代表 笠山義男)

1953 **1月23日**　法務省矯正局長「戦犯外国人(台湾及び韓国人)の永住希望者取扱について回答の件」終戦前から引き続き本邦に在留するものと同一に扱う(法126-2-6に該当)，**7月4日**　フィリピン，キリノ大統領声明，有期刑の者は日本上陸とともに全員釈放，死刑囚はすべて減刑し巣鴨に移管．元伍長崔元溶釈放，**8月1日**　「恩給法」一部改正公布，軍人恩給復活．国籍条項で朝鮮人・台湾人は対象外，「特別未帰還者給与法」を廃止し「未帰還者留守家族等援護法」公布施行，戦犯は巣鴨釈放時が引揚げ，帰還したと取り扱われる．留守家族救済に重点．対象は日本居住の留守家族．単身者・国外在住の家族は対象外，**8月7日**　「援護法」の一部改正．戦犯拘禁中の死亡者遺族に遺族年金，弔慰金支給．朝鮮人は対象外

1954 **3月31日**　「未帰還者留守家族等援護法の一部を改正する法律」により刑死者の遺族に葬祭料支給，**6月30日**　「恩給法」の一部改正．戦犯刑死者獄死者の遺族に公務扶助料と同額の扶助料支給．朝鮮人刑死者は対象外，**7月5日**　政府，「第三国人戦争受刑者に対する見舞金支給要領」に基づき1953年以降拘禁1年につき1人1万2000円支給，**12月8日**　巣鴨拘禁者全員に，釈放時に帰還手当の支給指示，**12月29日**　オランダ関係戦犯14人釈放．朴昌浩出所拒否，釈放後の住宅・就職・生活資金を要求

1955 **4月1日**　会員70名で「韓国出身元BC級戦犯者同進会」を設立(会長 李鶴来・金鏞・李大興)，基本的人権・生活権確保のため日本政府と交渉．鳩山一郎首相に要請書提出(①早期釈放，日本人戦犯との差別待遇撤廃，②出所後の生活保障，③遺骨送還など国家補償を要請)，**4月2日**　イギリス・オーストラリアのシンガポール裁判刑死者の遺骨，日本に送還．朝鮮人の10体は市ヶ谷厚生省復員局からのちに福岡世話課に移管．1956年6月14日池上本門寺照栄院に9体

分骨，のこる1体は目黒の祐天寺に安置，**4月23日**　韓国出身戦犯者(代表 李鶴来)，首相に請願書提出，**5月25日**　尹東鉉・金昌禧，居住地が決まらないため仮釈放延期される．釈放後の住宅・就職・生活資金30万円の貸与又は支給を要求，**7月1日**　鳩山一郎首相・花村四郎法務大臣・川崎秀二厚生大臣に面会要請．国会で代表8人が総理と面会．「第三国人戦犯者」(代表 藤川哲夫・広村鶴来ら)の名前で「声明書」を発表，**7月8日**　辻政信，6月9日の衆院内閣委員会で「陳情は赤色グループの煽動による」など発言．同進会抗議文を送付，**7月19日**　イギリス裁判の許栄(1951年出所)埼玉県深谷市の神社で首吊り自殺，**7月28日**　内閣官房・外務省・法務省・大蔵省・厚生省申合せ「巣鴨刑務所出所第三国人の援護対策について」．一時住居施設，生業資金，更生資金の貸与など事務次官申合せ，**8月8日**　恩給法一部改正，戦犯として拘禁されていた者で拘禁前の公務員としての在職年限が普通恩給最短年限未満の場合，年限に達するまでを限度として拘禁期間を通算加算．「援護法」の一部改正，遺族年金の増額など，**11月24日**　財団法人清交会(会長 田中武雄元総督府政務総監)設立．台湾人戦犯は財団法人友和会(会長 木村篤太郎)設立

1956 **2月25日**　同進会，鳩山一郎首相に要請書提出(刑死者遺族500万円，服役者1日500円支給要請)(巣鴨在所者3，在日63，帰国57，自殺1，病死1，刑死23)，**3月13日**　「オランダ国民のある種の私的請求権に関する問題の解決に関する日本国政府とオランダ王国政府との間の議定書」署名，6月1日発効．日本，総額1000万合衆国ドルに相当するスターリング・ポンドの見舞金をオランダ人の元抑留者に支払い，**4月5日**　鳩山一郎首相と面談，首相善処を約束，**6月14日**　池上本門寺照栄院に9体を分骨，**8月14日**　同進会66人が首相官邸前で鳩山首相に面会求めて座り込み，警官隊ともみ合う，**8月16日**　田中榮一官房副長官・岸本法務事務次官・木村厚生事務次官などと面談，善処を約束，**10月20日**

オランダ裁判の梁月星 所沢市で西武線に飛び込み自殺

1957 **1月8日** 台湾人戦犯とともに石橋湛山首相に面会を求めて約70人が私邸にデモ，要請書提出．中村梅吉法務大臣・石田博英官房長官に面談，善処を約束，**4月5日** オーストラリア関係の金昌植，赦免で出所．朝鮮人戦犯の巣鴨在所者はゼロ．全収容者の釈放，巣鴨刑務所の解散は翌58年5月，昭和32年度予算で日本在住者に限り1人5万円の見舞金を支給(朝鮮人・台湾人戦犯126人)きめる．11月支給，**5月17日** 「引揚者給付金等支給法」公布施行．朝鮮人・台湾人は戦犯に限り引揚者給付金の最高額2万8000円支給．日本在所者に限る，**8月14日** 岸信介首相に要請書提出(刑死者遺族に500万円，服役者1日500円支給要請)，首相私邸前座り込み，約40人でデモ，官邸の壁を乗り越え抗議．堀木鎌三厚生大臣・藤原総務副長官・岡崎英城官房副長官らに面談，善処を約束，**9月2日** 「同進会」韓国駐日代表部に後援を依頼

1958 **2月** 田中龍夫官房副長官に面談，「政府として誠に申し訳ない．至急善処したい」と約束，唐沢俊樹法務大臣にも面談，善処を約束，**3月** 田中龍夫官房副長官に面談，次官会議での検討を約束，**4月2日** 清交会，内閣審議室に提出するため調査(在日63，帰国59，自殺2，病死1，刑死23)(在日63人の職業，常職6，不定期の職55，入院中2)，**4月** 田中龍夫官房副長官に面談，政府次官会議で「積極的調査」を決定，渡辺内閣審議官「皆さんが納得いくよう政府として誠意を示したい」と言明，**6月** 田中龍夫官房副長官に面談，「財政の問題もあるが，早急に善処したい」，**6月18日** 朝鮮人戦犯，一般乗用旅客自動車輸送事業申請．30台申請，**12月26日** 閣議了解「巣鴨刑務所出所第三国人の慰藉について」に基づき，政府，1人10万円の見舞金支給，生業確保・公営住宅優先入居を了承(「政府は補償要求に応じる義務はないが，特殊な事情にかんがみ，各種の措置を講じた」と1962年10月に説明)，**12月29日** 戦犯者全員の釈放完了．巣鴨刑務

所は閉鎖

1959 **2月26日**　建設省住宅局長「巣鴨刑務所第三国人の公営住宅への優先入居について」通牒．第2種公営住宅への優先入居取扱いを指示

1960 **5月**　池田勇人首相に要請書提出，国家補償を求める，**7月13日**　一般乗用旅客自動車輸送事業免許下りる．10台．毎年増車，1969年までに51台，**9月6日**　オランダ裁判の遺骨4体，日本に戻る．厚生省から目黒の祐天寺に安置．

1962 **7月30日**　西村英一厚生大臣に請願書提出(精神病入院者の医療と早期帰国要請)，**9月22日**　厚生省援護局援護課長通知「日本に帰化した朝鮮出身者等に対し遺族援護法を適用することについて」(通知)日本国籍取得による適用，**10月11日**　「巣鴨刑務所出所第三国人の慰藉について」内閣審議室．これまでの経緯と見解を発表．補償要求に応じる義務はないが特殊事情にかんがみ各種の措置を講じたと言明，**10月22日**　池田勇人首相に要請書を提出．23日細谷喜一官房副長官と面談，国家補償を要請，**11月21日**　古屋亨総理府総務副長官と面談，**12月12日**　近藤総理府参事官と面談，国家補償を求める要請書提出，参事官は「最優先して善処すべき．日韓会談も事実上妥結．責任を持って年度内に解決したい」と言明

1963 **1-6月**　同進会，この間，6回にわたり近藤参事官，青山参事官などと面談，**3月22日**　清交会会長田中武雄，原田総務長官に面談，これ以降数回にわたり面談，結論を促す，**8月3日**　「戦傷病者特別援護法」により，拘禁中の負傷または疾病に対して，療養の給付等がなされる，**8月15日**　「同進会」「同志会」代表，政府主催の戦没者追悼式への入場を拒否される．抗議，翌年から招待，**9月19日**　清交会田中会長，古屋亨総理府総務副長官と面談，「なかなかむずかしいが，積極的に考慮したい」と言明

1964 **10月**　池田勇人首相に要請書提出，**12月18日**　佐藤栄作首相に「請願書」提出

1965 **4月16日** 島上善五郎衆議院議員「韓国及び台湾出身戦犯刑死者の措置に関する質問主意書」提出．答弁書「いまだ最終的妥協に達していない」(4月23日)，**5月25日** 日本外務省「日韓会談で一括処理・解決した」と言明，**6月22日** 日韓会談妥結・日韓基本条約・請求権協定調印，65年12月発効．以降，日本政府は「一括解決済み」を主張，同進会，刑死者の遺骨送還に運動の重点を移す，**7月5日** 駐日代表部金東祚，補償請求権が協定で消滅したのか，本国に回答を要請，**9月27日** 韓国大使館，外務部長官の回答を説明，「当初から日本に対する請求の対象ではなく，それゆえ協定調印後の国内措置として個人請求権の補償問題を検討するにおいても，考慮の対象外である」「適切な時期に日本側に求めるようにされたい」と言明

1966 **5月20日** 同進会 韓国政府へ嘆願書提出．外務部長官からの回答．「人道的見地から適切な措置を講じるように日本政府に要望することを駐日大使に指示したことを通知します」(66年10月20日)，**10月17日** 趙文相ら刑死者17人が靖国神社に合祀される．韓国外務部長官，駐日大使に「人道的見地から適当な機会に日本政府に対して適切な援護措置を講じるように要望することを望む」，**11月30日** 厚生省援護局援護課長通知「戦傷病者戦没者遺族等援護法の適用について」…日韓条約締結後は日本国籍を取得しても適用せず

1971 **11月** 韓国在住元戦犯刑死者遺族卞光洙，韓国政府に「対日民間請求権申告法」に基づき補償金を申請．1975年4月「1945年8月15日以前に発生した請求権ではない」と受理されず

1972 **8月** 田中角栄首相に要請書提出

1973 **1月7日** 清交会解散

1974 **12月** 韓国「対日民間請求権補償法」を制定．「1945年8月15日以前の死亡者」の遺族に補償．3年の時限立法

1977 **9月** 福田赳夫首相に要請書提出，**10月19日** 澁沢利久衆議院議員「元韓国出身戦犯者の補償に関する質問主意書提出．

答弁書 11 月 4 日

1978 **5 月**　国会請願(1 刑死者の遺骨の早期送還，2 送還にあたって遺族に誠意と礼儀をつくすこと)，不採択

1979 **5 月**　同進会 刑死者の遺骨送還に関する請願書を提出，**6 月 14 日**　衆議院社会労働委員会(森下元晴委員長)で韓国出身戦犯刑死者の遺骨送還に関する請願採択，**6 月 29 日**　同進会，橋本龍太郎厚生大臣に遺骨送還に関する要請書を提出

1980 50 年代に韓国に帰国した洪起聖，ソウルで首吊り自殺をしていたと判明

1982 **12 月 6 日**　厚生省援護局主催「韓国出身戦争裁判刑死者還送遺骨慰霊祭」挙行(目黒祐天寺)．7 体韓国へ，のこる 5 体の遺骨は池上本門寺照栄院から祐天寺に移管

1983 **3 月**　会の名称を「同進会」に変更(会長 李義吉・文泰福)

1987 **9 月 29 日**　「台湾住民である戦没者の遺族等に対する弔慰金等に関する法律」等によって，台湾人戦死者，重度障害者に 1 人 200 万円の見舞金支給決定

1990 **8 月**　海部俊樹首相に要請書提出

1991 **3 月**　「日本の戦争責任を肩代わりさせられた韓国・朝鮮人 BC 級戦犯を支える会」結成．会報「ビンタン・ブサール(大きな星)」刊行，**8 月 20-23 日**　李鶴来，オーストラリア・キャンベラで開かれた「泰緬鉄道に関する国際会議」に出席．元俘虜のダンロップ軍医に謝罪，**8 月 21 日**　オランダ関係李永吉逝去(享年 78 歳)，精神障害発症後 40 年間，国立下総療養所で生活，**11 月 12 日**　文泰福ら 7 名，条理に基づき謝罪と補償を求めて東京地裁に提訴(弁護団長 今村嗣夫)

1992 **8 月**　宮沢喜一首相に要請書提出

1993 **7 月 26 日**　韓国・朝鮮人 BC 級戦犯者の国家補償等請求事件第 1 回原告本人(李鶴来)尋問開始，**11 月**　細川護煕首相に要請書提出

1994 **9 月**　土井たか子衆議院議長に要請書提出，**11 月**　村山富市首相に要請書提出

1996 **9月9日** 東京地裁判決・請求棄却，日本人に相当する援護を講じることが望ましいが，国の立法政策に属する問題と判示．東京高裁に控訴

1997 **7月** 橋本龍太郎首相に要請書提出

1998 **2月2日** 同進会会長文泰福逝去(享年74歳)，**7月13日** 二審東京高裁判決・控訴棄却，「著しい不利益を受けていることは否定できない．国政関与者において，この問題の早期解決を図るため適切な立法措置を講じることが期待される」．24日最高裁に上告，**10月** 小渕恵三首相に要請書提出

1999 **12月20日** 最高裁判決・上告棄却，ただし，韓国・朝鮮人元戦犯者らの被害を認定し，「立法を待たずに戦争遂行主体であった国に対して国家補償を請求できるという条理はいまだに存在しない．立法府の裁量判断にゆだねられるものと解するのが相当である」

2000 **3月30日** 参議院国民福祉委員会で清水澄子議員，丹羽雄哉厚生大臣に要望，「韓国出身のBC級戦犯の方々がご経験されたご苦労に対しては，心中察して余りある．どういう対応策が取れるのか検討していきたい」と答弁，**6月7日**「平和条約国籍離脱者等である戦没者遺族に対する弔慰金等の支給に関する法律」公布．(2001.4.1から3年の時限立法)―在日の傷病軍人・軍属に弔慰金支給．遺族に260万円，本人400万円(200万円の見舞金＋特別給付金200万円)，**10月** 森喜朗首相に要請書提出．野中広務自民党幹事長に面談・要請書提出

2001 **5月18日** 小泉純一郎首相に要請書提出，**12月** 冬柴鉄三公明党幹事長に面談・要請，与野党議員に立法への協力を要請

2002 **12月** 衆議院内閣委員らに立法措置を求める要請書提出

2003 **3月** 韓国，「日帝強占下強制動員被害真相糾明等に関する特別法」公布(2004年2月発効)．「日帝強占下強制動員被害真相糾明委員会」発足し，被害調査が始まる，**7月16日** 衆議院内閣委員会で石毛えい子議員が福田康夫官房長官に質

問．福田官房長官「戦争ということはあったにしても，そのことによって大きな負担を与えたということについて，政府として十分考えていかなければいけない問題．実態をよく確認して，どういう方向をとるべきかよく考えてみたい．至急実情を調べさせていただきたい」と答弁，**11月26日**　衆議院内閣委員会理事・委員に「補償立法化措置について要請書」を提出

2004　**11月9日**　衆議院内閣委員会に「補償立法に関する要請書」を提出

2005　**4月**　衆議院議員会館で「50年の歩みを聞く会」を開催，**11月**　韓国家族から聞取り調査，李鶴来，丁永玉副会長ら訪韓，政府外交通商部，大統領府，国会議員事務所を訪問．嘆願書提出．協力を養成

2006　**4月19日**　同進会の韓国への要望書に対し，外交通商部から回答．「これらの被害者に対しては，国籍に関係なく，基本的に日本政府に責任があり，そうした見地から，貴殿を含む日本に残留し，滞留中のわが国の戦犯被害者に対して，“その補償事由の特異性”を考慮し，適切な水準の援護恩恵を受けられるようにする立場にあります」(4月19日)，**5月26日**　韓国，国務総理室日帝強占下強制動員被害真相究明委員会，李鶴来らの被害を「強制動員被害」と認定．駐日大使から認定証(在日・第1次31名分)を受領，**6月**　福島瑞穂参院議員，人道的措置について質問主意書を提出．BC級戦犯者は当初より審議の対象外であったことを取り上げて質問するが，政府の答弁書(6月20日)は「解決済み」と従来の主張をかえず，**7月9日**　「韓国・朝鮮人元BC級戦犯者「同進会」の韓国政府による名誉回復を祝う会開催(東京・四谷)，**10月**　安倍晋三首相に要望書提出

2007　**2月25日**　韓国遺族会(韓国・同進会)結成，李鶴来会長ら訪韓し，国会議員らに要請，**4月**　福田康夫首相に要望書提出，**12月**　韓国遺族会が初来日．日韓共同シンポジウム開催(在日本韓国YMCAアジア青少年センター)，国会議員や

大使館，民団などを訪問，早期解決を要望．池上本門寺照栄院で慰霊祭，**12 月 27 日**　靖国神社，韓国・朝鮮人戦犯 15 人の合祀を確認，取り下げは拒否

2008 **5 月 29 日**　民主党，衆議院に「特定連合国裁判被拘禁者等に対する特別給付金の支給に関する法律案」を提出(衆議院総務委員会で継続審議，2009 年 7 月廃案)．提出議員 大畠章宏，泉健太ほか．**6 月**　韓国・天安市の「望郷の丘」で戦後初の遺骨埋葬・合同慰霊祭を開催．韓国・被害認定された人への「太平洋戦争前後国外強制動員犠牲者等支援に関する法律」施行

2009 **7 月**　衆議院解散，民主党が提出した法案，審理なく 7 月廃案，**12 月 14 日**　同進会・韓国同進会 駐日韓国大使に「早期解決のための協力を求める要請書」を提出

2010 **1 月 15 日**　鳩山由紀夫首相あてに「韓国・朝鮮人元 BC 級戦犯者問題の早期解決を求める要請書」提出，**1 月 27 日～31 日**　韓国・朝鮮人 BC 級戦犯を主人公とした演劇「ビンタン・ブサール」公演(作・演出・出演：武見龍磨)．下北沢 OFF シアター．10 月 23 日には恵泉女学園大学でも上演，**4 月 6 日**　民主党「未来に向けて戦後補償を考える議員連盟」発足(会長代理 今野東参院・幹事長 斎藤勁衆院議員)，**5 月 10 日**　金長録の遺骨還送・慰霊祭(於祐天寺)，**5 月 28 日**「韓国・朝鮮人元 BC 級戦犯者問題・早期立法解決を！〈特定連合国裁判被拘禁者特別給付金法〉の早期制定を求める 5・28 集会」，**6 月 16 日**　「戦後強制抑留者特別措置法」成立．シベリア強制労働の日本国籍者に，期間に応じて 1 人あたり 25 万円から 150 万円の「特別給付金」支払い．日本国籍をもたない者は除外，**7 月 18 日**　シンガポール・チャンギ刑務所の教誨師をつとめた田中日淳氏逝去，**10 月**　ソウル明洞芸術劇場で BC 級戦犯を扱った演劇「赤道下のマクベス」上演(作・演出：鄭義信)，**11 月 18 日**　菅直人首相に「早期解決をもとめる要請書」提出，**12 月 23 日**　韓国，国務総理室対日抗争期強制動員被害調査及び国外強制動員犠牲者等支

	援委員会真相調査報告書「朝鮮人BC級戦犯に対する真相調査 ── 捕虜監視員の動員と戦犯処罰の実態を中心に」承認・刊行
2011	**4月**　韓国遺族，チャンギ殉難者慰霊碑のある池上本門寺を訪問，**10月17日**　韓国同進会代表来日・民主党幹事長室に陳情，野田佳彦首相あて要望書提出
2012	**3月28日**　韓国国政選挙．李鶴来はじめて海外投票(期日前投票)を行なう，**4月25日**　与野党議員に立法解決を求めて陳情，議員会館での集会を開催．5・6月にも開催．韓国の与野党にも要望，**7月8日**　同進会副会長 金完根逝去(享年90歳)，**7月31日**　同進会「この国会で，BC級立法実現を！　緊急総決起集会」(衆議院第一議員会館)，**11月**　衆議院解散にともない，立法解決を求める「声明」を公表
2013	**4月**　在日韓人歴史資料館にてセミナー開催，**6月**　安倍晋三首相に要請書提出，**11月7日〜12月8日**　ソウル歴史博物館で「戦犯にされた朝鮮青年たち ── 韓国人捕虜監視員たちの記録」写真展開催(民族問題研究所・ソウル歴史博物館・韓国同進会主催)
2014	**4月26〜29日**　「パネルと写真と映像でたどる戦後69年目の韓国・朝鮮人BC級戦犯者問題」開催．関連映像上映(東京・中野ZERO)，**10月14日**　韓国・憲法訴願(原告：〔日本〕李鶴来，朴來洪，丁廣鎮，〔韓国〕姜道元，朴粉子，卞光洙，朴一濬，朴書慶，鄭昌洙，金眞亨)，韓国国会内で集会．1952年以降，韓国政府が日本政府と外交折衝してこなかったのは重大な不作為であり，憲法違反であるとの訴願．12月2日付けで正式に審判に回付される
2015	**4月1日**　「同進会結成60年記念・立法求める総決起集会」開催(議員会館会議室)